후안흑심厚顏黑心

승자들의 이기는 본능,
두꺼운 얼굴과 시커먼 마음의 힘

THICK FACE
BLACK HEART
厚顏黑心

친닝 추 지음 | 함규진 옮김

후안 흑심

월요일의꿈

내 인생을 사는,
두꺼운 얼굴과 시커먼 마음의 힘

1949년, 세 살이던 나는 어머니의 치마를 꼭 붙잡고 있었다. 부모님은 나와 두 동생을 데리고 상하이 공항의 활주로를 정신없이 달렸다. 폭탄이 쾅쾅 터지는 속에서, 우리는 중국을 떠나는 최후의 민항기에 올라탔다.

한때 부와 특권을 누렸던 우리 가족은 공산주의자들의 점령을 피해 대만으로 온 수백만 명의 이름 없는 이민자들과 똑같은 처지가 되었다. 노략질은 면했지만, 우리에게 남은 재산이라고는 부모님의 손가방에 들어 있는 게 전부였다.

1969년, 스물두 살이 된 나는 대만을 떠나 미국에서 새로운 인생을 시작했다. 다시 한 번 이름 없는 이민자가 되어, 여행 가방 두 개를 달랑 든 채 로스앤젤레스에 내렸다. 가방에는 직접 만든 옷가지와 자질구레한 소지품 몇 개, 그리고 책 두 권이 들어 있었다.

그때까지 나는 이미 수백 권의 책을 읽었고, 가지고 있던 책도 꽤 되었다. 하지만 오직 두 권만 미국에 가지고 왔다. 손자의 병법서, 그리고 얇은 검은색 장정의, 리쭝우(李宗吾, 이종오)의 《후흑학厚黑學》.

고대의 전략서이자 지혜서인 《손자병법》은 서양에서도 유명했다. 그러나 《후흑학》은 상대적으로 현대의 책이며 중국 밖에서는 아직 별로 알려져 있지 않았다.

내가 왜 《후흑학》을 구입하게 되었는지 정확히 동기를 말할 수는 없지만, 당시 나는 그 책이 아주 중요할 것 같다는 강한 육감에 이끌렸다. 이 책은 사실 읽기 어렵고 오해하기 쉬웠는데, 저자 리쭝우는 글을 모호하게 쓰는 경향이 있었다. 주장이 이어지는 중에 갑자기 직관적인 비약을 하는 바람에 읽다가 혼란에 빠지는 경우가 종종 있었다. 그러나 이 《후흑학》을 처음 완독한 나는 뭔가 심오한 의미가 그 속에 감춰져 있음을 깨달았다. 이제까지의 내 인생 역정의 의미가 비로소 이해되었다. 나는 많은 값진 것들을 대만에 남겨두고 왔지만, 이 소중한 책만은 놓치지 않고 미국에 가지고 왔다.

리쭝우는 1911년에 자신의 사상을 처음 발표했는데, 그 당시 중국은 격변과 혼란에 빠져 있었다. 그 해에 청왕조가 무너짐으로써 인류문명의 시초부터 이어져 내려온 중국의 왕조는 역사에서 최종적으로 사라졌다.

《후흑학》은 중국 밖에서는 번역이나 출간이 된 적이 없었다. 중국에서조차도 잔인함과 위선을 이용해야 한다는 리쭝우의 솔직한 주장은 《후흑학》이 발간되기 무섭게 금서로 지정되는 '잔인함과 위선'을 초래했다.

《후흑학》이 성실하게 번역되었다 해도 대부분의 비중국인에게는 이해되기 힘들었을 것이다. 중국어는 의미를 그 맥락에 크게 의존한다. 중국어의 기본 구성요소는 서너 개의 한자로 이루어진 문구이며, 그 문구의 의미는 해당 한자의 개별적 의미를 훨씬 뛰어넘는 확장된 의미를 갖는다. 마치 영어의 관용구와 같다고 할까. 이 확장된 의미는 중국의 역사, 고전, 전설 등 온갖 것들에서 유래하고 있다. 따라서 중국 작가들은 몇 안 되는 한자로도 교묘한 조합을 통해 매우 복잡한 관념을 표현할 수 있다. 중국어를 유창하게 하는 외국인도 중국 문화에 대한 이해가 부족하면 말은 알아듣되 그 깊은 뜻은 헤아리지 못하는 경우가 많다.

그리고 리쭝우의 책은 그런 문세가 사상 고약한 수준에 이르러 있다. 그의 종잡을 수 없는 글쓰기는 유식한 중국인조차 혼란에 빠트릴 정도다. 그의 짧고 두서없는 경구들은 중국문학에 조예가 깊지 않은 사람에게는 횡설수설에 불과하다. 리쭝우의 《후흑학》은 그 원래 형태로는 서구인들에게 별 가치가 없다고 봐도 좋았다. 그러나 나는 늘 그의 지나칠 정도로 솔직하지만 심오한 비전(그것이야말로 리쭝우 사상의 핵심인데)이 자기 인생을 확실하게 다스리고 싶은 사람에게 큰 가치를 지닌다고 여겨왔다. 그의 그런 비전, 태도, 본질을 나는 간단하게 '후안흑심'(厚顔黑心, Thick Face Black Heart, 이하 '후흑')이라고 말한다.

리쭝우는 자기 사상을 제대로 실천하기 위해서는 3년은 꾸준히 노력해야 한다고 보았다. 그의 사상은 나의 내면에 불을 붙였고, 지난 20년 동안 후흑의 관점에서 일상생활의 숨김없는 실체를 연구하도록 만들었다.

담구한 결과, 나는 후흑을 두 가지 다른 수준으로 이해할 수 있게 되었다. 우선 피상적인 이해. 그에 따르면 후흑이란 자신의 뜻대로 남을 움직일 수 있는 방법과 기술을 배우는 것이다. 그리고 더 심층적이고 영적인 두 번째 후흑은 영혼의 자연스럽고 적절한 상태를 찾는 것이다.

나는 가톨릭 신자이지만, 중국에서 자라났기 때문에 이미 유교, 불교, 도교에 많이 젖어 있었다. 이들 종교의 원칙들은 중국 문화에 깊이 새겨져 있어서, 중국인이라면 특별히 공식적으로 가르칠 필요도 없을 정도다. 후흑을 이해하기 위한 연구는 나를 세계 여러 곳으로까지 데려갔다. 결국 나는 힌두교의 경전들과 기독교의 신비주의까지 연구하게 되었다. 인생의 한 시점에서 나는 로스앤젤레스에서의 잘나가던 직장을 포기하고 멀리 오리건주 캐스케이드 산으로 가서 오랜 참선과 구도求道의 길을 걸었다.

식견을 넓힌 다음, 나의 중국적인 뿌리를 다른 시각으로 돌아보았다. 유교, 불교, 도교와 일본에도 전해져 세력을 떨친 선불교를 살폈다. 이 여러 갈래의 종교와 그 철학들이 똑같은 공통 원칙을 가졌다는 점, 그리고 그 원칙을 깨닫고 추출해낼 수만 있다면 내가 염원해온 내 인생에 대한 통제력을 얻게 되리라는 사실이 점점 분명하게 다가왔다. 이 원칙을 구체화하려는 노력 속에서, 나는 거듭해서 리쭝우와 후흑을 떠올리게 되었다.

리쭝우 자신조차도 《후흑학》을 쓸 당시에는 자신의 주제를 완벽히 꿰뚫고 있지는 못했던 듯하다. 그럼에도 불구하고 리쭝우는 항상 추상적이고 종교나 철학적인 차원에서만 논의되던 원칙을 현실 차원에서 논했다는 점에서 그 가치가 크다고 여겨진다.

여러 해 동안 나는 《후흑학》에 대한 책을 쓰려다 실패해왔다. 그러다 결국은 그 시도를 일단 접고 다른 책을 두 권 썼다. 《중국인의 심리 게임》과 《아시아인의 심리 게임》이다. 그리고 이제 드디어 《후안흑심》을 내놓게 되었다. 여기 담긴 아이디어는 내 것이지만, 리쭝우에게 빚을 진 점을 부인할 수 없다. 그래도 이 책을 그의 《후흑학》에 대한 해설서로 생각해서는 곤란하다. 리쭝우의 책은 내 여러 관점과 무관하며, 다만 내 생각의 단초를 열어주었고 새로운 아이디어와 경험에 대한 검증 수단을 제공했을 뿐이다.

이 책에 담긴 내 탐구의 결과를 통해, 독자는 후흑의 지혜를 농축해서 받아들일 수 있다. 이 책에 담긴 지식은 독자 자신의 인생 경험에서 이미 찾을 수 있었지만, 그것을 말로 풀이하고 이해하지는 못했던 것들이다. 이 책의 새로운 아이디어에 접하게 되면, 자기 삶의 의미를 저절로 깨닫게 될 것이다.

목차

덕을 버리고, 지혜를 버려라.

백성들은 천배나 이롭게 되리라.

인仁을 버리고, 의義를 버려라.

백성들은 서로 아끼고 효성스러워지리라.

현명함을 버리고, 욕망을 버려라.

도적과 강도가 사라지리라.

—《도덕경》

1장

◆

후흑의 본질

남들에게서 자신의 의지를 숨길 때,

그것을 '두껍다厚'고 하고,

남들에게 자신의 의지를 강요할 때,

그것을 '시커멓다黑'고 한다.

—리쭝우

후흑, 그것은 인생의 모든 면에서 성공할 수 있는 행동 원칙의 비밀을 나타낸다. 미국의 개척자들도 그 원칙을 알고 있었다. 아시아의 기업가들도 그 원칙을 따르고 있다. 고대부터 현재까지, 모든 성공한 사람들은 그 비밀을 이용했다.

후흑은 영혼의 지혜이며, 국적, 인종, 종교를 가리지 않고 적용된다. 이 법칙을 이용하면 비즈니스에서나 일상생활에서나 큰 혜택을 볼 수 있다. 우리가 일상 속에서 마주치는 일들의 참된 본질을 파악하면 그 최대한의 가능성을 끌어낼 수 있고, 그리하여 우리 운명을 우리 손으로 이끌어갈 수 있다. 후흑의 힘을 활용하는 사람이면 누구나 자신의 진짜 운명을 직시할 수 있다.

보통 성공의 잣대는 우리가 가진 것들이다. 우리가 몰고 다니는 차, 우리가 차고 있는 명품 시계, 우리가 걸치고 있는 최신 유행 패션 등등. 하지만 인생의 성공은 우리 자신의 길을 깨닫고 그 길로 매진하는 데 있지, 다른 누군가의 꿈과 기대를 좇는 데 있지 않다.

허황된 낙관론에 빠져 인생의 어려움을 부정하려는 사람도 많다. 물론 긍정적 태도는 중요하다. 하지만 그것만으로는 이야기가 안 된다. 고통, 의혹, 실패를 극복할 수 있는 방법을 체득하지 못하면 인생의 게임에서 이기기 어렵다. 우리는 종종 '기분 좋은' 것에 이끌려 '위대한' 것을 놓쳐버린다.

인격은 햇볕과 장미로 길러지지 않는다. 강철처럼 불길 속에서, 망치와 모루로 단련해내야 한다. 후흑의 힘을 접한 사람은 새로운 의식에 눈을 뜬다. 이 책을 읽으면 지금까지 잔인함에 대해 가졌던 관념이 깨지게 된다. 후흑은 잔인함에 대한 이야기이기도 하고, 그렇지 않기도 하다. 우리는 파괴적이지 않은 잔인함을 배울 수 있으며, 인생의 과제를 효과적으로 실행하는 데 필요한 자유를 얻을 수 있다.

후흑은 어떤 구체적인 기술을 배우는 게 아니며, 이 책은 독자가 곧바로 써먹을 수 있는 뭔가를 제공하지 않는다. 후흑의 힘은 이미 우리 안에 갖춰져 있다. 그것은 내적인 힘이자 진정한 자신의 자연스러운 상태이며, 완전한 기쁨, 명징함, 용기, 열정이 불가분하게 갖추어져 있는 참된 본성이다.

이 힘을 쓸 수 있게 되면 어떤 일에서든 큰 혜택을 보게 된다. 후흑의 힘은 효과적으로 활동하며 바람직한 결과를 얻도록 이끌어준다. 무엇보다도 이 힘을 자신의 내면에서 느낌으로써, 우리는 모든 것을 분명히 보게 되며 자신의 운명을 인식하고 그 목적을 달성할 수 있게 된다.

내적인 상태

후흑은 그 자체로 교리가 된다기보다 많은 교리의 공통적인 한 가지 요소를 가리킨다. 실용적이고 보다 덜 철학적인 수준에서, 후흑은 행동과 그 효과에 관련된다.

현대 미국에서 한 가지 예를 찾아보자. 보다 성공적인 경영자, 더 훌륭한 영업자, 그리고 더 일반적으로는 보다 행복하고 다이내믹한 사람이 되는 방법에 대해 매년 수십 권의 책이 쏟아지고 있다. 이런 책의 저자들은 바람직한 결과로 이어질 수 있는 정해진 행동 코스를 제시한다. 그리고 대체로 이는 그 저자와 일부 추종자들에게 유효했던 코스이다. 하지만 다른 많은 독자들은 그대로 빠짐없이 실천한다 하더라도 효과를 보지 못한다. 예를 들어, 두 사람이 '사자 길들이기'에 대한 똑같은 책을 읽었다. 그들은 똑같은 옷을 입고 사자 우리에 들어갈 수 있다. 똑같은 제스처와 말로 사자를 부릴 수 있다. 하지만 결과는 똑같을 수 없다. 둘 중 하나는 사자가 고리를 통과하게 만들고, 또 하나는 사자 우리 바닥에 끔찍한 결과를 남긴다.

이 작가들은 말과 행동이 효과를 내려면 내적인 상태가 먼저 가다듬어져야 한다는 사실을 간과하는 것 같다. 이런 책들을 쓰는 전문가들은 용케도 직감 또는 무의식에 의해 그런 상태에 도달했기 때문에 성공할 수 있었다. 그들은 그런 행운을 얻지 못하는 사람들의 문제를 이해하지 못한다.

후흑은 매우 실용적인 이론이다. 어떤 노력에도 응용될 수 있고, 그 목적이 좋든 나쁘든 가리지 않는다. 후흑을 처음 피상적으로 접하면 충격과 반감을 갖는 경우가 많은데, 선악을 구별하지 않고 쓰이기 때문에 그렇다. 이기적이고, 냉혹하며, 완전히 비도덕적이라고 여겨지는 것이다. 그러나 나는 그것이 꼭 파괴적이라고는 생각하지 않는다.

그 이름이 나타내듯, 후흑에는 '낯 두꺼움^{厚顔}'과 '시커먼 마음^{黑心}'이라는 두 가지 내적 상태의 요소가 있다.

낯 두꺼움은 방패^盾이다

동양의 '낯(얼굴)' 개념을 생각해보자. 그것은 남들이 나를 어찌 생각하며 어찌 대하는지와 관련되는 말이다. 대부분의 동양인은 남들이 자신을 좋게 봐주길 바라고, 특히 자신의 체면을 존중해주기를 바란다. 그런 생각을 서구의 생각, 즉 배짱을 두둑이 갖고 남들의 비난과 악평에는 신경 쓰지 말자는 생각과 비교해보자. 이 두 가지를 합치면 '낯 두꺼움'과 비슷한 개념이 된다. 그것은 남들의 악평으로부터 우리의 자긍심을 지키는 방패^盾이다. '낯 두꺼움'에 능한 사람은 남들의 비난에는 아랑곳없이 스스로의 긍정적 이미지를 만들어낸다.

어떤 목표든 그것을 이루려 할 때, 우리는 늘 자신이 그럴 능력이 있는지, 정말 그것을 이뤄내고 싶어 하는지, 또는 자신이 그런 성취의 대가를 받을 가치가 있는지 등에 대해 의심을 하게 된다. 종종 우리는 먼저 자신의 힘을 더 길러야 한다고 여긴다. 우리가 좀 더 가치 있는 존재가 되고 나서야 꿈을 이룰 자격이 생길 거라고 믿기 때문이다.

하지만 '낯 두꺼운' 사람은 자격지심을 밀쳐 버리는 능력이 있다. 그는 남들이 자신에게 씌우는 제한을 거부하며, 더 중요하게는, 우리가 보통 스스로에게 씌우는 제한도 거부한다. 그는 자신이 어떤 능력이나 가치가 있는 존재인지 따위의 의문을 갖지 않는다. 스스로가 보기에 자신은 완벽하다.

세상은 우리 자신이 스스로에게 내리는 판단을 받아들이는 경향이 있다. 자신을 절대적으로 확신하는 '낯 두꺼운' 사람은 남들에게도 그런 확신을 전파한다. 사람들은 어느새 그를 성공할 사람으로 보게 되고, 성공한 사람처럼 대접해준다.

로널드 레이건 전 대통령은 그런 '낯 두꺼운' 사람의 전형적인 예다. 행정가로서의 그의 능력은 대단치 않았다. 그의 보좌관들은 복잡한 문제에 대해 그가 갑자기 말실수하는 것을 막는 일에 가장 열중했다. 그런 말실수를 할 때마다 그는 그 문제에 대해 어이없을 정도로 무지하다는 사실을 드러내곤 했다. 하지만 레이건은 스스로를 위대한 정치인이라고 믿어 의심치 않았으며 그것은 온갖 정책 문제를 깡그리 모른다 해도 상관없는 사실로 여겼다. 그의 자신만만한 답변은 미국인들에게 신뢰를 심어주었다. 국내외의 문제로 여러 해 동안 시달려 온 미국인들은 다시 안도감을 갖게 되었고, 다시 한번 자신감을 가질 수 있었다. 미국 국민은 로널드 레이건의 '낯 두꺼운'

자긍심에 전염되었으며, 그는 최근 미국사에서 가장 성공적인 대통령으로 임기를 마쳤다.

반면 또 다른 전임 대통령인 지미 카터는 자기 어깨에 놓인 책임의 막중함을 더 잘 인식하고 있었다. 그러나 그는 그 책임감에 압도당하고 말았다. 그는 자신의 능력이 부족한 점에 대해 지나치게 신경을 썼다. 결국 그는 중요한 문제들을 놓고 쉽게 결단을 내리지 못하고 고민만 되풀이했다. 미국민들은 그의 고민을 무능의 표시로 해석했고, 압도적인 표차로 그의 재선을 좌절시켰다. 국가가 당면한 어려움을 진심으로 걱정했던 카터는 그 불안감을 대중에게 퍼뜨린 나머지 무력한 절망을 초래하고 말았다.

올리버 노스Oliver North 대령이 자신이 개입했음을 시인한 이란 콘트라Contra 사건*에 대해 깊이 죄책감을 느꼈다면, 그는 오늘날 감옥에 있을 것이다. 그 대신 그는 자유인의 이미지, 애국자의 이미지를 수백만 명에게 심어주었고 오늘날 높은 보수를 받는 인기 연사로 활동하고 있다. 그는 자신의 범죄적 행위에 대해 전혀 참회하는 빛이 없었다. 올리버 노스는 자신이 애국자임을 굳게 믿었고, 그 이미지는 수백 만의 사람에게 그야말로 진정 영웅이라는 인식을 갖게 만들었다. 자신의 정당성에 대해 그만큼 당당하지 못한 사람이었다면 무거운 죗값을 받고 공공의 적으로 매도당했을 것이다.

'낯 두꺼움'이 꼭 거만하거나 공격적이어야 할 필요는 없다. 겸손

---

* 콘트라 사건: 1983년에서 1986년까지 미국이 이란에 불법으로 무기를 수출하고 그 돈을 역시 불법으로 니카라과의 반혁명 무장단체 콘트라에 지원한 사건. 당시 레이건 행정부와 미국의 도덕성을 뒤흔드는 사건으로 세계적인 주목을 받았다. 당시 국가안보국 책임자로 사건에 관여한 올리버 노스는 의회 청문회에서 그것은 통치 행위였음을 주장하며 묵비권으로 일관했다. _이하 옮긴이 주

하고 다소곳한 사람도 '낯 두꺼울' 수 있다. '낯 두꺼움'이란 다른 사람의 시선에 구애받지 않고 상황에 적응할 수 있는 능력을 말한다.

한신(韓信, 중국 초·한전쟁에서 한나라를 승리로 이끈 대장군)에 관한 유명한 일화가 있다. 하루는 한신이 거리를 가는데, 그의 명성을 들은 두 사나이가 앞을 가로막았다. 두 사람은 한신에게 죽을 때까지 싸워볼 것을 제안했다. 한신은 그 도전을 거절했지만 두 사나이는 막무가내로 싸움에 응할 때까지 그를 보내주지 않으려 했다. 그중 두 목격의 남자는 자기와 싸우든지, 자기 가랑이 사이를 개처럼 기어가든지 하라고 말했다. 중국인에게 그런 행위는 극단적인 수치였으나, 한신은 싸우기보다 기는 쪽을 택했다.

그가 당한 치욕과 알고 보니 한신이 겁쟁이였다는 소문은 온 도시에 퍼졌다. 사람들이 그를 면전에서 비웃었으나, 한신은 자신의 비겁해 보이는 행동에 대해 한 마디도 변명하지 않았다. 나중에 그는 중국 역사에서 가장 매섭고 용감한 전사로 이름을 남겼다. 그에게 건달 둘쯤은 아무런 위협이 되지 않았다. 그들은 싸울 가치가 없는 상대였고, 그의 마음속에서 그 자신은 여전히 용맹무쌍한 전사였다. 다른 사람이 그를 어떻게 보는지는 문제가 되지 않았다. 한신의 '낯 두꺼움'은 스스로를 유약하고 비겁해 보이게 함으로써 두 하찮은 불량배를 죽이는 일을 피할 수 있게 해주었다.

한신의 외유내강과는 반대되는 사례로 내 친구 이야기가 있다. 그 친구는 최근에 한 의사의 제안으로 어떤 의료장비의 시제품 개발과 특허 취득을 도왔다. 그런데 작업 초기에 친구가 기술적 전문성을 제공하는 대가로 파트너십을 맺는 논의가 정확하고 확실하게 이뤄지지 않았다. 그런 상태에서 친구는 열심히 일했지만, 파트너십에 대한 논의는 더 이상 이뤄지지 않았다. 그 상황에서 친구는 시제품이 제대로 작동하지 않는다며 자기 쪽에서 파트너십에 대한 이야기를 꺼내고 싶어 하지 않았다. 또한 그동안의 노력에 대한 보상을 받을 자격이 없다고까지 여겼다. 그는 이 문제에 대해 내게 조언을 구하지 않았기 때문에 나도 어떤 말을 해줄 수가 없었다. 나는 그가 자신의 가치를 굳게 믿는 '낯 두꺼움'을 가졌더라면 일이 잘 풀렸으리라 본다. 정확히 말해서 친구가 의사와 말싸움을 하고 싶지 않았던 바로 그 이유가 파트너십을 맺을 수 있는 이유가 될 수 있었다. 그때까지 시제품이 제대로 작동하지 않았기에, 친구의 기술력은 여전히 필요한 상황이었다

만약 친구가 만족스러운 수준까지 장비를 개발하고 나서야 의사에게 보상을 청구했다면, 무엇을 얻을 수 있었을까? 오히려 더 손해만 보고 말았으리라. 그 의사는 이미 자신의 목표를 달성했기에, 내 친구는 더 이상 쓸모없었을 테니까 말이다.

시커먼 마음은 창ㅋ이다

'시커먼 마음'은 남들에게 미칠 영향에 구애받지 않고 행동을 취할 수 있는 능력이다. '시커먼 마음'은 냉혹하다. 하지만 반드시 사악한 것은 아니다.

현대의학이 나타나기 전까지 외과의사들은 환자를 마취시키지 않고 수술했다. 그들은 환자가 비명을 지르건 말건 재빠르고 확실하게 째고 베어야 했다. 눈앞의 환자가 겪는 고통에 철저히 냉정하고

무관심한 태도를 가져야만 수술을 성공적으로 마칠 수 있었다.

한편 인간애가 풍부한 장군이라면 부하들에게 목숨을 버리도록 명령하지 못할 텐데, 그러면 그는 아무 쓸모가 없는 장군이다. 그는 패배하고 그 나라는 멸망하고 만다. 반대로 '시커먼 마음'을 소유한 장군이라면 전쟁의 비참함은 안중에 없고 바라는 결과, 즉 승리 하나만을 생각한다.

경영자는 이익이 나지 않는 사업을 놓고 결단을 내릴 필요가 있다. 그것을 주저한다면 회사 전체가 무너진다. 몇몇 직원에 대한 연민으로 결단을 미룬다면 회사는 문을 닫고 전全직원은 일자리를 잃어버릴 수 있다.

'시커먼 마음'의 소유자는 이런 작은 연민을 뛰어넘는다. 그리고 자신의 목표에 집중하며 그 비용은 개의치 않는다.

'시커먼 마음'의 사람은 실패를 두려워하지 않는 용기가 있다. 가장 효과적인 행동에는 늘 실패의 위험이 동반한다. 긴급 수술이 필요한 환자 앞에서 외과의사는 가장 안전한 수술법을 고려하지 않는다. 잘못하면 환자가 수술 도중 죽을 수 있음을 알지만, 외과의사는 머뭇거리지 않는다. 집도 중에 환자가 사망할 경우 환자를 죽였다는 오명을 쓸 수 있음을 알면서도 말이다.

창과 방패, 그 동전의 양면

'낯 두꺼움'과 '시커먼 마음'은 동전의 양면이다. '낯 두꺼움'의 힘을 가진 사람은 대중의 비난과 혹평에 흔들리지 않는다. '낯 두꺼움'은 또한 '시커먼 마음'의 힘의 원천이다. 그 힘이 있을 때 대중의 무지와 편견에 맞서 창을 효과적으로 사용할 수 있다.

'낯 두꺼움' 없이 '시커먼 마음'을 제대로 실천할 수 없는 것처럼, '시커먼 마음' 없이 '낯 두꺼움'을 제대로 발휘할 수 없다. 후흑을 실천하는 사람은 자신이 옳다고 믿는 길을 걸어가면서, 남들의 비판이나 조소, 험담에 흔들리지 않는 능력을 발휘해야 한다. 또한 그는 주어진 상황에 맞게 때로는 '낯 두꺼움'을, 때로는 '시커먼 마음'을 활용할 줄 안다.

후흑의 3단계

1단계. 수단 불문

가장 낮은 수준의 후흑은 그 어떤 도덕성도 띠지 않는다. 그것은 원하는 것을 어떻게 손에 넣을지만 따진다. 이 단계의 '낯 두꺼움'은 양심의 완전한 결여를, '시커먼 마음'은 절대적인 냉혹함을 의미한다.

가장 기초적이고 피상적인 형태의 후흑은 윤리와 전혀 무관하다. 오로지 효과적인 행동에만 관련한다. 신문을 슬쩍 훑어보면 그런 예가 보인다. 가령 한 메이저 항공사의 직원들이 운영비를 줄이기 위해 유지·보수 및 안전 검사 보고서를 허위로 작성한 것이 밝혀졌다고 한다. 이 부정행위를 지시한 임원들은 그것이 승객, 조종사, 승무원들의 생명을 위험에 빠트린다는 사실을 너무나 잘 알고 있었다. 그들에게 그 생명의 가치는 절약되는 돈보다 훨씬 하찮았다.

한 자루의 창은 살상 무기인 동시에 유용한 평화 유지 수단이기도 하다. 후흑은 그런 창처럼 그 자체로는 악이 아니다. 그러나 후흑을 순전히 이기적인 이유에서 어떤 대가를 치르든 자기 잇속만 챙기려는 식으로 사용할 수도 있다. 어떤 사람은 천성적으로 이기적인 후흑 활용에 능하다. 그런 사람에게 성공은 어떤 희생을 치르더라도 상관이 없다. 그 희생이 남들에게 돌아가는 이상에는 말이다.

동서고금을 통틀어 이 1단계의 후흑을 활용해 득을 본 사람은 수없이 많다. 미국의 금융 및 대부 기관들의 부패와 BCCI(The Bank of Credit & Commerce International)의 비리*를 생각해보자. 이 기관들의 뒤에서 움직였던 모든 '유력자'들은 최저 수준의 후흑을 구사하는 사람들이었다.

그들은 정말로 후안무치했다. 어떤 비난도 개의치 않았을 뿐 아니라 양심의 소리에도 귀를 닫았다. 아무것도 모른 채 자신들을 믿었던 사람들을 향해 그들은 '시커먼 마음'의 창끝을 거침없이 휘둘렀다. 그 선의의 예금자들은 재정적 출혈을 거듭하면서 천천히 파산할 운명이었다. 이 유력자들은 자기 잇속만 채우면 그만이었고, 후흑은 그 수단이었다.

1단계의 후흑은 성공을 가져오기는 한다. 하지만 그 성공의 보람은 없는 경우가 많다. 종종 인생은 어떤 신비한 힘에 따라 우리의 죗값을 치르게 만든다. 냉혹한 수단으로 남들을 거꾸러뜨리는 일은 어렵지 않다. 영혼을 악마에게 팔아버리기만 한다면 말이다.

---

*   BCCI는 다국적 은행으로 세계 각국의 음성적이고 불법적인 거래를 취급했으며 북한, 중동, 중남미 국가들의 무기나 마약 거래에도 깊이 관여했다. 이를 알아낸 미국, 영국 등이 자산동결, 영업정지 조치를 내림으로써 1991년 도산했다.

1단계의 후흑도 잘게 보면 다시 세 단계로 나눌 수 있다.

1-1단계. 성벽처럼 두껍게, 숯처럼 검게. 그것은 삼류 협잡꾼과 모리배의 수준이다. 그 낯이 성벽처럼 두껍더라도 충분히 꿰뚫을 수 있다. 숯처럼 검은 마음은 누구의 눈에도 뻔히 보인다. 그들은 모든 사람에게 기피 대상이다.

1-2단계. 두껍고 단단하게, 검고 빛나게. 이는 보다 수단이 높은 사기꾼에 해당된다. 그는 단지 두꺼울 뿐 아니라 단단한 낯을 가짐으로써 쉽게 간파되지 않는다. 또한 '시커먼 마음'을 갈고닦아서 더 매력적이게 한다. 그들은 더 이상 삼류 악당이 아니다. 겉으로는 존경받을 만하게 보인다. 믿을 수 있는 사람이라고 생각했는데, 나중에 보면 속았음을 알게 되는 유형이다.

1-3단계. 무형無形의 두꺼움, 무색無色의 검정. 1단계 후흑 중에서는 가장 높은 수준이다. 이것은 겉으로는 유덕한 사람처럼 보이지만 자기 목표를 위해 남들을 냉혹하게 희생시키는 사람의 후흑이다. 정치인 중에 이런 상태에 도달한 사람들을 종종 볼 수 있다.

2단계. 자문자답

다른 사람을 제압하는 데는 힘이 필요하고,
자기 자신을 제압하는 데는 진정한 강함이 필요하다.
–《도덕경》

1단계를 넘어서 더욱 심오한 후흑의 경지로 들어갈 수 있다. 1단계의 후흑을 익힌 사람은 그것이 배척받는다는 사실(심지어 자기 자신에게도)을 알게 된다. 그리하여 결국 사신에게 의문을 던지게 된다.

자문자답은 영적인 과정이다. 삶의 영적인 면을 짚지 않고는 후흑을 제대로 말할 수 없다. 그 영적인 면이야말로 모든 비즈니스와 개인 생활의 현실에 배어 있기 때문이다. 사람들은 비즈니스를 할 때도 자신의 인성에 따라 행동하며, 보통의 경우 비즈니스를 할 때나 다른 활동을 할 때나 마찬가지의 태도로 임한다.

동양인의 눈에는 비즈니스, 병법, 철학, 영성의 구분이 따로 없다. 영성의 지혜는 일상생활의 근본이다. 지혜는 하나지만 그 적용은 무한히 가능하다. 반면 서구세계는 대개 생활의 지식을 토막토막 나누어서 각 분야에 따라 분류한다. 2단계의 소양 없이 1단계의 후흑에 머무르는 사람은 위험한 사람이 될 수 있다.

자문자답의 단계에서 우리는 약해지는 경우가 많다. 1단계의 강하지만 사악한 행동에 거부감을 느끼며 미지의 영역을 헤매기 때문이다. 또한 우리의 영혼은 자신의 행동에 보다 납득할 수 있기를 바란다. 우리는 불확실, 혼란, 그리고 때로는 고통과 분노의 도가니에 빠지게 된다.

그는 압도되고 만다. 자신의 내면에서 성격적 결함의 형태를 띤 수많은 적들을 발견하기 때문이다. 탐욕, 분노, 자기 불신, 자책, 증오, 방황, 열망, 이기심, 게으름, 위선, 허세 등등. 그는 오직 자기 마음에 따라 영광과 모욕, 기쁨과 슬픔, 성공과 실패가 좌우된다는 것을 알았다. 그런데 그와 동시에 이제 적은 많고 그들에게 맞설 자신의 힘은 미약하다는 사실도 함께 깨닫게 된다.

이 단계에서 우리는 스스로가 엉망이 되고 남들로부터 소외되어 버렸다고 여길지 모른다. 그러나 실제 우리 내면에서는 위대한 변화가 진행되고 있다.

3단계. 전사의 투혼鬪魂

이 마지막 단계는 앞서의 두 단계를 조합한 것이다. 여기서 우리는 고상함과 냉혹함이 하나가 됨을 볼 수 있다. 다음은 전사戰士가 가져야 할 투혼에 대한 내용이다.

초연함과 부농심不動心

후흑 2단계를 거치면 무심無心과 용기를 얻을 수 있다. 긍지 높은 무사와도 같이 흔들리지 않는 부동심이 이루어진다. 인생은 힘써 싸워야 할 전장이며, 달아날 구멍은 없다. 오직 승리가 있을 뿐이다.

우리는 삐뚤어진 외부 환경과 싸우는 한편 자기 내면의 적들과도 용감히 맞서야 한다. 그럼으로써 우리는 적의 존재에 동요하지 않게 된다. 이런 부동심이야말로 전사가 냉정하고 우아하게 큰 싸움에 임할 수 있는 힘이다.

힌두교 철학자인 샹카라는 가장 위대한 전사라 해도 전장에 설 때면 두려움에 식은땀을 흘린다고 말했다. 하지만 몸과 마음이 두려움에 떨어도 그의 영혼은 떨지 않는다. 그는 스스로를 몸과 마음의 두려움에서 분리하여, 두려움 없는 영혼에 결박한다.

최근에 옛날 영화 한 편을 봤다. 초기 미국 개척민들의 용기와 사랑을 그린 이야기였다. 그들은 분명 고상한 부동심의 소유자들이었다. 그들은 고생도 아랑곳하지 않고, 자연스레 드는 공포에도 불구하고 행동을 취했으며, 고독을 견디고, 적대적 행위를 조용히 받아들이고 극복하며, 끝까지 목표에서 눈을 돌리지 않았다. 참된 투혼의 소유자였던 그들은 전사와 같은 용기와 결의를 갖고 살았다. 그들의 삶은 내게서 몇 번이나 눈물을 자아냈다.

부동심은 도전에 대해 무기력하고 굼뜨게 된다는 뜻이 아니다. 오히려 자신의 감정에 휘둘리지 않는다는 뜻이다. 그리하여 우리는 더 큰 용기를 내고, 다시 힘을 낼 수 있다.

위대성을 준비함

많은 사람들이 우아하게 늙지 못한다. 그들의 눈에는 고통과 환멸이 깃들어 있다. 인생의 역경에 지치고, 수없이 깨진 꿈들에 실망한 흔적이다. 젊은 시절의 희망과 기대는 자취도 없고, 오직 죽음만 남아 있을 뿐이다.

그들의 잘못은 하늘이 그들에게 예비한 혹독한 교훈을 받아들일 준비가 되어 있지 않았다는 데 있다. 그것은 그들의 영혼을 단련하고 위대한 인간이 되도록 준비시키는 가르침이었다. 특권과 영예를 위하여 혹독한 훈련을 받아들이는 전사와 달리, 그들은 맷돌에 갈린 곡물처럼 인생의 수레바퀴에서 고통스럽게 갈리고 만다.

대부분 그렇듯, 나도 행운이 오기를 기도하곤 했다. "당신의 뜻대로 하소서"라는 기도는 전율스럽기 그지없다. 사실 우리가 사는 세상은 불안정하며 계속해서 변한다. 우리의 생존은 보이지 않는 신의 은총에 힘입고 있다. 얻고, 또 잃고, 그것은 영원한 인간의 조건이다.

샌프란시스코 만 지역의 오클랜드/버클리 힐스에서 일어난 화재를 직접 본 적이 있다. 그 불은 700여 채의 고급 주택을 잿더미로 만들었다. 그 일은 다시 한 번 확신을 갖게 해주었다. 우리가 아무리 인생의 부정적이고 유쾌하지 못한 일을 외면하려고 해도, 우리는 신의 각본에서 벗어날 수 없다는 것에 대한 확신을. 그래서 나는 흔들리지 않는 내적인 힘을 위해, 고난을 받아들이고, 이겨 내며, 교훈을 얻을 수 있는 힘을 위해 기도한다.

정신세계와 물질세계의 통일

이 책에서 우리는 주로 제3단계의 후흑에 대해 논할 것이다. 이 세상에서 살며 그 희생자가 되지 않고, 다른 한편으로 부당하게 남들에게 고통과 손해를 끼치지 않는 법을 배울 것이다. 우리 목표는 후흑을 익혀서 남들의 공격에서 우리 스스로를 보호하는 데 있다.

그런 견지에서 우리는 전사가 된다. 하지만 통상적인 서양의 '살인기계' 개념의 전사는 아니다. 목표를 효과적으로 달성할 수 있는 전사의 외적 역량은 내적인 지혜를 길잡이로 하며, 그 내적 역량이란 인생의 역경을 받아들이고 마음의 균형을 찾는 데서 배양된다.

16세기의 일본 검성劍聖 미야모토 무사시는 이렇게 말했다. "무사란 칼과 붓을 똑같이 능하게 놀릴 수 있는 사람이다." 이 메시지는 진정 위대한 전사는 한 가지 이상의 무기에 능통해야 한다는 뜻을 담고 있다. 위대한 전사는 균형 잡힌 사람이며, 인생을 통찰함으로써 자기 무기의 속성에 통달할 수 있는 사람이다. 사무라이의 칼 쓰는 법은 우리가 일상적인 일을 처리하는 법과 다르지 않으며, 특히 그것이 생존을 위한 일이라면 더더욱 그렇다. 무사시는 이렇게도 말했다. "무도武道는 곧 천도天道이다. 천도를 따라 언제나 그 맥을 따를 수 있다면 적은 어느새 베어져 있을 것이다."

제3단계의 후흑을 실천하면 정신세계와 물질세계 사이의 구분이나 대립이 점차 희미해져간다. 정신의 힘으로 일상의 문제를 해결해 나가기 시작한다. 고매한 영적 통찰력을 냉혹한 비즈니스 세계와 결부시킬 때, 우리는 두 세계의 가장 좋은 것을 얻을 수 있다.

진정한 후흑의 실천자

위대한 도가 잊혀지면, 도덕이 융성해진다.

지식이 태어나면, 큰 가식假飾이 시작된다.

가족 사이가 화목하지 못하면,

효행과 헌신의 이야기가 들린다.

나라가 어지러우면, 충성스런 신하가 나타난다.

−《도덕경》

모든 행동은 양면성을 지닌다. 내면과 외면이다. 내면은 행동에 동기를 부여하는 힘이다. 그것은 누구도 볼 수 없는 힘이기도 하다. 외면은 내면의 외적 표현이며, 누구나 볼 수 있다.

일반적인 생각과는 달리, 선량한 사람이라고 항상 점잖게 행동하지는 않는다. 때로는 냉혹하고 인정머리 없는 행동도 한다. 내 친구가 언젠가 한 말은 의미심장하다. "늘 좋게만 대하는 사람은 그 의도가 의심스러울 수밖에 없어."

많은 제자를 거느린 스승이 있었다. 제자들 모두는 가르침을 얻는 일에 열심이었으나, 한편으로는 분방한 욕구에 시달리고 있었다. 스승은 제자들의 사소한 비행을 못 본 체하는 것 같았다. 그러나 갑자기 불벼락이 떨어졌다. 규율을 어긴 제자들을 엄하게 성세했고, 때로는 채찍질을 하기도 했다. 이를 본 사람은 잔혹하고 난폭한 스승이라고 생각했을지 모른다. 그러나 제자들은 가르침을 뼛속까지 느끼고, 스승에 대한 감사와 존경을 갖게 되었다.

〈마가복음〉에는 예수 그리스도가 예루살렘 성전에서 장사하는 사람들을 보고 화를 내며 탁자와 의자를 모조리 뒤엎는 장면이 나온다. 그곳은 하느님께 기도하는 성전이지 "강도의 소굴"이 아니라고 하면서 말이다. 예수의 외적 행동은 분노에 차 있었으나, 그 분노에도 그의 내면의 평화는 흔들리지 않았다.

반면 언제나 싱글벙글 웃기만 하는 사람은 남들에게 좋은 사람으로 여겨지려는 열망을 갖고 있다. 그 웃음이란 대개 겉모양일 뿐인데, 그런 사람들은 겉모양에 너무 힘을 쏟느라 내면은 공허하고 부실해진다.

선량한 사람의 겉모양과 행동은 때때로 잔혹하고 난폭해 보인다. 또 이기적이라고 여겨지는 모습을 보이기도 한다. 그러나 그 마음은 순수하다. 반면 '거짓 선지자'는 겉으로는 매우 겸손하고 점잖아 보이지만 내적으로는 오로지 탐욕밖에 없다. 거짓 선지자가 살아남으려면 대중의 인기를 얻어야 한다. 반면 선량한 사람은 자기 자신과 조화를 이뤄야 한다. 그는 남들의 인정을 구하지 않으며, 구할 필요도 없다.

가장 자연스러운 후흑은 인위적인 조작이나 통속적인 자잘한 판단기준을 넘어선다. 보편적인 의지에 합치되도록 행동하면 공동의 선과 이익에서 벗어나지 않는다. 독선적이지도, 남들의 비위를 맞추기에 급급해하지도 않는다. 타인의 인정을 받기 위해 애쓰지도 않는다. 행동에 임하여 빠르며, 유능하며, 초연하다. 물러설 때는 주저함이 없고, 남들이 뭐라고 하여도 구애받지 않는다. 돌격할 때는 가차없되, 적절하게 한다. 어떤 행동을 하는 것과 하지 않는 것이 늘 일관성 있다. 이런 사람이야말로 진정한 후흑의 실천자이다.

- 후흑은 인생의 모든 국면에서 성공할 수 있게 해주는 자연의 비밀스러운 법칙이다.

- 종종 우리는 편한 것에 끌려 위대한 것을 잊는다. 고통, 의심, 실패를 극복하는 법을 익힘으로써 인생 성공의 큰 디딤돌을 놓을 수 있다.

- 인격은 햇빛과 장미로 만들어지지 않는다. 강철처럼 불 속에서, 망치와 모루로 단련된다.

- 성공적인 삶이란 자기 자신의 길을 이해하고 따라가는 삶이며, 다른 누군가의 꿈을 좇는 삶이 아니다.

- 후흑은 냉혹하기도 하고 냉혹하지 않기도 하다. 그러나 파괴적이지 않은 냉혹함을 익히고 응용함으로써, 인생의 과업을 효과적으로 수행하는 데 필요한 행동의 자유를 얻게 된다. 이 힘을 자기 내부에 접함으로써, 자신의 운명을 명확히 알고 성취해 나가는 데 큰 도움을 얻는다.

- '낯 두꺼움'은 방패盾이다. 남들의 비판과 악평에서 자신을 지켜준다. '낯 두꺼운' 사람은 자격지심을 돌려놓을 줄 안다. 그는 남들이 그에게 씌우는 한계를 거부한다. 더욱 중요한 사실은 자기 스스로가 씌우는 한계도 거부한다는 점이다. 그는 자신에게 만족한다.

- '시커먼 마음'은 창矛이다. 남들과, 그리고 자신과 싸우기 위한 무기이다. '시커먼 마음'은 냉혹하지만, 반드시 사악하지는 않다. '시커먼 마음'의 소유자는 값싼 동정심을 초월한다. 그는 목표에 집중하며 비용은 무시한다. '시커먼 마음'을 가진 사람은 실패를 저지를 용기가 있다.

- 후흑의 실천자는 남들의 비판, 냉소, 악담을 흘려버릴 수 있는 능력을

갖추는 한편, 동시에 자신이 합당하다고 여기는 의무를 수행한다.

- 가장 낮은 수준의 후흑은 아무런 도덕성도 띠지 않는다. 그것은 원하는 것을 어떻게 손에 넣을지만 따진다. 이 단계의 '낯 두꺼움'은 양심의 완전한 결여를, '시커먼 마음'은 절대적인 냉혹함을 의미한다.

- 영성의 지혜는 일상생활의 근본이다. 선악을 구분하는 능력은 후흑의 실천자들에게 필수적이다. 외부에는 제압해야 할 대상이 없다. 내면에서 성공을 이룰 때, 세상은 우리 발 아래 있게 된다.

- 후흑의 전사들이 갖는 궁극적인 용기는 초연함이다. 그것은 두려움에도 불구하고 싸움을 계속할 수 있는 용기이며, 패배를 두려워하는 마음에 휘둘리지 않음으로써 담대하게 싸울 수 있는 용기다.

- 정신세계와 물질세계의 통일. 고상한 정신세계와 냉혹한 비즈니스 세계의 만남은 이룰 수 있다. 궁극적으로는 정신세계와 물질세계 사이의 구분이나 대립이 없어진다. 고상한 영적 통찰력으로 일상의 문제를 해결해 나간다.

- 보편 의지와 조화된 행동을 하는 사람은 공동의 선과 공동의 이익에 부합된다. 그런 사람은 자기중심적이지도 않고, 남들의 승인을 바라지도 않는다. 목적을 이루려 할 때는 냉혹하고, 행동을 하고 안 하고는 일관적하다. 그런 사람이 진정한 후흑의 실천자이다.

인간의 적절한 역할은 '사는 것'이다.

'존재하는 것'이 아니다.

— 잭 런던(Jack London, 미국 소설가)

2장

◆

후흑의 준비,
고정관념을 없애는 열한 가지 원칙

한 송이 꽃이 무수한 가시를 샘내랴.

─라빈드라나트 타고르Rabindranath Tagore

후흑은 자신에게 득이 되도록 세상을 조작하는 문제에 그치는 게 아니다. 그것은 우리의 자연스러운 존재 상태다. 그런데 그 자연스러운 상태를 잃은 이유는 우리가 남들의 기대와 믿음에 맞추어 우리를 형성하기 때문이다. 그래서 후흑을 이룬다는 것은 먼저 우리 자신의 진정 자연스러운 상태를 회복한다는 뜻이다.

Ⅰ. 내적 이미지와 외적 표준을 깨트려라

40대 후반의 내 친구 하나는 성인이 된 이후 대부분의 시간을 정상 체중보다 45kg 정도 초과해 있었다. 적어도 일곱 번이나 이 과체중을 완전히 줄이는 데 성공했으나, 그때마다 다시 체중이 불곤 했다. 심리 상담을 받아 보니 그는 자신이 살이 빠졌을 때는 더 공격적이 되고, 남들에게 '예의 바르게' 대하지 않았다는 사실을 깨닫게 되었다. 그는 어릴 때부터 남들에게 친절히 대하는 게 가장 중요하다고 집에서 배워왔다. 결국 그는 자신의 공격성을 먹는 것으로 억제했던 것이다.

대부분의 사람이 어릴 때부터 남들의 칭찬을 받는 게 세상에서 가장 값진 보상이라고 교육받는다. 비록 그런 말을 자주, 직접적으로 듣지는 않았을지라도, 옳고 좋다고 들은 모든 것에 그런 의미가 함축되어 있다. 우리는 부모님 말씀을 잘 들어야 한다. 그래야 부모님이 기뻐하시니까. 우리는 공부를 열심히 하고 착하게 행동해야 한다. 그래야 선생님이 예뻐하시니까. 우리는 장난감을 친구들과 함께 써야 한다. 그래야 친구들이 좋아하니까. 자기 좋은 대로만 하려고 한다면, 자기밖에 모르는 나쁜 아이라는 말을 들을 것이다. 선악의 관념은 우리 어린 마음 안에서 남들의 지지를 받을 수 있느냐의 여부를 놓고 형성된다. 사실 우리에게 선악을 주입한 사람들 스스로가 똑같은 고정관념의 피해자들이다.

우리는 나이가 들면서 항상 남을 존중하고 그들의 지지를 얻는 것이 앞서가는 가장 효율적인 방법은 아니라는 사실을 깨닫게 된다. 하지만 우리 대부분이 그 비효율적인 방법을 답습한다. 가끔 이런저런 이기적 행동을 시도해보지만, 어릴 때 교육받은 결과에 따라 양심의 가책을 받는 경우가 많다. '좋은' 사람은 그렇게 이기적인 행동을 자주 하지 않을 것이다. 우리의 노력이 성공하려면 어느 정도 자기중심적 시각이 필요하다는 걸 알면서도, 계속 남의 눈에 좋은 사람이 되고자 애쓴다. 그 보상이라고는 우리가 도덕적으로 '된 사람'이라는 자기만족뿐이다.

다른 많은 '사심 없는' 덕목도 마찬가지이다. 실제로는 위장이고 은폐일 뿐이다. 우리는 종종 자신에 대한 관심을 남들에 대한 관심으로 위장하고, 자신의 길을 갈 권리를 포기함으로써 남들의 환심을 산다.

우리는 종종 남들이 우리를 부당하게 대하는 것을 허용하는데, 이는 그들과 맞서서 시비를 가리거나, 마음 깊이 각인된 선악의 개념을 흔들고 싶지 않기 때문이다. 우리는 자신이 도덕적으로 훌륭하다는 자족감을 갖고 싶어한다. 또한 중요하지 않은 하찮은 일로 다툼을 하기에는 자신이 너무 고상하다고 말하고 싶어한다. 하지만 우리가 다른 쪽 뺨을 돌릴 때는 그것이 옳다고 믿어서라기보다는 그게 편하다고 느끼기 때문이다.

3만 3000달러짜리 교훈

나는 '예의 바르게' 대하는 방식이 옳지 않을 수도 있다는 사실을 깨닫는 데 3만 3000달러의 '수업료'를 내야 했다.

짐은 워싱턴 D.C.에서 잘나가는 사업가였다. 그는 정치 포럼마다 얼굴을 내미는 사람이었다. 정치 집회와 토론회의 발언 내용을 정리해 책으로 냈으며, 매주 정치 뉴스레터를 발간했다. 우리는 만나자마자 친해졌다. 그는 아시아 문화에 관심이 많은 활기찬 사람이었다.

짐은 내가 사는 포틀랜드로 온 적 있는데, 선거유세 중인 후보자한 사람과 함께였다. 얼마 후 짐과 나는 함께 저녁식사를 하며 잡담을 나누다가, 나는 그에게 새로 발간한 책의 반응이 어떠냐고 물었다. 그는 지난 10개월간 홍보 회사에 용역을 맡겼고 매달 수천 달러를 쓰긴 했지만, 그 덕분에 책 설명을 해달라는 TV와 라디오 방송의 출연 요청이 쇄도한다고 말했다.

짐은 타이핑된 대여섯 장의 종이를 자랑스럽게 보여주었다. 그가 출연한 TV와 라디오 쇼의 목록이었다. 하지만 KABC-TV를 제외하면 나머지는 군소 라디오 방송국에 불과했다! 나는 내 눈을 믿을 수가 없었다. 왜 더 지명도 있는 토크쇼 일정을 잡지 않은 걸까? 이 홍보 전문가들이 돈 받고 하는 일이 뭔가?

짐과 헤어지고 나서 니는 이쩌면 짐이 내게 도움을 정하려 했는지도 모르겠다고 생각했다. 그때까지 나는 3년 동안 홍보 업무를 하고 있었기 때문에 그 분야에 대해 배운 게 꽤 있었다. 예를 들어 시청률이 높은 토크쇼 하나에 출연하는 것이 별 볼 일 없는 쇼에 수없이 얼굴을 내미는 것보다 백배 낫다는 사실을 알고 있었다. 그리고 어떤 홍보업자는 고객 일정에 자잘한 언론홍보 기회를 짜 넣음으로써, 실제로는 청취자가 거의 없는 라디오 프로그램에 불과할지라도, 자기가 일을 열심히 하고 있는 듯 꾸민다는 사실도 잘 알았다. 그를 돕는 데는 아무 문제가 없어 보였다. 나는 내 추천을 진지하게 여겨줄 좋은 인맥들을 가지고 있었으니까 말이다.

다음 날 나는 짐에게 전화해 내가 아는 몇 사람을 소개해줄 테니 내 이름을 대고 그들과 접촉해보라고 했다. 그는 뜨겁게 감사를 표하며 이렇게 말했다. "다음 뉴스레터에 당신 책《아시아인의 심리 게임The Asian Mind Game》을 소개할게요."

다음날 아침 전화벨이 울렸다. 짐의 쾌활한 목소리가 들려왔다. "어제 그들을 소개해줘서 다시 한 번 고마워요."

"뭘 그런 걸 가지고. 신경 쓰지 마세요." 나는 대답했다.

그는 계속해서 말했다. "우리 회사는 정치 토론회에 나가는 조직 모두를 망라한 소책자를 펴내고 있어요."

"알고 있어요. 내게도 한 권 있어요."

"그리고 매월 업데이트되죠. 이제는 300개 이상의 단체가 수록되어 있어요." 그가 말했다.

나는 그가 왜 그런 얘기를 꺼내는지 알 수 없었다. 내 도움에 대한 감사의 표시로 최신판을 선물하려고 그러나? 하지만 그는 이렇게 말했다.

"비서가 그러는데 당신이 우리 뉴스레터 정기구독을 끊었다고 하네요."

"아, 요즘 좀 바빠서 그만 깜빡했네요." 나는 '예의를 차리느라' 거짓 말을 했다. 실제로 그 뉴스레터 6개월분이 뜯지도 않은 채 서류 캐비닛에 처박혀 있었고, 결코 정기구독을 계속하고 싶은 마음이 없었다.

내 태도에는 아랑곳없이 짐은 단도직입적으로 말을 꺼냈다. "어떤 방식으로 지불하겠어요? 신용카드, 아니면 수표?"

"그 문제는 다음에 얘기하면 안 될까요? 지금 몰두하고 있는 일이 있어서 짬이 없는데…." 나는 모호하게 말했다. 내게 필요도 없는 정기구독을 강요당하는 상황이 불편했다. 하지만 난 예의를 잃지 않으려 했고, 적당히 둘러대서 빨리 그 순간을 끝내고 싶었다.

하지만 짐은 물러서지 않았다. "우리는 정기구독자가 아닌 사람이 쓴 책을 홍보하지는 않거든요." 그는 내 돈을 원했고, 그것도 지금 당장 원했다.

예의를 차려야 한다는 생각 때문에, 나는 마지못해 이렇게 말하고 말았다. "좋아요. 신용카드로 지불할게요." 결국 300달러를 지불하고 말았다.

나는 유력 인사들과의 접촉 기회를 만들기 위해 수천 달러를 썼다. 전화에, 팩스에, 접대에, 출장에… 모두가 상당한 투자였다. 그리고 애써서 얻은 인맥을 순전히 좋은 마음으로 그에게 제공했다. 그가 그 사실을 알고는 있는가? 내게서 300달러를 받아가는 게 그가 고마움을 표하는 방식인가?

나는 분명 후흑의 능란한 실천자를 만난 것이다. 그는 내 생각을 전혀 고려하지 않았다는 점에서 '낯 두꺼움'을 실행했다. 그는 자기 목표만 좇았다. 비록 내가 정기구독에 흥미가 없다고 명확히 말하지는 않았지만, 그 뜻은 여러 방식으로 은근히 전달했다. 그러나 그는 나의 메시지를 눈치채지 못했거나, 무시했다.

그는 또한 '시커먼 마음'의 실천자이기도 했다. 자기 뉴스레터를 들이대고 내 호주머니를 터는 데 성공했으니까. 그 시점이 내가 그에게 수천 달러어치의 정보를 제공한 직후라 해도 말이다.

짐은 모든 것을 후흑 원칙에 따라 행동했다. 내 실수는 그에게 예의를 차리는 것 외에 사업적 목표 자체가 없었다는 데 있다. 더 나쁜 것은, 내가 누군가를 언론사에 추천할 수 있다는 것에 별 가치를 두지 않았다는 점이다. 나는 그것을 아무 가치도 없는 것처럼 나누어주었다. '예의 바른' 사람은 서로를 밀어주기 마련이라는 단순한 생각에 나는 그를 내 인맥에 추천해준 것이다.

그는 자신의 목표에 충실했을 뿐 아니라 그 이상을 했다. 내게서 정기구독 연장을 받아낸 것이다. 한편으로 내가 그에 대해 초연했다면 그의 강압적 태도가 나를 움직이지 못했을 것이다. 사실 나는 짐의 지지를 받고 싶었고, 그것이 예의 바른 태도의 동기였다.

우리는 이런 식의 덫에 쉽게 걸려든다. 우리는 대가를 바라지 말고 베풀라는 가르침을 받는다. 하지만 실제로는 늘 뭔가를 기대하면서 베푼다. 나 또한 짐과 만났을 때 마음 한편에 내 책의 홍보 문제를 담아두고 있었다.

우리의 대화는 이런 식으로 나아갔어야 했다. "짐, 당신한테 내가 줄이 닿는 메이저 토크쇼 몇 군데를 주선해줄까요? 내 책 판매량에 아주 좋은 영향을 주었던 쇼들이에요." 물론 짐은 좋다고 했을 것이다.

그러고 나서 이렇게 말한다. "나는 지난 3년 동안 내 책을 TV와 라디오에서 적극적으로 홍보해왔어요. 그런 데서 느낀 것도 많고요. 시시한 쇼에 백번 나가느니 인기 있는 쇼 한 군데 출연하는 게 책 판매에 훨씬 플러스가 되었어요. 내가 개인적으로 당신과 당신 책을 그런 쇼에 추천할게요. 그러면 당신에게 얼마만큼의 금전적 이익이 생길까요?"

여기까지 대화를 이어갔다면 그는 내게 대가를 지불할 의사는 없다고 밝히거나, 얼마면 그 일을 해줄 수 있겠느냐고 물어왔을 것이다.

그러면 이렇게 말한다. "짐, 돈을 달라는 게 아니에요. 상부상조하자는 거지. 제안 하나 할게요. 나는 그런 토크쇼 인맥을 만드는 데

3년이나 노력했죠. 덕분에 진행자들과 친한 사이가 되었어요. 투자 시간으로만 환산해도 수천 달러는 될 거예요. 나는 자비 출판한 첫 책《중국인의 심리 게임The Chinese Mind Game》을 도서배급망에 의존하지 않고 미디어 홍보를 통해서만 팔았어요. 그 결과, 나는 1년에 여섯 지리까지 판매 실적을 올렸어요. 그렇게 보면 내 인맥을 1만 달러의 가치로 봐야 공정할 것 같은데, 그렇지 않나요?"

만약 그가 1만 달러라는 생각에 내켜하지 않는다면, 협상에 들어갈 수도 있을 것이다. 일단 가격이 합의되면, 서로 어떻게 도울 수 있을지 협의에 들어갈 수 있다. 내가 짐에게 제안할 것은 정치 토론회에 나를 참석시켜 달라는 것이다. 한 번 참석할 때마다 짐이 30퍼센트의 수수료를 받는다고 치면, 그가 1만 달러를 갚기 위해서는 내게 3만 3000달러에 달하는 정치토론회 참석 기회를 주어야 했다.

사생활에서나 비즈니스에서나 순수한 우정은 값진 자산이다. 그러나 그만큼 서로에게 무조건적인 지지와 도움을 요구하기도 한다. 다른 꿍꿍이를 감춘 채 어설프게 예의를 차리다 보면 서로에 대한 기대가 어긋나면서 친구가 아닌 원수가 되어버리기 십상이다.

II. 내면의 확신을 모색하라

위험에 맞설 의무 앞에서 달아난다면,
그것은 비겁함이다.
— 마하트마 간디Mahatma Gandhi

누가 한쪽 뺨을 때리거든, 다른 쪽 뺨을 돌려 대라. 우리는 보통 이런 교육을 받는다. 그러나 언제나 그런 대응이 바람직한 것만은 아니다. 잠자코 뺨을 맞아야 할 때가 있고, 한 대 맞으면 두 대를 후려쳐서 다시는 뺨을 맞지 않게 해야 할 때가 있다. 한쪽 뺨을 맞고 다른 쪽 뺨을 돌려 댄다면 몇 가지 이유 중 하나 때문일 것이다. 자신이 처한 상황을 충분히 이해하고 몸을 낮추기로 판단했기 때문일 수도 있고, 되받아치고 싶은 충동과 분노를 '그러면 못쓴다'는 교육의 결과 억누른 것일 수도 있다. 또는 상대가 적대감을 더 키우지 않도록 하려는 계산 때문일 수도 있다.

앞서 한신의 예에서 본 것처럼 내적 확신에 따라 다른 쪽 뺨을 돌려 댄 것이면, 나쁠 것이 없다. 하지만 되받아치고 싶은 충동을 억누른 것이라면, 다른 쪽 뺨을 내미는 일의 본질을 제대로 이해해서가 아니라, 남들이 강제한 기준으로 자신의 손발을 묶고 있다는 뜻이다. 이렇게 하면 자신에게 희생자의 역할을 언제까지나 부과하는 셈이기도 하다. 또 더 심한 반격을 당할까 봐 숙이고 들어가기로 한 것이면, 그것은 미덕과는 상관없고, 단지 겁쟁이라는 뜻이다.

후흑의 실천자는 되받아친다고 해서 반드시 '몹쓸 사람'은 아니라는 것을 알고 있다. 폭력적 행동을 징벌하는 일은 평화유지군과 같은 행동이다. 진실은 우리가 흔히 받아들이고 있는 행동 원칙들은 임의적이며, 또 그런 원칙을 강조하는 사람 스스로 흠이 있는 경우가 많다는 사실이다. 그들은 미덕을 빙자해 자신의 나약함과 두려움을 감추고 있다.

III. 떡갈나무처럼 굳세게, 풀처럼 부드럽게

세상은 두 대립하는 힘의 아슬아슬한 균형으로 이루어져 있다. 동양철학에서는 그것을 음양陰陽이라고 부른다. 모든 것은 음양의 조합이다. 정반대라고 여겨지는 것들은 생각보다 긴밀하게 맺어져 있다. 사실 음양은 서로 견제하는 별개의 개체들이 아니며, 같은 대상의 두 가지 상반되는 측면이다. 빛이 없이 어둠은 없고, 악 없는 선도 없다. 폭력과 비폭력은 인간 영혼의 똑같은 부분에서 비롯된다.

모든 것에 상반되는 두 가지 측면이 있듯, 사람의 행동도 예외가 아니다. 그것은 내적 동기와 외적 표현이다. 내적 동기를 고려하지 않고는 남이나 자신의 행동을 판단할 수 없다. 현자와 악인은 똑같이 국법을 위반하면서도 동기는 전혀 다를 수 있다. 예수는 두 강도와 함께 십자가에 못 박혔다. 재판하는 이들이 예수의 행동과 두 잡범의 행동 사이에 있는 엄청난 차이를 알아보지 못했기 때문이다.

우리는 우리에게 창조의 힘과 파괴의 힘이 동등하게 갖춰져 있음을 알아야 한다. 두 능력은 상호보완하며, 한결같은 선악의 기준으로 평가될 수 없다. 두 힘 모두 적절한 사용 시기가 있다. 언제 자신의 파괴력을 발휘할 것인지, 또 언제 상대방의 파괴력에 저항하지 말아야 하는지 안다면 우리 자신과 우리의 운명을 아는 큰 걸음을 내딛게 된다. 풀은 바람이 불면 쉽게 눕는다. 아름드리 떡갈나무는 꿈쩍도 하지 않는다. 거센 바람은 떡갈나무를 뿌리째 뽑지만, 어떤 바람도, 그것이 아무리 거세다 해도 땅바닥에 누워 버린 풀의 뿌리는 뽑아내지 못한다.

바람직한 후흑의 실천자는 내적으로는 후흑을 실행하면서 외적으로는 상황에 따라 능동과 수동을 직절히 바꾸이 취할 수 있는 사람이다. 그런 사람은 자신의 체면이나 '양심의 가책' 때문에 억지로 행동을 취하지 않는다.

중국의 고전 병법서 《36계》에 나오는 27번째 계책은 "호랑이를 잡기 위해 돼지 흉내를 낸다"이다. 이 개념에 따르면, 동양의 사냥꾼은 호랑이 사냥에 나설 때 가장 쉽게 호랑이를 잡을 수 있는 방법을 앉아서 고민한다. 그러다 자신이 호랑이의 미끼가 되는 게 최선의 방법이라는 결론에 이르게 된다. 그는 돼지가죽을 뒤집어쓰고 숲속에서 호랑이를 기다린다. 호랑이는 돼지로 맛난 점심을 먹으려 어슬렁어슬렁 다가온다. 호랑이가 빗나갈 걱정이 없을 만큼 가까이 왔을 때, 사냥꾼은 호랑이를 쏘아죽인다.

동양의 영웅은 호랑이를 사냥하고 때려잡을 수 있는 용맹함이 아니라 돼지 노릇을 견딜 수 있는 참을성의 소유자이다.

처한 상황보다 자신이 더 위대하다는 근거가 전혀 없을 때라도 승리에 대한 비전을 절대 내려놓아서는 안 된다. 아인슈타인은 위대한 사람은 자신의 위대함을 누구보다도 먼저 깨닫는다고 말했다. 가장 강력한 반대조차 극복하기 위해 뭐든 할 자세가 되어 있는 사람이 승리자가 된다. 그것이 일단 몸을 낮추는 일, 필요하다면 돼지 흉내까지 내야 하는 일이라고 해도.

더욱이, 우리는 우리가 명백히 실패한 것처럼 보일 때 남들이 멋대로 던지는 조롱을 견뎌낼 수 있어야 한다. 그렇게 할 수 있는 사람만이 위대해진다.

IV. 너 자신을 알라

후흑을 이루려면 지금 자신이 하고 있는 일의 의미를 먼저 검토해야 한다. 임의적인 관념의 노예가 되지 않고 따라야 할 자신의 참된 표준을 발견하려면, 남들이 뭐라고 생각하든 간에 해야 할 일을 하는 용기를 가져야 한다.

비범한 사람은 남들의 시선에 구애받지 않는다. 그에게 후흑은 상식이다. 그는 남들의 참견에 아랑곳하지 않기 때문에 자기가 진정 바라는 것을 향해 거침없이 걸어간다. 하지만 세상에는 귀가 얇은 사람이 대부분이다.

부도덕하고 자기중심적인 사람이 되라는 게 아니다. 남을 배려할 줄 알고, 남의 입장에 민감한 천성의 소유자가 이기적인 행동을 하려면 얼마나 버거운가를 지적하는 것뿐이다. 그런 사람은 남들에 대해 보다 초연한 부류로부터 뭔가 배워야 한다. 그들은 남들의 의견에 구애받지 않기에 자기 목표를 실현하는 데 전념할 수 있다. 그러려면 자기 자신과 자신의 행동에 대해 확실히 알아야 한다.

자아 성찰self-observation은 자아 발전에 필수적이다. 남들의 속셈을 파악하려면 먼저 자기 행동의 동기를 파악해야 한다. 특히 절망과 불운에 시달릴 때 그렇다. 끔찍한 경험에서 스스로를 초연하게 만들 수 있다면, 그 상황의 실제를 정확히 볼 수 있다. 그러면 어떻게 행동하는 게 최선인지 길이 보인다.

세상은 옳고 그름을 단숨에 판단할 수 있을 만큼 간단치 않다. 자기 자신을 잘 이해하고 있어야 어떤 상황에서도 적절히 처신할 수 있다. 지금까지 교육받아온 신념들을 하나씩 스스로 발견한 진실로 대체해 나가야 한다. 어느 때나 다른 쪽 뺨을 돌려 대는 건 좋지 않다. '왜' 그렇게 하는지, 혹은 그렇게 하지 않는지 그 이유를 아는 게 더 중요하다.

자기 이해self-knowledge는 임의적으로 부과된 기준보다 더 믿을 만한 행동 지침이다. 물론 두 가지 모두 오류를 범할 수 있지만 말이다. 어느 길로 가든 잘못 갈 수 있다. 그러나 자기 발견self-discovery의 길에서 잘못했을 때는 스스로 잘못을 고쳐나갈 수 있지만, 임의적으로 부과한 주관적 기준을 맹종하다 저지른 실수는 그저 우리를 어리석음의 자리에 머물게 할 뿐이다.

이 전환의 과정을 통하여 우리는 우리가 배운 개념 대부분이 어쨌든 맞는 소리였다는 결론에 도달할 수도 있다. 하지만 자성의 시간은 헛되지 않다. 무작정 믿던 것이 드디어 확신으로 바뀐다. 더 중요한 것은 남들의 시선에서 자유로워진다는 점이다.

나의 말에도 구애될 필요가 없다. 스스로 자신의 생각과 행동을 점검하라. 자신이 여러 잘못되고 임의적인 행동 지침으로 고생하고 있었음을 알게 될 것이다.

우리는 저마다 내면에 이런 침묵의 외침을 간직하고 있다. "나는 존재한다! 나는 존재한다! 내게는 나만의 욕구, 욕망이 있다. 나의 생각과 원칙은 남들과 다르지만, 나의 것이고, 표현될 자격이 있다. 내 욕구와 욕망이 충족되지 않고서 어떻게 내가 남들에게 쓸모있는 사람이 되겠는가?"

유명한 프랑스의 패션디자이너 코코 샤넬은 다자이너가 아니라 부유한 사교계 여성으로 그 경력을 시작했다. 그녀는 유행에 아랑곳하지 않고 언제나 자기 입고 싶은 대로 입었다. 머리를 단발로 자르고 스커트 선을 올리는 등 그녀의 독특한 스타일은 당시의 모든 패션 기준과 어긋났다. 처음에는 그녀에게 비난이 쏟아졌지만, 결국 그녀는 1920년대 패션 혁명의 핵심이 된다. 이제 한 세기가 지난 시점에서 코코 샤넬이라는 그녀의 이름은 오트쿠튀르(최신 유행 패션)의 세계적 대명사로 통한다.

나는 최근에 헬스클럽에서 자전거 페달을 밟으며 젊은 여성용 잡지를 뒤적이고 있었다. 사람들에게 인정받는 방법 중 하나로, 젖은 머리를 한 채 집에서 나와 큰 가방을 들고 사무실까지 마지막 반 블록은 뛰어서 가라는 팁이 눈에 띄었다. "출근하기 전에 헬스클럽에 다녀온 듯한" 인상을 주라는 것이다. 또한 그 잡지는 힙한 이미지를 만드는 방법으로 집안 여기저기에 최신 음반을 갖다 놓으라고 추천한다. 실제로는 듣지 않는다 해도 말이다.

이런 이미지 메이킹 기법이 젊은 여성들에게 정말 도움이 되는지는 모르겠다. 다만 그 조언들은 자신의 진정한 관심사보다는, 남들 눈에 들기 위해 거짓을 만들어내는 데만 힘을 쏟게 할 뿐이다.

V. 성공의 두려움도, 실패의 두려움도 벗어버려라

성공의 두려움은 실패의 두려움보다 훨씬 더 강하다. 그래서 성공하는 사람보다 실패하는 사람이 더 많은 것이다.

우리 모두는 웬만큼은 두려움에 사로잡혀 있다. 일어서는 두려움, 넘어지는 두려움, 그 자리에서 맴돌게 될 두려움 등에 말이다. 그래서 부자가 되고 싶다는 생각, 유명해지고 싶다는 생각, 훌륭한 일을 해내고 싶다는 생각이야 많이들 하지만 대개 몽상에 그치는 것이다. 우리가 바라는 것을 얻으면 그만큼 우리가 익숙해져 있는 생활을 포기하고 미지의 영역으로 들어가야 한다. 뭔가 성취하고 앞으로 나갈 때마다, 친숙한 환경을 버리고 불확실함과 낯설음에 마주쳐야 한다. 사람들 대부분은 성공하기 위해 자기 딴에는 노력하고 있다고 여기지만, 실제로는 일상을 반복할 뿐이다. 그들은 결코 일상의 굴레를 벗어나 새로운 경지에 이르려고 하지 않는다.

성공은 변화이며, 실패의 위험을 끌어안는 것이다. 그 점을 제대로 이해해야만 성공할 수 있다. 아무런 대단함도 성취하지 못하는 사람은 자기만의 영역에 안주하는 사람이다. 비범한 업적을 시도한 사람의 실패는 널리 알려지며, 보통의 실패자들은 그의 실패에 위안을 얻는다. 우리가 대금을 연체하면 어딘가에 있는 컴퓨터가 독촉장을 프린트해서 보낸다. 하지만 도널드 트럼프가 연체하면, 6시 뉴스에 나온다.

성공은 또한 거부당할 것에 대한 각오를 요구한다. 통상을 뛰어넘는 독자적인 생각, 새로운 아이디어, 노력 등은 대개 거부당하기 마련이며, 비판이나 조소, 심지어 분노의 대상까지 된다. 비범해지고자 한다면 '자신은 옳다'는 꿋꿋함과 부동의 확신을 가져야 한다.

VI. 환상과 실제의 본질을 이해하라

완벽하도다.

완벽하도다.

완벽한 샘에서 완벽함이 솟도다.

완벽함에서 완벽함을 빼면

완벽함만이 남는도다.

― 고대 힌두 경전

고대 인도에서 한 무리의 젊은 승려들이 그들의 스승이 차파티(일종의 팬케이크)를 만드는 모습을 지켜보고 있었다. 스승은 국자 가득한 반죽을 뜨거운 번철에 붓고 그것이 원형으로 퍼지며 지글거리는 모습을 지켜보았다. 차파티가 원하던 모양이 되면 스승은 웃으며 말했다. "완벽하다."

젊은 승려들은 놀랐다. 차파티의 모양이 제각각이었기 때문이다. 어떤 것은 가장자리가 타버렸고, 완전한 원형을 이룬 것은 하나도 없었다. 마침내 제자 중 하나가 스승에게 물었다. "스승님, 이 차파티들이 어째서 완벽합니까? 차파티라면 동그래야지요. 게다가 타버린 것들도 있습니다."

스승은 번철에서 마지막 차파티를 집어 올려 젊은 제자의 접시에 놓았다. 조롱박 비슷한 모양이었다. 하지만 스승은 또다시 말했다. "완벽하다."

한 훌륭한 선생께서 내게 이렇게 말씀하신 적이 있다. "보고 있는 세상이 마음에 들지 않으면, 안경 도수를 고쳐라."

최근 나는 오랜 친구와 전화 통화를 했다. 우리는 10년째 만나지 못한 상태였다. 우리가 전에 만났던 일을 떠올리면서 나는 "예전 일은 다 완벽한 법이지"라고 말했다. 그러자 그 친구는 "무슨 말인지 모르겠어. 너는 자기가 무슨 말을 하는 건지 알아?"라고 했다.

진리는 아주 간단하다. "안경 도수만 고치면" 얻을 수 있다. 세상에는 아무 잘못이 없고, 세상을 보는 눈이 문제다. 그것을 어떻게 아는가? 아마 독자는 내 친구와 똑같이 생각할 것이다. "그것은 말일 뿐이야. 그 선생은 자기가 무슨 말을 한 건지 알고 있을까?" 나는 그것을 직접적인 경험으로 확인했다.

몇 년 전, 나는 많은 시간을 들여 영적 묵상과 명상에 전념한 적 있었다. 그날의 명상을 끝낸 어느 날, 나는 황홀경에 빠진 상태였다. 사랑과 기쁨으로 가슴이 터질 것 같았다. 나는 우주에 존재하는 것은 오직 사랑, 사랑뿐임을 체험했다. 진정 신은 사랑으로 이 세상을 창조한 것이다.

나는 그런 상태인 채로 자동차에 올라 도시를 가로질러 약속 장소까지 갔다. 무덥고 스모그가 심한 여름날 오후, 나는 샌디에이고 프리웨이의 교통지옥 한복판에 있었다. 평소 나는 로스앤젤레스와 프리웨이라는 것은 마구잡이로 차를 모는 무례한 인간들의 북새통이라고 생각했다. 로스앤젤레스의 운전자들은 자동차 대신 탱크를 몰고 다니는 게 좋을 거라는 것이 내 평소 생각이었다. 하지만 그때만큼은 전혀 다르게 보였다. 내 눈에는 사람밖에 보이지 않았다. 나는 로스앤젤레스 전체가 확장된 나 자신인 것처럼 느껴졌다. 나는 극적인 전일

성聖-性을 체험했던 것이다. 그때 내게는 모든 것이 완벽했다. 야단법석의 프리웨이조차 우주적인 완벽함을 표현하고 있었다.

그런 상태가 오래가지는 못했다. 결국은 원래의 시각으로 돌아왔다. 하지만 짧은 동안이나마 완벽함을 볼 수 있었던 것으로 충분했다. 나는 그때 우리가 세상을 완벽하다고 인식하지 않을 때조차 세상은 사실 완벽하다는 것을 직관적 이성을 통해 알게 되었다. 또한 나는 그 실상을 잠깐 엿볼 수 있는 특권을 얻었을 뿐이지만, 고대로부터 현자들은 바로 그런 인식을 항시 유지한 사람들임을 알 수 있었다.

일상에서 우리는 끊임없이 실상을 수정하려 한다. 실제 세상의 모습을 우리가 생각하는 '완벽'의 틀에 맞추려고 한다.

2년 전, 나는 한나-바베라 스튜디오의 설립자이며 유명한 만화영화 〈요기 베어〉, 〈톰과 제리〉 시리즈를 만든 조지프 바베라Joseph Barbera와 인터뷰를 가졌다. 그는 자신의 인생이 정말 완벽했다고 말했다. 때로는 인생이 엉망인 것처럼 보인다. 하지만 돌이켜보면 그때 역시 완벽했음을 깨닫게 된다는 것이었다.

조지프 바베라는 한때 생활이 어려운 프리랜서 만화가였다. 뉴욕의 잡지 여기저기에 만화를 기고하며 근근히 살아갔다. 그는 잘된 만화 몇 편을 골라 월트 디즈니에게 보내며 자신을 써 달라고 부탁했다. 당시 디즈니 스튜디오에서 일한다는 것은 모든 프리랜서 만화가들의 꿈이었다. 디즈니는 다음에 뉴욕에 갈 때 바베라를 만나보겠다는 회답을 보내왔다. 하지만 아무리 기다려도 디즈니의 연락은 오지 않았다. 분명 그것은 바베라에게 큰 실망을 안겨주었다. 그러나 지금 돌아보면, 월트 디즈니가 그를 외면한 게 정말 다행이었다고 한다.

바베라는 말한다. "만약 그가 나를 받아줬다면, 나는 아마 그의 충실한 부하가 되어 아직도 디즈니 스튜디오에서 일하고 있었을 겁니다."

모든 것을 완벽하다고 보는 시각은 인생의 쓴맛을 처절하게 맛보았을 때 위로가 되는 정도의 생각이 아니다. 중요하지 않은 일상적 짜증에서 초연할 수 있게 해준다는 점에서, 후흑의 실천자들에게도 큰 도움이 된다.

이 장을 쓰던 중에 부탁받은 일이 있어 잠시 작업을 멈추고 차를 몰고 길을 나섰다. 그런데 가려던 길마다, 심지어 이전에 가본 길인데도 자꾸만 길을 잃고 헤매고 말았다. 무더운 여름날에 0.5톤짜리 4륜 픽업트럭을 몰면서 이런 생각이 들었다. '이렇게 계속 길을 헤매는 것에 무슨 숨은 뜻이 있겠나….' 그 와중에 모든 현상을 완벽하게 봐야 한다는 생각이 마음속으로 스며들어왔다. 그리고 나는 인생이라는 신비 속에 내가 이해할 수 없는 완전함이 있다는 것을 깨달았다. 신께서 허락하지 않는 한, 나뭇잎 하나조차 감히 땅에 떨어지지 못한다고 하지 않던가.

나는 이 짜증스러운 상황을 담담히 받아들였다. 여전히 계속해서 길을 헤매는 상황이었지만, 내 마음은 당장이라도 폭발할 것 같던 상태에서 평안하고 고요한 상태로 옮아갔다. 나는 이 무의미해 보이고 짜증 나는 경험에서조차도 얻을 것이 있음을 깨달았다. 그 순간 나는 내 생각을 다스리고 의식적으로 마음을 긍정적으로 바꾸어 놓을 수 있게 되었다.

그 경험 후 나는 비슷한 일이 전에도 수없이 있었음을 상기했다. 그렇게 우리가 예전의 일들을 잘 돌아본다면, 앞으로 어떤 일이 일어나든지 불완전하게 나타난 진실의 완전함을 꿰뚫어 볼 수 있으리라.

전에도 한번 교통체증에 걸렸을 때, 정체가 해소될 때까지 샌프란시스코 만의 경치를 감상하기로 했던 때가 떠올랐다. 한편 바로 내 뒷차에는 매력적인 여성이 혼자 운전대를 잡고 있었다. 그녀는 얼굴이 시뻘겋게 달아올라 있는 대로 짜증을 내며 주먹으로 운전대를 쿵쿵 치고 있었다. 신경질을 내봤자 자기 기분만 나빠질 뿐, 교통체증에는 전혀 영향을 주지 못하는데도 말이다.

인도의 젊은 승려들처럼, 우리도 '이것은 이렇게 생겨 먹어야 한다'는 이상화된 관념을 가지고 있는지 모른다. 하지만 세상은 그 자체의 리듬과 목적을 가지고 움직인다. 무엇이 어때야 한다느니 어떻지 않아야 한다느니 하는 선입견을 떨쳐버리고, 통념을 뛰어넘는 것이 중요하다. 그렇게 한다면 겉보기에는 완벽하지 않은 듯한 세상이 완벽해 보일 것이다.

VII. 미덕과 허영의 차이를 파악하라

신께서는 그의 사원이 사랑으로 건축되기를 바라신다.
그러나 사람들은 벽돌을 가지고 온다.
– 라빈드라나트 타고르

성자의 맹세
두 길이 교차하는 곳에서, 한 성자聖者가 나무 아래에 앉아 명상에 잠겨 있었다. 갑자기 한 젊은 남자가 헐레벌떡 달려오면서 그의 명상은 깨졌다.

"도와주세요. 제가 자기 물건을 훔쳤다고 오해하는 사람이 있습니다. 사람들 앞에서 저를 처벌하려고 해요. 잡히는 날에는 제 두 손을 잘라버릴 겁니다."

젊은이는 성자가 명상하고 있던 나무 위로 기어올라 나뭇가지 사이에 몸을 숨겼다. "제발 제가 여기 있다고 알려주지 마세요." 그는 애원했다.

모든 것을 꿰뚫어 보던 성자는 그 젊은이가 진실을 말하고 있음을 알았다. 그는 도둑이 아니었다. 몇 분 뒤, 한 무리의 마을 사람들이 들이닥쳤다. 앞장선 사람이 성자에게 물었다. "웬 젊은 남자가 이쪽으로 오지 않았습니까?"

오래전 이 성자는 언제나 진실만을 말하겠노라고 맹세했다. 그래서 왔다고 대답했다.

"지금은 어디 있지요?" 그는 다시 질문했다.

성자는 죄 없는 젊은이를 배신하고 싶지 않았지만, 그는 자신의 맹세를 신성하게 여겼다. 그는 나무 위를 가리켰고, 마을 사람들은 젊은이를 끌어내려 손을 잘라버렸다.

그 성자가 죽어 저승의 법정에 섰을 때, 그는 그 불행한 젊은이에게 한 일로 탄핵을 받았다. 성자는 항변했다. "하지만 저는 오직 진실만을 말하겠다고 맹세했습니다. 그래서 달리 어쩔 수가 없었습니다."

그러자 법정의 답변은 이러했다. "그날, 너는 미덕보다 허영을 따랐다. 죄 없는 사람을 처형당하게 하는 일은 미덕이 아니다. 네 스스로를 유덕한 사람이라 여기는 허영 때문에, 너는 그렇게 했다."

미덕에 대한 짧은 생각은 오히려 우리를 죄악으로 이끌 수 있다. 미덕을 잘못 이해했을 때 그것은 단지 허영일 뿐이며, 자신이 얼마나 '유덕한가'를 과시하며 남들보다 나아 보이려는 시도로 이어진다. 잘못된 미덕은 종종 비인간성을 동반하기에, 미덕이 비인도적 행위를 위한 효과적인 무기로 돌변하는 경우가 종종 있다.

인간성에 대한 범죄

'미덕'의 이름으로 인간성을 희생시킨 행위는 동서고금에 비일비재하다.

중국 명나라 말기(1600년대 초)에 산적들과 농민들이 명 황실에 반기를 들었다. 이 반도들은 마을에서 마을로 몰려다니며 민가를 약탈하고 젊은 여자들을 강간했다. 당시 여성의 정조는 중국에서 중시되던 미덕이었다. 처녀가 강간을 당했다면 그녀의 부모는 딸에게 극약을 주고 가문의 명예를 지키게 해야만 했다. 즉 강간이라는 악몽을 겪은 처녀는 자신의 부모가 준비한 더 고통스런 악몽을 겪어야만 했다.

갈릴레오가 자신의 발견을, 즉 태양이 지구 주위를 도는 게 아니라 그 반대라는 사실을 발표했을 때, 가톨릭교회의 '가장 덕망 있는' 신부들은 그의 책을 태우고 그가 여생의 거의 전부를 감옥에서 보내도록 선고했다.

이와 같이 무지에 근거한 미덕은 과거의 산물만이 아니다. 그리 오래전도 아닌 1950년대에, 미국은 조지프 매카시 상원의원에 의해 마녀사냥이 판을 치는 나라로 전락하고 말았다.

오늘날 '유덕한' 시민들이 '선의와 품위'를 내세우며 자신의 행동 기준과 도덕 코드를 남들에게 강요하는 경향이 사회적 쟁점나마 확인된다. 우리는 스스로에게 질문해야 한다. 우리의 미덕 개념이 증오, 불관용, 위선의 촉매가 되고 있지는 않을까? 더 나아가, 우리는 인간성에 대해 범죄를 저지르고 있는 것은 아닐까?

미덕이란 일반적으로 생각하는 것과는 달리 남들 앞에서 의복처럼 과시하는 것이 아니다. 다음의 사례를 통해 그것을 알 수 있다.

매춘부와 사제

한 힌두교 사제는 어느 매춘부의 집 건너편에 살았다. 그는 매일 기도와 명상을 할 때마다 매춘부의 집에 드나드는 남자들을 바라보곤 했다. 그녀 자신이 남자들을 맞거나 배웅하는 모습이었다. 매일 그 사제는 매춘부의 집에서 벌어지는 수치스러운 일들을 상상하면서 그녀가 부도덕하다고 생각하며 짙은 혐오감을 느꼈다.

한편 매춘부는 그 사제가 기도하고 명상하는 모습을 매일 바라보았다. 그녀는 그 모습이 아름답고 순수하다고 여겼다. "그러나…" 하고 그녀는 한숨을 쉬었다. "나는 창녀가 될 운명이었어. 우리 엄마가 창녀였고, 내 딸도 그렇게 될 거야. 세상일이 다 그래."

사제와 매춘부는 같은 날 죽어서 저승의 법정에 나란히 서게 됐다. 그런데 놀랍게도 사제는 죄인으로 선고받았다.

"하지만 저는 순수한 삶을 살았습니다. 하루하루를 기도와 명상으로 보냈습니다."

"그건 사실이다." 재판관은 말했다. "하지만 네 몸이 성스러운 행동을 하는 동안, 네 마음은 악의에 차 있었고, 네 영혼은 성적인 망상에 사로잡혀 있었다."

한편 매춘부는 깨끗하다고 선고받았다.

"저는 이유를 모르겠어요. 저는 평생 몸을 팔며 살았습니다."

"네 생애는 창녀의 집에 머무를 수밖에 없었다. 거기서 태어났고, 네 힘으로는 그곳을 벗어날 수 없었다. 그러나 네 몸이 부정한 일을 하는 동안, 네 마음은 성스러운 기도와 명상을 좇았고, 늘 순수함을 유지했느니라."

애도

애도는 생존자들끼리 누가 더 고인과 가까웠으며 더 큰 상실감을 겪고 있는지를 두고 벌이는 헛된 경쟁이 될 수 있다. 아시아 사회에서는 특히 그렇다.

타이베이에서 대학을 다닐 때, 나는 한 부유한 과부의 집에서 하숙을 했다. 그녀는 세 아들과 그들의 가족과 함께 살고 있었다. 내가 그 집에서 지내는 동안, 80대였던 그녀는 병에 걸려 입원했다. 한 달 뒤, 그녀는 집에 돌아와 세상을 떠났다.

아들들은 호화로운 장례식과 묘지를 마련했다. 그녀의 시신은 대청에 놓았다. 그리고 일주일 동안 매일 오후 3시에 화려한 옷을 걸친 도사道士가 찾아와 제를 지냈으며, 한 시간 동안 가족 전체가 모여 애도의 시간을 가졌다. 도사가 주문을 외기 시작하면 열다섯 사람이 일제히 소리 높여 곡을 하는 모습이었다. 울고 훌쩍이는 간간이 잘 다듬어진 애도사를 읊었다.

"어머니의 지혜와 가르침 없이 저희가 어찌 살겠습니까?" "저희 불효자식들 때문에 얼마나 고생이 많으셨나요!" 하나가 외치면 다른 하나가 부르짖는 식으로 애도사는 이어졌다. 하나씩 이어질 때마다 점점 소리가 커지고, 내용도 더 슬퍼졌다. 그러다 나중에는 거의 믿을 수 없는 내용이 되어버렸다.

하루하루 지나며 울음은 잘 나오지 않게 되었어도 애도사 소리는 여전히 우렁찼다. 다른 가족들에게 그 애도 소리가 똑똑히 들려야 했던 것이다. 내 방은 시신이 놓인 대청 바로 위였다. 매일 계속되는 애도 소리를 듣는 것만으로도 진이 빠졌다. 가족들도 완전히 기진맥진하였다. 그녀를 매장하면서 가족은 아마도 해방감을 느꼈으리라.

그녀의 죽음은 비극적이지도 않았고, 예기치 못한 것도 아니었다. 그녀는 장수했으며 유복한 일생을 보냈다. 잠깐 병치레를 한 후 평화롭게 눈을 감았다. 그렇게까지 안타까워할 죽음이 도무지 아니었다. 조금만 걸어가면 당장 비참하게 사는 사람들이 눈에 밟히는 나라에서 그녀의 삶은 유난히 축복받았다고 할 수 있다. 그 거창한 애도는 순전히 뒤에 남은 사람들의 이익을 위한 것이었다.

미덕이란 매우 섬세한 것이다. 아무도 누가 덕이 있는지, 얼마나 있는지 판단할 수 없으며, 심지어 자기 자신조차 그렇다. 진정 덕이 있는 사람이라면 자만하지도, 위세를 부리지도, 자기만 옳다고 여기지도 않으리라. 진정 덕이 있는 사람은 조화로운 삶을 살아간다.

VIII. 두려움을 극복하라

두려움은 가장 파괴적인 감정이다. 두려움이 사람의 영혼에 미치는 영향은 샘물에 떨어진 한 방울의 독과 같다. 두려움은 여러 가면을 쓰고 여러 형태로 나타난다. 우리의 무의식 깊은 곳에서는 이 세계가 얼마나 약하게 구성되어 있는지 인식하고 있다. 우리의 존재와 생존은 보이지 않는 섭리의 끈에 의존하고 있는 것이다. 우리의 의식에 떠오르는 두려움은 모호하지만 없어지지 않는 막연한 불안감으로 나타난다. 대부분의 사람은 자신이 대부분의 시간을 두려워하며 보내고 있다는 사실 자체를 모른다.

한 유명 앵커를 어느 기자가 인터뷰하게 되었다. "두려워하시는 게 무엇입니까?" 그 앵커는 느닷없는 질문에 놀라 수세를 취했다. 그런 질문에는 진지하고 솔직하게 답해야 했지만, 그는 겉에 발린 대답으로 대응했다. "지진이나 홍수 같은 자연재해를 두려워하죠."

기자는 다른 건 없느냐고 물었고 앵커는 없다고 대답했다. 그는 시청자들이 어떻게 반응할지 두려워서 사실을 숨겼다. 자신의 대중적 이미지를 대중의 눈에서 보호하고 싶었던 것이다. 그런 질문에 대답하는 것이야말로 그가 두려워하는 것이었음이 확실하다. 하지만 그가 거짓말을 하게 된 게 그의 잘못만은 아니다. 대체로 우리 사회는 공식 석상이나 비즈니스 미팅에서 자신의 두려움을 고백하는 것은 금기이기 때문이다.

어디를 가더라도 우리는 각기 다른 모습의 두려움에 직면한다. 그런 두려움 때문에 우리는 진짜 잠재력을 발휘하기가 어렵다. 진정 후흑을 실천하려면, 삶에서 언제 어떻게 두려움이 나타나는지 파악하는 게 아주 중요하다. 두려움이라는 경험은 보편석이지만 그 형태는 사람마다 천차만별일 수 있다.

나는 삼시 세끼 밥 먹듯 두려움을 느껴야 하는 가정에서 자라났다. 부모님은 일본이 지배하던 만주에서 자라셨다. 공포는 일본이 중국인들을 지배하기 위해 사용한 주된 수단이었다. 제2차 세계대전에서 일본이 패배한 후, 부모님은 다시 국민당 정부와 그 통화 시스템이 붕괴하는 재앙을 겪어야 했다. 더구나 대지주였던 그분들은 새로 수립된 공산정부가 '사악한' 지주들을 지상에서 쓸어버리겠다는 위협에 직면했다. 중국을 떠날 수밖에 없었던 부모님의 공포는 대만에서 난민으로 살며 어린 세 자식들을 키워야 하는 고난으로 가중되었다.

우리 집에는 늘 공포가 드리워져 있었다. 공기는 언제나 무거웠고, 두려움이 체질화되어 두려울 게 아무것도 없으면 그게 또 두려웠다. 한 2년 전인가 침대에 누워 있는데, 원인을 알 수 없는 공포가 나를 덮쳤다. 그런 강렬한 공포감은 처음이었다. 두려울 이유가 딱히 없었는데도 공포감을 억누를 수 없어 위장 장애까지 생겼다.

그때 문득, 나는 내가 느낀 공포는 부모님에게서 물려받았다는 사실을 깨달았다. 그분들은 우리가 사는 세상은 너무나 연약하게 구성되어 있기에 언제 부서질지 모른다는 공포감을 뼛속까지 느끼면서 사셨다. 나는 자라면서 그 공포감을 공기처럼 들이마셨고, 그럴 때마다 아주 강렬한 느낌으로 그 공포를 재창조했다. 난 평생 두려움이 어떻게 작동하는지 목격해왔다. 그러면서 나는 두려움 속의 신비를 오랫동안 조심스럽게 지켜봤다.

얼마 전 문 닫을 시간에 쇼핑몰에 간 적 있다. 한 젊은 직원이 어쩔 줄 모르고 있었다. 그녀는 철제 셔터문 옆에서 넋이 나간 듯 무릎을 꿇고 앉아 있었는데, 얇은 블라우스가 땀으로 흠뻑 젖어 있었다. 나는 무슨 일이냐고, 뭘 도와주면 되냐고 물어보았다.

그녀는 그때까지 반시간 동안 그 문을 잠그려고 애썼지만 끝내 실패했다고 했다. 그리고 그 문을 잠그지 못하면 퇴근을 못한다고 했다. 그 셔터문을 살펴보니, 아래쪽 레버가 문틀에 있는 열쇠 구멍을 가로막고 있는 것이 분명해 보였다. 그러나 그녀는 도난 경보기가 울릴까 봐 내가 문을 살짝 들어올리는 것도 하지 못하게 했다. 일단 셔터를 내리면 다시 올릴 때 경보가 자동으로 울리게 되어 있다는 것이다.

이 젊은 여직원의 마음은 오로지 경보에 대한 두려움으로 가득 차 있었다. 나는 그녀를 설득해 약간 문을 들어올렸다. 그녀는 크게 안도하며 문을 잠갔다. 그녀는 두려움을 억제할 수 없었기에 완전히 무력해지고 만 것이다.

두려움이 반드시 부정적인 것은 아니다. 살면서 후흑을 실천해본 결과, 나는 두려움을 조절하는 여섯 가지 요소가 있음을 알게 되었다.

1. 두려움도 쓸 데가 있다

유명한 중국 격언이 있다. "모자는 쓸모 있다. 신발도 쓸모 있다. 하지만 모자를 발에 신고, 신발을 머리에 쓴다면, 아무 쓸모가 없다." 두려움 자체는 나쁘지 않다. 세상에 쓸모없는 것은 없다. 두려움의 목적을 이해한다면, 두려움 때문에 자멸의 길을 재촉하는 대신 삶을 보다 윤택하게 만들 수 있다.

두려움이 반드시 파괴적이지는 않다. 우리가 두려움을 존중하고 그것을 더 높은 목적과 연결하는 법을 배운다면, 오히려 득이 된다. 생각해보자. 그 어떤 두려움도 경험해보지 못한 사람이 있다면 그는 너무 안온한 삶을 살았다는 뜻이며, 이는 고난 가운데 자신의 능력을 시험하고 단련하는 기회를 가져보지 못했다는 의미이다. 그런 삶은 한마디로 '무의미'하다. 고대의 한 성현은 이렇게 말했다. "나는 무의미하게 사느니 고민과 두려움 속에서 살겠다."

두려움 덕분에, 우리는 자연의 이치를 존중하는 법을 배운다. 무모하게 불더미에 뛰어들거나 바다 깊이 잠수하지 않게 된다. 충분한 훈련과 장비 없이 비행기에서 뛰어내리지 않게 된다. 두려움 덕분에, 어머니는 아기에게서 눈을 떼지 않고 자나 깨나 돌본다.

나는 한때 FBI 요원의 협조 요청을 받은 적 있다. 친척 방문단에 몰래 숨어 있는 중국 스파이를 색출해 달라는 것이었다. FBI 요원은 중국 스파이들이 미국에 들어와서 은밀히 접선한다고 했다. 나는 나와 만났던 모든 사람이 한때 그런 일을 했다는 말을 요원에게 알려주었다. 내가 중국에 갔을 때 보니 그들 중 일부는 계속 그 일을 하고 있었다. 더욱이 요원이 내게 요구한 일로 중국 공안은 나를 감옥에 집어넣을 수 있었다. 나는 은퇴 후의 여생을 중국 감옥에서 보내고 싶지 않았다. 나는 이러한 사실을 밝히는 데 거리낌이 없었고, 인권이라고는 손톱만큼도 없는 중국 감옥이 극도로 두려운 대상이라는 것을 말하는 것도 부끄럽지 않았다.

그런데 내가 협조를 거부하자 요원은 오히려 안도하는 듯했다. 내가 보기에 그가 내게 그런 요청을 한 이유 중 하나는 내가 미국보다 중국 정부에 더 우호적이지 않은지를 확인하고 싶어서였던 것 같다.

두려움을 두려워하지 말자. 후흑을 실천하여 공포는 해로울 뿐이라는 망상으로부터 자신을 지키자. 신이 우리 마음속에 두려움을 심어둔 이유는 자멸하게 만들기 위해서가 아니라 오히려 우리를 지키기 위해서이다. 두려움을 이해하고, 두려움과 친구가 되자. 두려움에게 말을 걸어 그것을 어떻게 파괴적이지 않고 긍정적으로 이용할 수 있겠는가를 물어보자. 두려움에게, 나는 고개 숙여 감사를 드린다.

2. 두려움을 정면으로 마주하라

두려움은 크고 힘이 셀 수 있으니, 사람을 압도할 만큼 대단하다.

그러나 그 거대한 두려움 너머를 바라보라.

무엇이 보이는가?

순수한 에너지가 보이나니, 그것에 초점을 맞추고 바로 본다면,

그 진정한 본질이 드러나리라.

그리고 저 두려움의 에너지는,

우리를 전율케 하고 안절부절못하게 하는 대신,

지복至福의 경지, 또는 고도의 집중이 이루어진 경지,

또는 사랑의 경지로 이끌어주리라.

— 고대 힌두교 경전

두려움을 극복하려면, 먼저 두려움에 맞설 용기와 의지를 갖춰야

한다. 두려움은 그 눈을 정면으로 들여다보면 그렇게 무시무시하지 않다. 후흑의 실천지는 그 '시커먼 마음'의 창으로 두려움의 눈을 꿰뚫는다.

뚜렷한 이유도 없이, 나는 항상 깊은 물을 무서워했다. 풀장의 깊은 곳에서 헤엄치게 되면 패닉에 사로잡혔다. 다이빙을 하면, 입수할 때부터 다시 수면으로 나오기까지의 시간이 참을 수 없을 만큼 길게 느껴졌다.

15년 전, 나는 카리브해 연안을 배로 여행한 적 있다. 우리 배가 미국령 버진 아일랜드에 정박해 있을 때, 나는 심해 잠수 강좌를 들었다. 바다 밑바닥에 내려가면 기분이 어떨까 궁금했던 것이다.

한 강사에 열 명의 수강생이 한 팀이 되어 30분간 간단한 설명을 들은 후, 산소통을 메고 물속으로 들어갔다. 물속에서 바다 밑바닥으로 들어간다고 생각하니, 두려움이 밀려왔다. 그때 나는 스스로에게 이렇게 말했다. "나는 바다와 하나이다. 나는 바다의 모든 생물과 하나이다. 나는 신의 자녀이다. 내가 어디 있든지 그분은 나와 함께 있다. 나는 물고기와 마찬가지로 이 바다를 헤엄칠 권리가 있다." 그건 단지 말이 아니라 내 마음의 방향이자 지침이었다. 그 말은 나의 생각과 경험으로 구체화되었고, 그때부터는 바다 밑에서 헤엄치는 게 두렵지 않았다.

잠수 체험은 그 여행은 물론이고 내 인생 전체에서 가장 멋진 경험이었다. 나는 내 의지로 공포를 극복한 것이다. 공포의 눈을 빤히 마주보았던 것이다.

예전에 '아시아인과는 어떻게 비즈니스를 해야 하는가'라는 주제로 하루 일정의 세미나를 개최한 적 있었다. 세미나 당일 아침 옷을 입는데 갑자기 두려움이 밀려와 목을 콱 죄었다. 그야말로 급작스런 공포감이었다. 그렇게 많은 사람 앞에서 말해본 적이 없었던 것이다. 입을 열었는데 아무 말도 안 나오면 어떡하나? 이 계통에서 내 평판은 뭐가 된담? 오늘 어떻게 하면 좋지? 그 순간 내 눈앞에는 그날 하루의 전개가 휙 스쳐 지나갔다. 내가 철저히 실패하고 엉망이 되어버리는 장면이 말이다.

호텔까지 차를 몰고 가면서 나는 스스로에게 말했다. "정신을 차리든지, 아니면 패배를 시인하든지 하자." 나는 두려움에서 벗어나는 유일한 길은 두려움에서 벗어나고 싶다는 감정 자체를 끊어버리는 것이라고 판단했다. 즉 공포에 저항하기를 멈췄다. 공포를 피하고 싶은 마음이 간절할수록 공포는 더욱 심해졌다. 나는 그 공포감을 내 마음에서 분리해 낸다고 생각했다. 그리고 그것을 자동차 계기판에 올려놓고 아주 매섭게 노려본다고 생각하면서 스스로에게 말했다. "공포보다 더 무시무시한 존재가 되자." 그러자 갑자기 내가 느끼던 공포감은 매섭게 노려보기 위해 짜내야 했던 용기로 변하기 시작했다. 호텔에 도착할 때 나는 이미 힘과 열의로 가득 차 있었다.

나의 첫 세미나는 대성공을 거두었다. 오후 4시 이제 세미나가 끝났지만 누구도 일어서려 하지 않았다. 좀 더 얘기를 들려달라고!

나의 경험은 별로 특별하지 않다. 가장 용감한 전사가 원래는 가장 겁이 많았던 경우가 많다. 공포에 담대히 맞서 극복할수록, 더 큰 용기의 소유자가 된다.

3. 이질성은 공포다

가장 심오한 지식은 직접 체험에 의해서만 알 수 있는 경우가 많다. 말로만 이해해서는 그 심오함을 깨우치기에 부족하다. 두려움의 본질을 이해하고 그것을 제어하는 법을 익히는 것은 일상생활에 아주 중요한 일이다. 그것은 공포의 원천을 아는 것에서부터 시작해야 한다. 그것을 모르고서는 공포를 충분히 이해할 수 없다.

심오하고도 간단한 진리, 그것은 이 세상이 섭리에 따라 이루어졌다는 사실이다. 세상은 섭리에 따라 만들어졌고, 아무 불순함도 개입되지 않았다. 그러므로 모든 것은 신의 섭리 안에서 하나이다. 물질적으로 볼 때도 만물은 원자로 이루어져 있으나 무한히 다양한 형태로 표현되는 것이다. 우리가 섭리 속에서 하나가 되지 못하고 따로 떨어져 있다고 느낄 때마다, 공포가 찾아온다.

내가 깊은 물을 두려워한 까닭은, 나 자신을 물과 이질적인 존재라고 느꼈기 때문이다. 내가 물과 하나이며 물속에 사는 모든 생물과도 하나라고 마음을 집중해 생각하자, 나는 물과, 그리고 물이 비롯된 섭리와 하나가 되었다. 그 속에 포함된 것이다.

후흑의 가장 높은 형태를 수련하는 데 부지런했던 사람들이 이 조화의 경지에 도달한다. 그 경지에 닿는 것은 누구나 가능하다. 하지만 그 과정에서 실수하지 않으려면 꾸준한 노력이 필요하다.

이질성의 경험은 우리의 일상에 영향을 미친다. 예를 들어 비즈니스 세계에서, 영업자가 자신의 이익이 고객과 반대된다고 생각할 때는 두려움을 느끼게 된다. 그는 자신이 1달러를 벌기 위해서는 잠재고객에게서 10달러를 우려내야 한다고 생각한다. 그러나 그는 근본적으로 고상한 사람이다. 자신의 1달러를 위해 다른 누군가가 10달러를 잃게 하고 싶지는 않다. 결국 그는 고객과의 만남을 두려워하게 된다.

만약 영업자가 그와 다른 관점을 취해 고객의 이익과 자신의 이익을 일치시키는 방법을 찾는다면, 그에게 두려움은 더 이상 생기지 않을 것이다. 자신의 서비스나 상품에 대한 정보를 잠재고객에게 전달함으로써 그 고객이 큰 이익을 볼 것이라는 사실을 안다면, 두려울 게 뭐가 있을까? 우리의 일상사에서 이질성 사이에 통일성을 찾아낼 수 있다면, 두려움에 시달릴 이유가 없다.

4. 초연해지라

애착도 혐오감도 없이 자기 의무를 수행할 수 있다면,
그것은 공포라는 독에 대한 훌륭한 해독제가 된다.
— 《바가바드기타》

상황이 어떻게 결말이 나든 신경 쓰지 않으면, 두려울 게 없다. 뭔가 기대를 갖고 집착할 때 근심과 두려움에 사로잡히게 된다. 우리가 애를 태우든 겁을 내든, 결과는 달라질 게 없다.

5. 두려움을 무시하라

나는 늙었고 고민거리가 많아.
하지만 대부분 그냥 고민으로 끝나지.
— 마크 트웨인Mark Twain

대체로 두려움은 실제로 닥칠 가능성이 거의 없는 막연한 경우가 많다. 그것은 마음의 불안에서 비롯되는 것이다. 우리의 고민과 걱정은 대부분 실현되지 않는다고 말한 마크 트웨인은 이를 똑똑히 이해하고 있었다. 자신의 두려움에 너무 의미를 부여하지 마라. 무시당한 손님은 종종 말없이 가버리기 마련이다.

6. 두려움을 참고, 해야 할 일을 하라

믿음은 아직 어둠이 짙을 때
여명을 느끼고 노래하는 새와 같다.
― 라빈드라나트 타고르

이것이 두려움에 대한 조언의 핵심이다. 일상을 살아가면서, 아무리 두려움이 밀려와도 해야 할 일을 하라. 후흑의 실천자는 두려움의 구름을 과감히 헤치고 뛰어넘을 것이며, 그러면 성공으로 뻗은 길이 열릴 것이다.

IX. 공포를 피하고 쾌락을 추구하는 것, 그 이상의 길

고통과 쾌락에 부대끼지 않는 사람,
항상 제 자리를 지키는 사람,
그는 현명한 사람이며, 영생을 살 준비가 된 사람이다.
―《바가바드기타》

성공과 실패에 대한 두려움의 저변에는 고통에 대한 공포가 있다. 인간 행동의 가장 기본적인 동기는 고통을 피하고 쾌락을 추구하려는 것이다.

자신은 그렇지 않다고 주장할 종교적인 사람들이 있을지 모른다. 그러나 신앙심의 목표 또한 영원한 고통에서 벗어나 신의 품에서 영원한 쾌락을 찾으려는 데 있지 않을까?

어떤 사람이 자기가 가르치는 대로만 하면 인생의 고통을 줄이고 쾌락은 늘릴 수 있다고 사람들을 설득한다면, 분명히 큰 주목을 받게 될 것이다. 지난 백년 동안 정치인들이 어떤 식으로 연설했는지 보라. 판에 박은 내용이 되풀이된다. "저를 뽑아 주신다면 여러분은 더 나은 생활을 하시게 될 겁니다. 더 많은 돈을 버실 겁니다. 여러분의 자녀는 더 높은 수준의 교육을 받고 번영된 미래를 약속받을 겁니다. 고급 주택을 저가로 구입할 수 있습니다. 튼튼한 안보가 이루어집니다. 삶의 질을 높일 문화 프로그램이 마련됩니다. 그리고 약속드립니다. 세금은 전혀 올리지 않겠습니다." 이 중에서 유권자의 심리를 가장 잘 자극하는 사람이 당선된다.

히틀러는 이 원칙을 이해하고 있었다. 그가 1933년에 권좌에 올랐을 때, 독일은 경제 공황으로 신음하던 중이었다. 독일인들은 아직 제1차 세계대전 패배의 수렁에서 헤어나지 못하고 있었으며, 정신과 육체가 모두 고달팠다.

의사擬似 사회주의적인 히틀러의 나치당은 경제의 호전과 함께 독일의 영광 재현을 약속했다. 더 나은 삶에 대한 약속은 각박하고 절망적인 현실보다 훨씬 매력적이었다. 독일 국민은 쌍수를 들어 히틀러를 환영했다.

히틀러는 약속을 지켰다. 그는 독일을 경제 불황에서 이끌어냈으며, 독일어를 사용하는 지역들을 하나로 통합해 나갔다. 1938년, 그는 최고의 인기를 누리고 있었다. 만약 히틀러가 1938년에 죽었다면 그는 지금 독일 역사상 가장 위대한 정치가로 추앙받고 있을 거라고 역사가들은 말한다.

애칭 '에비타Evita'로 잘 알려진 아르헨티나의 에바 페론은 1952년에 죽었을 때 성녀와 비슷한 지위에 있었다. 그녀는 남편의 독재 권력을 지키기 위해 오직 한 가지 무기만 사용했다. 그녀는 아르헨티나의 가난한 민중들에게 자신과 자신의 남편만이 더 나은 삶의 희망이라고 확신시켰다. 부에노스아이레스의 빈민가 출신인 그녀는 스스로를 그 증거로 제시했다. "나를 따르세요. 당신들도 나처럼 될 수 있어요." 아르헨티나는 그녀의 말을 믿었다.

히틀러는 뭔가를 보여주었다. 에바 페론은 뭔가 희망을 주었다. 두 사람 모두 대중들에게 삶의 고통을 줄이고 쾌락을 늘릴 수 있다는 확신을 갖게 했다.

그로부터 반세기가 지났지만 사람들이 더 현명해졌다고 보기는 어렵다. 우리는 여전히 고통은 줄이고 쾌락을 늘린다는 약속에 홀딱 넘어간다. 우리 삶 전체가 쾌락은 늘리고 고통은 줄이려는 의도로 운영되고 있다. 우리는 어느 문에 치즈가 있는지 찾아 헤매는 실험실의 쥐와 똑같다.

로널드 레이건은 이 단순한 인간 심리를 파고드는 데 뛰어났다. 미국 국민이 '유복한 느낌'을 갖게 해주겠다는 자신의 공약을 지키기 위해, 그는 거짓 번영을 창출했다. 그는 미국의 미래를 담보 잡혀 불과 8년이라는 기간 동안에 미국을 세계 최대의 채권국에서 세계 최대의 채무국으로 바꿔놓았다.

역사는 맹목적인 쾌락 추구/고통 회피가 인류에게 파멸적인 결과를 가져왔음을 보여준다. 우리가 수단과 방법을 안 가리고 개인의 쾌락만 추구한다면 위대한 존재가 될 가능성을 잃어버릴 것이다. 이러한 국가적 병폐를 치유하는 방법은 바로 후흑이다. 에이브러햄 링컨은 쾌락 추구/고통 회피를 지양할 때 위대함에 이를 수 있음을 알고 있었다. 그는 민주주의 정부의 원칙 존립 자체를 위해 싸웠으며 자신이 사랑하는 나라를 파멸로 몰아갈지도 모르는 위험을 감수했다.

X. 자기 자신을 믿는 용기

시대의 상식을 받아들이는 대신, 자신의 마음과 생각이 옳다고 말하는 용기를 가지라는 급진적인 사고방식이 존재했음을 우리는 배웠다. 과학의 세계에서는 갈릴레오와 다윈이 그 대표적 예다. 그들의 생각은 신이 창조한 우주에서 인간이 특별한 위치를 차지한다는 종래의 믿음을 뒤흔들었다. 그들은 기성 종교의 도그마를 자극해 분노를 불러일으켰다.

나는 중국의 한 지방에서 인생의 전반을 보냈고, 그 이후로는 미국에서 살고 있다. 나는 한 문화권에서 당연히 중시되는 것이 다른 문화권에서는 하찮거나 개인의 선택에 맡겨진다는 사실을 계속해서 발견한다.

　어린 시절, 우리 골목에 살던 나이든 아주미니가 생각난다. 우리 아이들은 그녀를 '윙 아줌마'라고 불렀다. 나이가 들었어도 활기 넘치는 분이었다. 그녀 연배의 여자들이 대개 그렇듯 옛날 옷차림을 했고, 말끔하게 틀어 올린 머리에 옥과 은으로 만든 비녀를 꽂고 있었다. 그러나 윙 아줌마는 다른 아줌마들과는 달리 당당하게 성큼성큼 걸었다. 작고 뭉개진 발로 뒤뚱거리며 걷는 걸음이 아니었다.

　윙 아줌마가 어렸을 때는 전족의 관습이 있었다. 어린 소녀의 발뼈를 분지르고 칭칭 동여매서 작고 기형적인 발을 갖게 하는 것이다. 당시 사람들은 이 기형적인 발이 여성적 미의 필수 요소라고 믿었다. 그런 발은 그 자체로 아름다운지 여부를 떠나 걸을 때 여성의 엉덩이가 어쩔 수 없이 좌우로 크게 흔들리게 만든다. 그건 선정적으로 보이지만, 실제 그 여성은 남자에게 꼬리를 치는 것이 아니라 똑바로 걸을 수가 없어 그렇게 뒤뚱거리는 걸음을 걷는 것이다.

　하지만 윙 아줌마의 어머니는 대단한 용기를 가진 여성이었다. 그녀는 아무도 자기 딸의 발을 잡아 묶지 못하게 했다. 어머니는 관습을 시행하려는 성난 친척들에게 매를 맞기도 했다. 어머니는 생을 다할 때까지 발을 망가뜨리려는 친척들로부터 자기 딸을 지켰다. 어머니가 돌아가셨을 때 윙 아줌마는 열세 살이었고, 전족을 만들기에는 이미 발이 너무 커져 있었다.

　20세기 미국의 관점에서 보면 그 어머니의 용기가 그리 대단해 보이지 않을 수 있다. 전족이란 상식적으로 이해되지 않는 야만스러운 일이니까. 하지만 당시 윙 아줌마의 세계에서는 머슴과 농군 아낙네들만 전족을 하지 않았다. 전족을 하지 않은 발로 돌아다니는 딸이 있다면 가문의 수치였다.

하지만 20세기 초 중국의 관습은 많이 바뀌었다. 전족 역시 역사 속으로 사라졌다. 윙 아줌마는 전족이 필수였던 마지막 세대가 되었다. 그래서 윙 아줌마는 사회적으로 지탄받는 삶을 사는 대신 새 중국의 경향을 선도하는 소수에 속하게 되었다. 전족을 한 여인들은 구시대의 유물로 늙어가게 되었다. 보이지 않는 관습과 문화의 사슬은 쇠사슬보다 더 세게 개인을 옥죌 수 있다. 중요한 이유 없이 기존의 관습을 깨트린다면 사는 게 힘들어지게 된다.

그렇지만 후흑의 실천자들은 그런 속박에서 벗어나며, 자기 신념에 따라 살아갈 용기를 갖는다.

XI. 후흑은 세상을 만들어가는 원칙이다

범사에 기한이 있고
천하 만사가 다 때가 있나니.
― 〈전도서〉 3장 1절

세계의 종교들은 대부분 세상을 창조한 창조주나 창조의 원동력을 이야기한다. 그분(혹은 그것)의 정체나 속성 같은 구체적인 부분에서는 차이가 있지만 모든 것이 하나의 섭리에 의해 만들어졌다는 생각에서만큼은 놀랄 만한 일치를 보인다. 종교의 최대 수수께끼 중

하나는 왜 선하고 전능한 창조주가 세상에 고통이 있게 했느냐는 것이다. 신은 공중을 나는 참새 한 마리도 간과하지 않지만, 어쨌든 참새는 떨어진다. 섭리에 내재된 파괴의 힘은 엄청나며, 자연의 맹목적인 힘이나 사악한 인간들의 준동에 의해 수많은 재난이 일어난다. 그러므로 섭리는 선하지 않고 도리어 냉혹하며 악한 것처럼 보인다.

하지만 세계는 넓으며, 상상을 초월하는 시간과 거리의 영역을 포괄한다. 은하계는 성간 우주의 차가운 암흑물질 속을 떠다니는 먼 지구름에서 만들어졌다. 별은 불타고, 혹성은 뭉쳐지고, 생명은 탄생했다. 결국 모든 것은 열기를 소모하여 먼지 덩어리로 돌아갈 것이며, 다시 새로운 질서가 태동할 때를 기다리게 된다. 창조의 섭리는 무한한 수의 개별 창조물에 일일이 편리하게끔 계획을 수정하지는 않으며, 스스로를 설명하지도 않는다. 세상은 우리의 좁은 소견보다 훨씬 거대한 원칙에 따라 돌아간다.

창조와 파괴는 겉보기처럼 대립하지 않는다. 그것은 하나의 힘의 두 측면이다. 세계는 창조와 파괴의 끊임없는 연속이다. 두 가지 모두 없어서는 안 된다.

이 책을 쓰고 있는 동안, 인근 산에서 대규모의 산불이 났다. 과학자들은 숲이 건강하게 유지되려면 주기적인 산불이 필요하다는 사실을 이해하고 있지만, 수백 명의 사람이 수백만 달러어치의 장비를 들고 필사적으로 진화에 나선다. 이 지역의 목재산업은 엄청난 타격 앞에서 불에 타는 나무들의 필요성 이상은 보지 못한다. 동물애호가들은 산불에 희생된 동물들 때문에 비탄에 빠진다. 그 산불이야말로 동물의 새로운 세대가 번성하기 위해 꼭 필요한 과정이었음에도. 이런저런 일에 얽매이지 않고 자신의 큰 계획을 거침없이 진행할 수 있는 후흑의 소유자는 창조주 자신뿐인 것이다.

우리는 종종 뭔가를 나쁜 것, 잘못된 것이라고 분류한다. 하지만 이는 사물의 전체적인 구도 안에서 그것의 필요성을 볼 수 있는 넓은 시야를 가지고 있지 않기 때문이다.

- 내적 이미지와 외적 표준을 깨트려라. 우리 대부분은 어릴 때부터 남들에게 칭찬받는 게 세상에서 가장 값진 보상이라고 교육받는다. 비록 그런 말을 자주 듣지는 않았을지라도, 옳고 좋다고 들은 모든 것에 그런 의미가 함축되어 있다. 후흑은 자기 존재의 자연스러운 상태이다. 그 상태를 상실한 이유는 사람들이 우리에게 어떻게 행동하고 느껴야 하는지를 강제했기 때문이다. 또한 우리의 내적 이미지가 남들의 기대와 믿음에 근거해서 이루어져 있기 때문이기도 하다. 이 진정한 자신의 상태를 회복해야만 한다.

- 내면의 확신을 모색하라. 잠자코 뺨을 맞아야 할 때가 있고, 한 대를 맞으면 두 대를 후려쳐서 다시는 뺨을 맞지 않게 해야 할 때가 있다. 다른 뺨을 돌려 대고 말고가 중요한 게 아니라, '왜' 그렇게 하는지가 중요하다.

- 떡갈나무의 굳셈과 풀의 부드러움에서 배워라. 풀은 바람이 불면 쉽게 눕는다. 아름드리 떡갈나무는 꿈짝도 하지 않는다. 거센 바람은 떡갈나무를 뿌리째 뽑지만, 그 어떤 바람도 땅바닥에 누워 버린 풀의 뿌리를 뽑아내지 못한다. 바람직한 후흑의 실천자는 내적으로는 후흑을 실행하면서 외적으로는 상황에 따라 능동과 수동을 적절히 바꾸어 취할 수 있는 사람이다. 그런 사람은 자신의 체면이나 '양심의 가책' 때문에 억지로 행동하지 않는다.

- 너 자신을 알라. 임의적인 관념의 노예가 되지 않고 자신이 따라야 할 참된 표준을 발견하려면, 남들이 뭐라고 생각하건 해야 할 일을 하는 용기를 가져야 한다.

- 자아 성찰은 자아 발전에 필수적이다. 남들의 속셈을 파악하려면 먼저 자기 행동의 동기부터 파악해야 한다.

- 성공의 두려움도, 실패의 두려움도 벗어버려라. 성공은 변화이며, 실패의 위험을 끌어안는 것이다. 비범한 업적을 시도한 사람의 실패는 널리 알려지며, 보통의 실패자들의 위안거리가 된다. 성공은 또한 거부당할 것에 대한 각오를 요구한다. 통상을 뛰어넘는 독자적 생각, 새로운 아이디어, 노력 등은 대개 거부당하기 마련이며, 비판이나 조소, 또는 분노의 대상이 된다. 비범해지고자 한다면 자신이 옳다는 꿋꿋함과 부동의 확신을 가져야 한다.

- 우리는 끊임없이 실제 세상의 모습을 우리가 생각하는 '완벽'의 틀에 맞추려고 한다. 모든 것을 완벽하다고 보는 시각은 중요하지 않은 일상적 짜증에서 초연할 수 있게 해준다.

- 미덕과 허영의 차이를 파악하라. 미덕에 대한 짧은 생각은 오히려 죄악으로 인도할 수 있다. 미덕을 잘못 이해했을 때 그것은 단지 허영일 뿐이며, 자신이 얼마나 '유덕한가'를 과시하며 남들보다 나아 보이려는 시도로 이어진다. 잘못된 미덕은 종종 비인간성을 동반하기에, 미덕이 비인도적 행위의 효과적인 무기로 돌변하는 경우가 종종 있다.

- 두려움을 극복하라. 세상에 쓸모없는 것은 없다. 두려움의 목적을 이해한다면, 두려움 때문에 자멸의 길을 재촉하는 대신 삶을 보다 윤택하게 만들 수 있다. 공포란 그 눈을 정면으로 들여다보면 그렇게 무시무시하지 않다.

- 모든 것은 신의 섭리 안에서 하나이다. 물질적으로 볼 때도 만물은 원자로 이뤄져 있으나 무한히 다양한 형태로 표현되는 것이다. 우리가 섭리

속에서 하나 되지 않고 따로 떨어져 있음을 느낄 때마다, 공포가 찾아온다. 영업자는 자신의 이익이 고객과 반대된다고 생각힐 때 두려움을 느끼게 된다. 영업자가 그와 다른 관점을 취하고 고객과 자신의 이익을 일치시키는 방법을 찾는다면, 두려움은 더 이상 생기지 않는다.

- 상황이 어떻게 결말이 나든 신경 쓰지 않으면, 두려울 게 없다. 우리가 애를 태우든 겁을 내든, 결과는 달라질 게 없다.

- 자신의 두려움에 너무 의미를 부여하지 마라. 무시당한 손님은 종종 말 없이 가버리기 마련이다. 그 대신 두려움을 참고, 해야 할 일을 하라.

- 공포를 피하고 쾌락을 찾는 것, 그 이상의 길을 가라. 우리 삶 전체가 쾌락은 늘리고 고통은 줄이려는 의도로 운영되고 있다. 우리는 어느 문에 치즈가 있는지 찾아 헤매는 실험실의 쥐와 같다. 역사는 맹목적인 쾌락 추구/고통 회피가 인류에게 파멸적인 결과를 가져왔음을 보여준다. 우리가 수단과 방법을 안 가리고 개인의 쾌락만 추구한다면 위대한 존재가 될 가능성을 잃어버릴 것이다.

- 자기 자신을 믿는 용기를 내라. 우리가 배운 많은 것들은 한때 급진적인 생각이었으며, 그것들은 시대의 상식을 받아들이지 않고 자신의 마음이 시키는 대로 할 용기가 있었던 사람들에게서 나온 것들이다.

- 후흑이 창조의 본질임을 깨달아라. 파괴는 창조의 본질적 부분이다. 창조의 섭리는 무한한 수의 개별 창조물에 일일이 편리하게끔 계획을 수정하지는 않으며, 스스로를 설명하지도 않는다. 세상은 우리의 좁은 소견보다 훨씬 거대한 원칙에 따라 돌아간다.

각자의 인생에는 일정한 의무가 주어져 있다.

자기 의무를 따르면, 소망은 저절로 충족된다.

—《바가바드기타》

3장

◆

다르마,
소원을 들어주는 나무

다르마는 생명을 떠받치는 기반이다.

—《마하바라타Mahabharata》

다르마, 생명을 유지하는 것

'다르마'는 세계에서 가장 오래된 언어인 고대 인도의 산스크리트어에서 나온 말이다. 유명한 서구 언어학자들은 산스크리트어가 거의 모든 언어의 기원이라고 말한다. 힌두 신화에서는 산스크리트어가 신들이 쓰는 말이다. 다르마Dharma는 다르dhar라는 어원을 가지는데, 그 의미는 '지지하다, 받치다, 육성하다'라고 한다. 그래서 다르마는 '생명을 지지하는 것'이라고 곧잘 정의된다. 그것은 세계를 유지하는 힘이며, 세상에 이루어진 신성한 조화다.

다르마는 어떤 조건에서도 그에 맞는 행동을 아는 것이다. 그것은 '자기 의무에 따라 행동하는 것'이라고 풀이된다. 우리는 인생에서의 상황에 따라 서로 다른 다르마를 갖는다. 예를 들어 전사의 다르마는 자기 나라의 적들을 무찌르는 것이다. 의사의 다르마는 인명을 살리는 것이며, 그가 적이라 해도 관계없다. 이 두 가지 행동은 완전히 다른 것이지만 모두 옳은 것이다. 다르마가 있는 한 세계는 자연법칙과 조화를 이룬다.

다르마는 후흑의 기반이기도 하다. 제대로 된 후흑을 실행하기 위해서는 자신의 의식이 다르마에 대한 인식과 합치해야 한다. 그렇지 못하면, 1장에서 이야기한 것처럼, 비양심적인 후흑의 실행자가 되어 다른 사람이야 어찌 돼든 상관없이 자기 이익만 좇게 된다. 다르마에 대한 인식을 유지함으로써만 생각과 행동을 가지런히 할 수 있다.

보호자이자 해방자인 다르마

다르마를 수행하는 사람은 삶을 있는 그대로 받아들이고 그에 따른 의무를 행한다. 다르마는 우리가 인생의 어떤 시기에 있든 합당한 역할을 알려준다. 때마다 상황에 알맞은 의무를 알고 자신의 능력이 닿는 한 수행한다면 그게 바로 다르마를 따르는 것이다. 그것은 우리를 지키기도 하고, 해방시키기도 한다. 힌두교에서 전해지는 다음 이야기는 다르마의 수행이 그런 효과가 있음을 잘 알려준다.

아빠와 아들 개구리가 있었는데, 그만 우유가 담긴 깊은 통에 떨어졌다. 그들은 살기 위해 헤엄치기 시작했다. 오랫동안 헤엄쳤으나 통에서 나갈 가망이 보이지 않았다. 그러자 아빠 개구리가 아들 개구리에게 말했다. "아들아, 나는 지쳤단다. 이제 빠져 죽을 것 같구나." 아들은 아빠를 격려하려고 애썼다. "안 돼요. 계속 헤엄치세요. 계속요. 뭔가 일어날 테니까, 믿음을 가지세요." 그래서 아빠 개구리는 계속 헤엄쳤지만, 반 시간 뒤에는 결국 포기하고 바닥에 가라앉았다. 아들은 계속해서 헤엄을 쳤다. 그렇게 시간이 지나는 사이에 개구리들의 필사적인 몸부림으로 휘저어진 우유가 일부 응고되어 버터 섬이 만들어졌다. 발 디딜 곳이 생기자, 그 버터 위에 올라선 아들 개구리는 힘껏 뛰어올라 우유통에서 빠져나왔다. 아들 개구리는 슬피 울며 말했다. "아빠가 조금만 더 참으셨다면, 함께 나오셨을 것을."

다르마는 이와 똑같이 사람에게도 작용한다. 17년 전, 피아노 레슨의 대가로 집안 청소를 도와주던 레슬리라는 10대 소녀가 있었다. 12년 후, 나는 레슬리 어머니에게 레슬리는 잘 지내느냐고 물어보았다. 여러 해 동안 보지 못했기 때문이다. 그리고 나는 다음과 같은 놀라운 이야기를 듣게 되었다.

다르마의 기적적인 힘

레슬리는 고등학교를 졸업하고 작은 제조업체에서 경리로 일하게 되었다. 그 회사는 뭔가 독특한 부품을 만들었는데, 다른 업체들보다 품질과 가격 면에서 앞섰다. 그 회사는 국내 납품뿐만 아니라 수출도 했다.

그 회사에서 8년 정도 일했을 때쯤, 레슬리는 사장의 아들들인 관리자 두 사람이 회삿돈을 횡령하고 있다는 사실을 알게 되었다. 그녀는 직장을 잃을 수도 있었지만 횡령 사실을 사장에게 보고하기로 결심했다.

사장은 공장에 직접 나오는 일이 없었기 때문에, 레슬리는 사장의 집에서 만나기로 약속을 잡았다. 레슬리는 사장과 만나 그녀의 두 아들이 얼마나 많은 돈을 횡령했는지 보여주는 장부며 여타 증거들을 조심스럽게 내놓았다. 그런데 레슬리는 자신이 두려워했던 해고 대신, 사장에게 이런 말을 들었다. "나는 사실 이 회사를 매각하려고 했어요. 당신이 매입해 주면 좋겠어요."

"제겐 돈이 없는데요." 레슬리가 말했다.

그러자 사장은 이렇게 답했다. "우리 두 사람이 할 일은 이래요. 나는 회사 매각 가격을 정할 겁니다. 그러면 당신은 매월 회사 수입에서 일정액을 내게 상환합니다. 5년 분할로 말이죠. 5년 뒤에는 완전히 당신 회사가 되어서 자유롭게 경영할 수 있을 거예요." 그리고 그녀는 두 아들을 곧바로 해고하고 회사 매각 준비에 들어갔다. 레슬리는 이제 회사 사장이 되었고, 자신의 어머니를 관리자로 채용했다.

이 이야기에서, 레슬리와 회사 사장은 모두 흠잡을 데 없는 다르마를 보여주었다. 그녀 자신도 어머니였던 사장은 자신의 다르마를 따라서 회사의 부정을 없애는 데 최선을 다했으며, 동시에 자기 아들들에게 잊을 수 없는 교훈을 남겼다.

레슬리는 직장을 잃을 각오까지 했고, 그것은 곧 생계가 곤란에 빠져도 할 수 없다는 각오의 뜻이었다. 직원으로서의 그녀의 성실함과 용기는 애서 구하지 않고 돈을 준비하지도 않은 채로 회사의 소유주가 되도록 해주었다. 그것은 꿈에도 생각지 못했던 보상이었다.

후흑의 실천자는 자기 행동을 옳게 기져기기 위해 무진 애를 쓴다. 그는 매순간 이렇게 자문한다. "이 시점에서 나의 다르마는 무엇인가?" 앞서 말했듯, 전사의 다르마는 의사의 다르마와 정반대이다. 그러나 둘 다 옳다. 반면 전사가 적군을 죽이기 거부하고 의사가 살리기를 거부한다면, 모두가 지지받을 수 없다. 각자의 다르마에 충실함으로써 그들의 행동은 자연법칙의 리듬을 따르게 되며, 그들의 활동은 보호받고 지지받는다.

다르마의 축복

다르마의 축복은 우리 생애에 걸쳐 미묘하고 신비한 방식으로 작용한다. 존은 부동산 판매업자다. 그는 항상 열심히 부지런하게 일했다. 하지만 그 업계에 간혹 불어닥치는 불황에 허덕였던 때가 있다. 그는 한 달 내내 평소와 같이 일했다. 잠재고객에게 전화를 넣고 새 거래를 트기 위해 꾸준히 방문하러 다녔다. 그러나 모두 허사였다.

크게 낙심한 존은 잠시 쉬기로 하고 하와이로 여행을 떠났다. 그리고 해변에서 기분을 전환하며 느긋하게 즐겼다. 그렇게 이틀 정도 지났을 때, 그는 여행길에서 만난 사람이 대규모 부동산 투자가임을 알게 되었다. 그는 애써 일할 때는 생각지도 못한 기회를 잠시 숨을 돌리는 중에 잡았던 것이다.

존은 당황했다. "죽어라고 일할 때는 아무 성과가 없더니만, 일을 마음에서 떠나보내고 좀 쉬려고 했더니 대박이라니? 아마 너무 열심히 일해도 좋지 않은 모양이야." 그러나 존은 그가 평소 열심히 일했기 때문에 다르마의 힘이 그에게 보상을 해준 것임을 몰랐다. 다르마는 그의 보호자이자 해방자였던 것이다.

빚진 사람과 빚 받을 사람의 다르마

오늘날의 불안정한 경제 환경에서는 재정적 재난이 빈번하게 일어난다. 꽤 탄탄해 보이던 사람이 별안간 부도를 내거나 잘못된다. 만약 그런 상황에 처하게 된다면, 무력감과 충격에서 벗어나는 대로 이렇게 자문해 보라. "나의 다르마는 무엇인가?"

이 경우에 빚을 진 사람의 다르마는 빚을 갚겠다는 뜻과 성의를 최대한 표시하는 데 있다. 그는 필요한 희생을 치러야 하며, 재기할 힘을 남겨놓는 한에서 생활방식을 바꾸어 빚을 갚아야 한다. 그렇다고 자신과 가족이 생활하는 데 필요한 최소한도까지 넘겨줄 필요는 없다.

반면 빚 받을 사람의 다르마는 채무자에게 기본생활을 영위하고 재기할 수 있는 여력을 남겨 주면서 변제를 요구하는 것이다. 그런 아량이 베풀어질 때 채무자는 원금을 상환할 수 있을 것이다. 나는 뭔가 특별한 이야기를 하는 게 아니다. 상식적인 이야기를 다르마의 틀에서 다시 설명할 뿐이다.

전사의 다르마

조지는 미 국방부에서 중요한 일을 맡고 있다. 그는 그레나다 침공, 파나마 점령, 그리고 쾌속한 승리로 끝난 걸프전의 '사막의 폭풍 작전'에서 전략 설계 과정에 참여했다. 그의 겉모습은 영락없는 군인이다. 그러나 개인적으로 그는 영적인 삶을 추구하는 사람이다.

그는 평생 영적 가치를 중심으로 살아왔다. 그 사실을 아는 사람은 누구나 이렇게 질문한다. "어떻게 당신 같은 사람이 군대 일을 하지요? 어떻게 사람을 죽이는 방법과 수단을 강구하면서도 영적인 사람으로 살 수 있죠?" 그는 이렇게 대답한다. "군은 나의 다르마입니다. 《바가바드기타》의 아르주나와 같지요. 나는 아르주나 같은 전사입니다."

《바가바드기타》, '거룩한 신의 노래'란 뜻의 이 책은 힌두 경전 중에서도 가장 신성시된다. 이 경전은 왕위 계승을 두고 두 가문 사이에 벌어진 전쟁의 연대기를 노래한 서사시이다. 카우라바족의 계승자인 늙은 왕 '드리타라수트라'는 자기 아들인 '두르요다나'가 판다바족의 빼어난 지도자인 '유디스티라'보다 왕위에 적합지 않다고 유언한다. 두르요다나는 아버지의 유언에 반발하고 카우라바족의 군대를 끌어모아 왕위 쟁탈전에 들어간다.

《바가바드기타》는 판다바족의 위대한 용사이며 유디스티라의 동생인 아르주나와 신의 화신이면서 다가오는 전투에 앞서 아르주나의 전차 마부 노릇을 하고 있는 크리슈나 사이의 대화로 이루어져 있다. 이야기는 두 군대가 진을 치고 막 전투가 시작되려는 시점에서 시작된다. 아르주나는 크리슈나에게 마지막 정찰을 위해 두 군대 사이로 전차를 몰아 달라고 요청한다.

아르주나는 세상에서 가장 위대한 전사였다. 그는 사람들, 독사들, 마귀들을 수없이 베어왔다. 그는 심지어 죽음의 신까지 쓰러트렸다. 하지만 양 진영에 자기 친척들과 친구들이 모두 있음을 보자, 그만 회의에 빠지고 만다. 그는 크리슈나에게 이렇게 외친다.

"저기 나의 피붙이들이 있다. 모두들 전투에 나서고 있다. 내게 어찌 이런 일이 있을 수 있단 말인가? 나는 승리를 열망하지 않으며, 왕국을 바라지도, 쾌락을 추구하지도 않는다. 그런 것들을 원한다면 내 피붙이들을, 어르신들을, 은인들을 베어야 하기 때문이다. 설령 온 세상을 다 준다 해도 그들을 벨 수는 없다. '오 신이시여, 저의 정의가 사라진다면, 저에 대한 당신의 사랑도 사라지겠지요. 그리고 저를 버리시겠지요. 당신이 없다면, 제 가슴은 슬픔으로 산산이 부서질 것입니다.'"

아르주나는 활을 집어던지고 슬픔에 잠겨 전차에 주저앉아 버린다. 그는 자기 가문의 왕위 쟁탈전에서 빠지려는 참이다.

크리슈나는 그의 신적인 지혜로 아르주나의 고뇌가 이중적이라는 사실을 이해했다. 자기 친척들에게 무기를 드는 것만큼이나 그들에 대한 동정과 가족의 유대감을 털어버리는 것 또한 아르주나에게는 매우 어려운 일이었다. 크리슈나는 그에게 잘못된 동정심을 버리라고 충고한다. 전투는 분노나 열정으로 하는 게 아니며, 자신과 자신의 나라에 대한 의무를 다하기 위해 하는 것이다. 이 전투는 왕위를 노리는 싸움이 아니라, 세상의 질서인 다르마에 따르기 위한 전투인 것이다.

싸워야 할 이유

우리 모두는 어떤 면에서 전사들이다. 인생의 전사들이며, 인생은 끝없는 전투이다. 우리는 태어난 날부터 전장에 발을 디뎠다. 우리는 인생의 전투에서 이겨야 하며, 전투가 한창일 때의 전사들과 마찬가지로 빠져나갈 구멍이 없다. 살아남고 이기기 위해 용감하게 싸우느냐, 죽느냐의 선택만 있을 뿐이다. 우리는 싸우는 걸 좋아하지 않는다. 단지 있는 힘을 다해 싸워야 할 뿐이다. 인생에서 승자가 되려면 내면의 부정적 요소들과 외부의 현실에 감연히 맞서야 한다.

내 친구 하나는 늘 인생이 고달프다고, 일이 너무 힘들다고 불평하곤 했다. 늘 쉽게 일할 수 있는 새 직업을 가졌으면 했다. 그녀는 인생에 노력을 들이고 싶어하지 않는 몽상가였다. 한번은 잡담을 하던 중에 내가 저작권 대리인은 내키지 않는 기획서나 원고 등을 엄청 읽어야 한다고 말했다. 그는 누구를 새 고객으로 삼을지 정해야 한다. 출판사 사람들과 만나 자신이 대표하는 작가의 새 작품을 소개해야 한다. 그리고 출판사와 다시 연락해서 계약을 주선해야 한다. 그뿐만 아니라 그 계약이 좋은 조건임을 작가에게, 작품이 가망성 있음을 출판사에게 납득시켜야 한다. 또한 해외 판권, 영화 및 음반 판권 등을 협의하면서 작가와 출판사 사이에서 일어나는 수없이 많은 문제도 처리해야 한다. 이 모든 일을 책 한 권의 저작권이 매각되는 시점에서 책이 인쇄되어 나오는 시점까지 처리해야 하고, 자기 직원들 관리에다 오만가지 잡무도 무시할 수 없다. 저작권 대리인은 한 번에 여러 공을 저글링 하듯 일해야 하는데, 그것도 보통 여러 고객의 일을 동시에 맡는다. 내 친구는 내 이야기에 감을 잡고 이렇게 말했다. "내 일만 어려운 줄 알았더니 그게 아닌가 봐."

사실 어떤 일도 특별히 어렵거나, 특별히 쉽지 않다. 생존 경쟁은 인생의 기본 조건이다. 그 싸움을 용감하게, 그리고 옳은 방식으로 싸우는 것이 우리의 다르마이다.

병사의 다르마

사막의 폭풍작전 도중에 어떤 병사들은 전투를 거부했다. 그들은 사람을 죽이는 일이 자신들의 개인적, 종교적 신념에 반한다고 했다. 나는 그 말이 조리에 맞지 않는다고 본다. 그들은 자원해서 입대했으며 군의 주된 임무는 전쟁에서 나라를 지키는 것이기 때문이다. 유명한 중국 격언이 있다. "국가는 아주 잠깐의 쓸모를 위해 수천 년 동안 군대를 육성한다."

군에 자발적으로 입대한 이상, 사적인 권리는 유보했다고 봐야 한다. 전쟁의 목적에 동의하느냐 여부는 상관없다. 다른 사람을 죽이는 걸 좋아할 필요도 없다. 병사의 다르마는 훈련받은 대로 명령에 복종하고 임무를 수행하는 것이다.

병사의 다르마는 월급을 챙기고 교육상 군인 우대 혜택을 받거나 세계 각지를 돌아다니며 구경하는 것이 아니다. 그런 것들이 부수적인 혜택임엔 틀림없지만 말이다. 수천 년 동안, 병사의 다르마는 늘 조국의 이름으로 상대방을 죽이고 죽임을 당하는 것이었다.

이끌어주는 힘

다르마가 있는 곳에 승리가 있다.

—《마하바라타》

닐은 건축 회사에 다닌다. 하루는 그의 전화를 받았는데, 내게 이렇게 말했다. "우리 사장이 스페인에 가서 그쪽에서 진행 중인 프로젝트를 감독하라는 거야. 근 2년은 걸릴 거래. 난 가고 싶지가 않아.

3개월이나 6개월도 안 돼. 그렇게 오랫동안 여자친구와 떨어져 있을 수 없어."

나는 물어보았다. "누구 다른 사람은 없대?"

"없나 봐. 이 프로젝트는 사실 내 담당이야."

나는 대답했다. "그러면 간단하군. 신생 소규모 업체의 직원인 네 다르마는 네 고용주를 도와 회사를 성공으로 이끄는 거야. 내가 너라면, 사장에게 이렇게 말하겠어. '할 수 있는 한 당신을 돕겠습니다. 필요한 만큼 스페인에 가 있겠습니다.'" 그리고 한마디 덧붙였다. "여자친구가 걱정되면, 그녀를 스페인으로 초청해서 시간을 보내면 되지 않겠어?"

외무원salesman의 다르마

나는 사업 관계상 대만을 방문했다가 심오한 경험을 했다. 대만에 간 목표 중 하나는 미국의 한 회사를 대표해 대만 지사를 방문하는 것이었다. 대만 지사의 미 본사 상품 판매 실적이 아주 부진했다.

나는 대만 지사에게 어떤 식으로 접근할 것인지 머릿속에서 여러 차례 예행연습을 해보았다. 친근하고 우호적으로 접근할까, 아니면 그들의 실적 부진을 채근하며 사무적인 태도를 앞세울까? 처음 대화를 시작할 말을 여러 가지로 생각해 보았으나 다 마음에 들지 않았다. 문제는 그 대만 지사의 사장이 내 오랜 친구라는 점이었다. 그를 몰아붙이는 것도, 친구로 대하는 것도 다 부적절해 보였다. 나는 좀처럼 결정을 내리지 못했다.

나는 자문해보았다. "이 상황에서 나의 다르마는 무엇인가?" 그리고 대만 지사를 대하는 유일하게 바른 방법은 개방적이고 직접적일 것, 그리고 미국 본사의 대표인 내가 어떻게 그들을 도울 수 있을지 최선의 방법을 함께 모색하는 것임을 깨달았다. 나는 그들이 당면한 문제점을 찾고 도와줄 방법을 찾아야 한다. 나의 도움으로 그들의 실적이 좋아지면, 나는 내 고객인 미국 본사에 훌륭하게 책임을 다하게 된다.

그 상황에서의 나의 다르마를 깨닫자마자, 그 사람들을 완전히 개방적이고 긍정적으로 대할 수 있게 되었다. 더 이상 어떻게 말을 꺼낼지 예행연습을 할 필요가 없었다. 내가 그 상황에서의 적절한 태도를 찾아낸 이상, 내 입에서 나오는 말은 모두 적절할 것이었다.

정치 지도자의 다르마

다르마의 반대는 아다르마Adharma인데, 이는 적절한 의무와 어긋나게 행동하는 것이다. 최근 나는 어느 미국 언론사의 아시아 지국장과 필리핀의 코라손 아키노 대통령, 전 파키스탄 수상 베나지르 부토에 대해 많은 이야기를 나눈 적 있다. 몇 차례나 그녀들을 만났고 그들의 정치 경력을 가까이에서 관찰해온 그였기에, 나는 두 여자 정치인에 대한 인상을 물어보았다. 대화에서 나온 몇 가지 포인트 중 한 가지 흥미로운 점은 부토와 아키노 모두 다른 사람의 정치적 이미지를 물려받았다는 사실이었다. 부토는 아버지, 아키노는 남편의 후광으로 권좌에 올랐다.

부토는 의지가 강하고 호전적인 기질을 가졌으며, 반대당과 갈등을 빚는 경우가 많았다. 그녀는 아버지의 정치적 인기와 함께 정적들 역시 물려받았다. 그녀는 반대당과의 대립을 완화할 생각이 없었고, 결국 1991년에 권좌에서 밀려났다.

아키노는 필리핀 국민에게 민주주의의 수호자로 비쳤던 남편의 이미지를 계승했다. 대통령직에 있는 동안 아키노는 모두 일곱 차례의 쿠데타 시도를 막아 냈다. 그녀는 처음에 '민주주의의 여신'답게 쿠데타 세력을 대했다. 가볍게 경고하며 다시는 그러지 말라고 타이른 것이다. 하지만 쿠데타 시도를 막아 냈어도 그녀에 대한 행정적, 정치적 신뢰성은 떨어졌다. 그녀는 약속했던 대로 국민생활을 더 낫게 만들지 못했던 것이다.

겉보기에는 부토와 아키노의 스타일이 정반대다. 하나는 강경파, 하나는 온건파. 논리적으로 보면 가령 온건파가 실패했다면 강경파는 성공해야 하지 않았을까? 그런데 왜 둘 다 실패했을까?

두 지도자는 겉보기로만 반대일 뿐, 본질적으로는 거의 똑같았다. 부토는 부토이기 위해서 대결 위주로 나가야 했다. 그것은 그녀 아버지의 스타일이었으며, 그 스타일을 선호한 지지자들이 그녀를 선택했던 것이다. 아키노 역시 아키노가 되려면 인자하고 관대해져야 했다. 그게 그녀 남편의 이미지였고, 그 이미지를 계승하는 조건에서 그녀가 지지를 얻었으므로.

부토와 아키노가 권력을 쥐게끔 해준 이미지들은 지도자로서의 그녀들에게 더 이상 긍정적이지 못했다. 인기가 배고픈 국민들에게 밥 먹여주지는 않았으며, 여당의 지위를 보호해주지도 못했다.

부토는 반대 세력들과 화해했어야 했다. 그녀는 국익을 위해 초당적으로 협력해 나가자는 메시지를 전했어야 했다. 아키노는 첫 쿠데타 세력에게 단호한 면모를 보여주었어야 했다. 그렇게 해서 충성과 반역에 대한 대가를 확실히 보여주어 군기를 잡았어야 했다.

자연의 법칙은 아키노와는 달리 행동하기 전에 엄정한 선택을 하는 것이다. 어떤 행동이 취해지면, 절대적인 결과가 뒤따른다. 열렬한 기독교도인 내 친구 하나는 이 부분을 읽고 "동양에서 생각하는 것과는 달리, 기독교의 하느님은 동정하시는 분이야"라고 말했다. 내 대답은 이랬다. "13층에서 뛰어내려 날 수 있는지 봐. 하느님이 너를 동정해서 자연법칙을 바꾸실까?"

아키노는 그녀의 관대하고 모성적인 이미지를 버리고 황폐해진 필리핀의 국민경제를 되살리는 데 총력을 기울였어야 했다. 그것은 통치의 기본 요소와 정부의 안정, 그리고 자신의 안전을 모색하는 것보다 훨씬 중요했다.

부토와 아키노 모두 다른 누군가의 운명을 대신 짊어진 여성들이었다. 아키노의 경우는 암살된 남편의 운명을, 부토의 경우는 처형당한 아버지의 운명을 대신했다. 두 사람 다 권좌에 올랐지만 자신들 스스로의 운명에 따르라는 요구에 제대로 부응하지 못했고, 그래서 실패했다. 즉 그녀들은 다르마 대신 아다르마를 따른 것이다.

두 사람 다 다르마에서 등을 돌렸다. 즉 국가와 국민을 제대로 지키지 못했다. 국민들은 그녀들을 지지한 대가로 다시 실패를 맛봐야만 했다.

너 자신의 다르마를 알라

나는 직업이 무엇이든 그 일에 맞는 자신의 다르마를 찾기만 하면 반드시 성공할 것이라고 믿어 의심치 않는다. 가령 의자라면 자기 다르마를 알고 사람들이 앉도록 해야 의자로서 쓸모가 있다. 연필은 연필로서의 다르마를 수행해야 쓸모가 있다. 의자가 사람을 앉히지 않고 연필이 쓰기를 거부한다면 아무 쓸모가 없다.

새 제품을 개발하기 위해 채용된 엔지니어가 회사에 자신의 '지혜'를 나누어주기 거부하면, 그 회사에서 오래 버티지 못할 것이다.

미국 개척자들의 다르마

살로몬 브라더스Salomon Brothers 사의 미국 국채 불법 매입 사건은 신문의 경제면을 모조리 장식했다. 이 사건의 원인이 무엇이고 누가 그 책임을 져야 하는지, 해답은 간단하다. 이들은 탐욕의 노예가 되었고, 빠르게 그것을 충족시키려 했다. 아마도 문제는 범죄를 직접 저지른 개인들에게만 있지는 않을 것이다. 오히려, 근본적인 문제는 현재 미국 사회문화의 깊은 곳에 자리 잡고 있을 것이다.

한 국가로서 미국은 최근 '즉각적인 만족'이라는 개념에 사로잡혀 있다. 하지만 이런 격언이 있다. "세상에 공짜는 없다." 특히 지난 10년 동안, 수많은 사람이 즉각적인 만족을 추구하는 일에 맹렬히 뛰어들었다. 한 사회가 최소의 시간으로 최대의 돈을 버는 것을 성공의 척도로 삼고 높이 평가하기 시작한다면, 그 사회는 저속해질 수밖에 없다.

200년 전, 미국은 후흑의 정신에 투철한 인격자들에 의해 건국되었다. 그들은 후손들에게 세세토록 강대한 나라를 물려주기 위해 필요한 단순한 다르마를 잘 알고 있었다. 고된 일과 인내의 근본적 가치를 알고 있었던 것이다. 나는 종종 이렇게 자문한다. "200년 전, 건국의 아버지들과 초기 정착민들이 오로지 일확천금에만 눈이 어두워 있었다면 과연 지금 미국의 모습은 어떨까?"

첸 여사의 계산 착오

첸 여사는 일본인이다. 제2차 세계대전 때, 그녀는 일본에서 유학 중이던 젊은 대만 의사와 결혼했다. 그녀는 남편을 따라 대만으로 갔다. 대만 사람들이 일본의 식민지배를 달가워하지 않았기 때문에, 그녀는 첸 씨의 가족에게서 그리 환영받지 못했다.

그 후 2년이 지나, 그녀는 아이를 낳았는데 불행히도(그 시대 그 나라의 문화적 기준으로는) 딸이었다. 그리고 더 이상은 출산이 불가능하다는 진단을 받았다. 첸 여사는 지적이고 실용적인 사고의 여성이었다. 그리고 장기 계획을 세우는 것은 일본인들의 장점이다. 첸 여사도 그 일본인의 장점을 잘 물려받았다. 그녀는 집안에서 자신의 지위를 잃지 않기 위해 아들을 가져야만 한다고 생각했다. 아들만이 늙은 그녀를 돌봐줄 테니까. 그녀는 딸을 키우면서도 마음속으로는 아들을 가질 방법에 몰두했다. 그녀는 인근에 살던 몇몇 친한 일본인 여자친구들에게 자기 이야기를 했다. 그녀들 중 하나가 임신했는데, 이미 네 아들을 두고 있었다. 그녀의 새로운 임신은 가계에 상당한 부담이었다. 그리하여 합의가 이루어졌다. 아들이 태어나자, 첸 여사는 그 아이를 입양했다. 마침내 오랜 고민을 해결한 것이다.

그로부디 45년이 지나고 보니 시대는 비뀌어 있었디. 첸 여시의 딸은 매우 유능한 의사가 되어 아버지의 의술을 고스란히 물려받았다. 첸 여사는 남편이 죽고 나서 20년 동안을 딸네 집에서 딸과 사위와 함께 살고 있다. 본래 그녀의 고민을 해결해주리라 여겼던 의붓아들은 오히려 두통거리가 되고 말았다. 학교를 중퇴하고 망나니 도박꾼이 되어버린 것이다. 아들은 가산을 적잖이 탕진했고 친구와 친척들에게서도 마구 돈을 끌어다 쓰는 형편이 되고 말았다.

시행착오

인생을 살면서 그때그때 알맞은 행동을 찾아내는 것은 쉬운 일이 아니다. 심지어 최고 수준의 사람들도 언제나 자기 운명에 맞는 다르마를 알아내지는 못한다. 보통 우리는 시행착오를 통해 다르마를 알게 된다.

아시시의 성 프란체스코는 젊을 때 순교자가 되고 싶은 마음이 굴뚝같았다. 그래서 기독교를 강력하게 탄압하고 수많은 추종자들을 살해한 이슬람국가인 모로코로 가기로 했다. 자신이 죽임을 당할 것이라고 확신한 성 프란체스코는 자신을 따르던 사람들에게 자신의 가르침을 이어가며 고귀한 삶을 살라는 말을 남기고는 길을 떠났다. 길고 힘든 여정을 마쳤지만, 그는 체포 한 번 되지 않았다. 비록 실망했으나 그는 조용한 어떤 힘이 자신에게 다른 길을 알려주고 있음을 깨달았다. 분명 성 프란체스코의 다르마는 무익한 죽음을 당하는 것이 아니라 위대한 스승이자 신앙의 지도자로서 자신의 운명을 완수하는 것이었다.

시행착오를 통해 자신의 다르마를 더 잘 이해할수록, 우리는 자신을 더 잘 가다듬어 내면에서 속삭이는 보편적인 의지의 조용한 목소리를 더 똑똑히 알아들을 수 있게 된다.

*　*　*

우리 행동을 올바름으로 이끄는 자연법칙 다르마는 후흑의 기반이다. 다르마를 따름으로써 우리 인생은 자연에 부합하게 되며, 그때그때 적절한 과실을 얻게 된다. 다르마의 축복과 지도를 따르면, 우리 인생은 영원한 성취의 나무 그 자체가 된다.

- 다르마는 어떤 조건에서도 그에 맞는 행동을 아는 것이다. 그것은 '자기 의무에 따라 행동하는 것'이라고 풀이된다.

- 다르마는 우리가 인생의 어떤 시기에 있든 합당한 역할을 알려주는 자연법칙이다. 때마다 상황에 알맞은 의무를 알고 자신의 능력이 닿는 한 수행한다면 그게 바로 다르마를 따르는 것이다. 그것은 우리를 지키기도 하고, 해방시키기도 한다.

- 다르마야말로 후흑의 기반이다. 후흑의 실천자는 자기 행동을 옳게 가져가기 위해 무진 애를 쓴다. 그는 매순간 이렇게 자문한다. "이 시점에서 나의 다르마는 무엇인가?"

- 다르마의 축복은 우리 생애에 걸쳐 미묘하고 신비한 방식으로 작용한다. 다르마가 있는 곳에 승리가 있다.

- 직업이 무엇이든 그 일에 맞는 자신의 다르마를 찾기만 하면 반드시 성공할 것이다. 가령 하나의 의자라고 해도 그 다르마를 알고 사람들이 앉도록 해야 쓸모가 있는 것이다. 연필은 연필로서의 다르마를 수행해야 쓸모가 있다. 의자가 사람을 앉히지 않고 연필이 쓰기를 거부한다면 아무 쓸모가 없다.

- 인간의 법과 달리 자연의 법은 행동하기 전에 선택을 요구한다. 행동을 취하고 나면 절대적인 결과가 뒤따른다.

연꽃은

그 아름다움을 하늘에 돌리고,

풀은

그 수고로움을 땅에 돌린다.

— 라빈드라나트 타고르

4장

◆

운명인가, 노력인가

좋아하는 일을 하면 일을 잘하게 된다는 말을 많이 한다. 그러나 대부분은 자기가 무슨 일을 좋아하고 무슨 일을 잘하는지 정확히 모른다. 그런 사람들은 발견의 시기를 거쳐야 한다. 흔히 듣는 질문이다. "이다음에 커서 뭐가 되고 싶니?" 하지만 결코 쉽게 대답할 수 없는 질문이다. 그것은 어른이 되어서도, 나이를 먹어서도 그렇다.

우리를 기다리고 있는 운명

지금 하는 일에서 답답함을 느끼고 있다면, 그게 무엇이든 정성과 사명감을 가지고 해보라. 사실 그 일을 하게 된 것은 결코 우연이 아니기 때문이다. 분명 그 일에는 뭔가 교훈이 숨어 있을 것이다. 지금 하는 일과 경험에 온 힘을 쏟는다면 우리 운명의 큰 그림을 펼쳐 내는 데 디딤돌이 될 것이다.

한 예로 내 이야기를 들어보겠다. 나는 아시아에서 사업을 하고 있거나 하기 원하는 개인 혹은 단체를 상대로 상담을 했다. 나는 그 일이 좋았지만 항상 뭔가 부족하다는 느낌이었다. 하지만 일만큼은 성실하게 했다. 그렇게 함으로써 나는 많은 사람과 접하고 그들의 생각에 활력을 불어넣는 내 능력을 배양할 수 있었다.

그 일을 계속하면서, 그리고 아시아인과의 비즈니스 경험을 통해서, 나는 미국인들이 아시아인들과 비즈니스를 할 때 아시아인의 마음을 깊이 이해할 필요가 있음을 깨닫게 되었다. 그리고 그 문제에 대해 책을 써서 많은 이들에게 영감을 불어넣으면 좋겠다는 생각이 들었다. 그래서 나는 서양인이 아시아인과 비즈니스를 할 때 알아야 할 사고방식에 대한 책을 집필했다.

그 책의 성공은 개인적으로 큰 만족감을 주었다. 나는 계속해서 다른 책들을 쓰면서 원래의 주제를 확장해갔다. 여러 해가 지나, 나는 아시아 비지니스 전략에 대해서만 쓸 필요가 없음을 깨달았다. 서양 독자들에게 들려줄 동양의 지혜는 무궁무진했다. 그 깨달음의 결과가 지금 여러분이 읽고 있는 이 책이다.

여기서 가장 놀라운 점은 내가 글쓰기를 좋아했다는 사실을 완전히 잊고 있었다는 점이다. 나는 7학년 때 단편소설을 많이 썼고 그중에는 교지에 실린 것들이 꽤 되었다. 8학년 때는 중국어로 장편소설도 썼다. 틈만 나면 소설에 매달렸고, 한 학기 만에 탈고했다. 덕분에 그 학기에 뭘 배웠는지 모르겠다. 당연히 성적은 곤두박질쳤지만 그리 신경 쓰지 않았다. 나의 현실은 내 글 속 캐릭터들에게만 깃들어 있다고 믿었다. 나머지 세상은 뿌연 비현실의 안개에 싸여 있을 뿐이었다.

소설을 탈고하고 나서, 그걸 출판할 수 있는 방법을 몰랐던 나는 대만 최고의 신문사에 단 한 부밖에 없는 원본 원고를 보냈다. 그러자 신문사 편집부는 아주 친절한 편지와 함께 원고를 돌려보냈다. 거절당한 것이 너무 창피했던 나는 그 원고를 학교 쓰레기통에 던져버리고 다시는 글을 쓰지 않았다. 그리고 마침내 25년이 지나 나는 다시 글을 쓰고 있다. 이야기가 원점으로 돌아왔다.

살아가면서 하나하나 펼쳐지기를 기다리는 신성한 계획이 우리 인생에 예비되어 있다는 사실을 깨달음으로써, 우리는 일과 삶 속으로 흘러들어오는 매순간에 의식적으로 동조하기 시작한다. 모든 사건을 탐정의 눈으로 살피며 운명의 수수께끼를 풀기 위해 노력해보라. 그것이야말로 우리 운명을, 우리 인생에 예비된 계획을 발견하기 위한 첫 번째이자 가장 본질적인 다르마이다.

직업 세계의 다르마

자주 듣는 질문 중 하나가 과연 어떤 직업이 나한테 맞는지 어떻게 알 수 있는가이다. 이 질문에 대답하기 위해서는 다음 사항들부터 점검해야 한다.

1. 지금 맡은 의무를 수행하면서, 후흑을 활용하라. 그래서 자신의 마음과 정신에서 정신적으로나 물질적으로나 만족스러운 소명召命을 찾아보라. 여기서 핵심은 "지금 맡은 의무를 수행하면서"이다. 우리 대부분에게는 하던 일을 그만두고 무한정 자기를 찾아 나설 여유가 없기 때문이다. 더욱이 지금 우리가 서 있는 바로 그 자리가 종종 우리의 대답 없는 질문에 답을 제공하는 가장 좋은 장소가 되곤 한다.

2. 지금 하는 일에 자신의 모든 것을 쏟아부으라. 그렇게 함으로써 스스로에게 좋은 감정을 느끼게 될 것이다. 지금 맡은 일이 하찮을 수 있다. 하지만 노력과 헌신을 기울인다면 스스로에게 희망이 생기고, 일상의 만족감도 더 커질 것이다. 그리고 그 만족감은 더 큰 성취를 끌어들이는 든든한 지지대가 될 것이다.

3. 성실하게 의무를 수행하다 보면, 그 위치에서 얻을 수 있는 교훈을 더 빨리 배우게 된다. 그러면 인생은 다음 발전 단계를 더 빨리 보여줄 수 있다. 인생의 큰 목표에 보다 걸맞은 위치로 올라가는 기회가 될 수 있다. 아니면 일을 너무 잘한 나머지 상급자의 위치를 불안하게 만듦으로써 해고될 수도 있다. 후자의 경우를 당했다면, 세상이 이렇게 말하고 있다고 생각하라. "너는 그 일을 너무 오래 했다. 더 나은 일이 기다리고 있다." 자신감과 자부심이 커져서 그 일이 더 이상 필요하지 않다는 걸 알게 되며, 곧바로 더 좋은 일자리를 택할 것이다. 아니면 난데없이 더 좋은 제안이 올지도 모른다. 어떤 경우라도, 그 결과는 당신을 다음 인생 단계로 넘어가게 할 계기가 된다.

4. 좌절하지 말자. 인생을 살며 배운 것은 뭐든 쓸모가 있다. 심지어 문서를 철하거나 정리하는 방법조차도 말이다. 마음에 맞는 일을 구하게 되는 날, 왜 예전에 무의미해 보이던 일을 했는지 깨닫게 될 것이다. 그 당시에는 분명치 않아도, 모든 것에는 이유가 있다.

5. 위의 다르마를 따르라. 인생은 우리에게 정당한 자격이 있는 것을 결코 숨기지 않는다.

6. 인내는 최고의 미덕이다. 인생에게 시간을 주자.

납득과 포기의 다르마

승리의 기회는 적이 제공한다.

─《손자병법》

훌륭한 지휘관은 싸움에서 이기기 위해 할 수 있는 모든 것을 하고 나면 차분히 기다린다. 적이 승리의 기회를 제공해줄 때까지.

인생의 전투에서도, 자신의 비전을 실현하기 위해 힘닿는 한 모든 것을 다 했다면 남은 것은 결과가 나오기를 담담하게 기다리는 것뿐이다.

내 오랜 친구 하나는 곧잘 이렇게 말한다. "난 똑똑한 것보다 운이 좋은 게 더 좋겠어." 하지만 행운은 항상 기댈 수 있는 게 못 된다. 상황을 납득하고 거기서 나름대로 이득을 취하려면 그 다르마를 이해하는 똑똑함이 있어야 한다.

나는 그것을 직접 경험으로 배웠다. 나는 평생 남의 힘에 기대지 않고 내 손으로 열심히 살아왔다. 이러한 노력은 때로는 성과가 있었고, 때로는 별 효과가 없었다. 하지만 최근 일어난 일만큼 내게 근본적인 영향을 미친 경우는 없다.

지난번 책을 쓰고 있을 때, 나는 최선의 노력을 다했다. 원고를 마감 시간까지 출판사에 넘겨주기 위해 밤샘을 밥 먹듯 했다. 텍사스 굴지의 석유업자 T. 분 피큰스 2세T. Boone Pickens, Jr.와 〈USA투데이〉지의 편집장에게 추천사도 받았다. 책은 1991년 2월 15일에 나오기로 되어 있었다. 그런데 그해 1월에 사막의 폭풍작전이 있었다. 모든 언론 매체가 걸프전에만 매달리고, 내 책은 시장 진입의 적기를 놓쳐 버리고 말았다. 그럼에도 불구하고 나는 귀한 교훈을 얻었다. 만약 나와 편집자가 스스로를 극한까지 몰아치며 일을 제때 끝내려 하지 않았다면, 만약 원고를 제때 넘기지 못했더라면, 일이 더 잘 풀렸을지도 모른다.

중국에는 이런 명언이 있다. "일을 꾀하는 건 사람이지만, 일을 이루는 건 하늘이다謀事在人 成事在天." 그것은 단순한 명언이 아니라 진리다. 그 책의 일을 계기로 그 명언은 내 영혼에 깊이 각인되었다. 일이 기대만큼 되지 않을 때도, 그것은 사실 축복일 수 있다. 이제 나는 최선을 다한 다음, 쉬면서 조용히 결과를 기다리는 자세를 갖는다. 나는 이제 다시는 예전과 같지 않으리라는 것을 심오한 수준에서 알고 있다. 다른 사람들에게는 내게 별다른 변화가 없어 보일지 모른다. 그러나 나는 내가 '납득과 포기의 다르마'에 대해 특별한 통찰을 갖게 되었음을 안다.

그 깨달음 직후에, 나는 한 대규모 회의에 참석했다. 나는 오후 세 션에서 첫 발언자로 정해져 있었는데 장소에 도착해 보니 회의가 엉 망이 된 상황이었다. 담당자들이 상황을 정리하는 걸 복도에서 45분 간 서서 기다리고 있는데, 한 범상치 않은 신사가 내 옆을 지나쳤다. 나는 그가 어느 대형 의류 소매업체의 사장임을 알아보았다. 최근 나는 바로 그 회사의 바이어에게 나와 내 파트너가 개발한 상품의 특허를 사라고 협의 중이었다. 그 바이어는 흥미를 보였지만 대답을 주지 않고 있었다. 회의 주최측의 미숙한 진행으로 빚어진 시간 차 질 덕분에 복도에 서 있어야 했던 나는 그 회사의 최고 의사결정권 자와 대화할 기회를 갖게 되었다. 그 일은 결국 아주 유리한 조건에 서 계약이 치러지도록 했다.

우리는 납득과 포기의 다르마를 배워야 한다. 미묘하고도 복잡하 게 짜인 운명의 실타래 속에서 무엇이 우리를 기다리고 있을지 모르 기 때문이다.

사전에 정해진 운명과 노력

나는 '후안흑심'이라는 제목의 책을 쓰고 있다고 두 사람에게 설 명해주었다. 각각 따로였는데, 그들은 내 말을 듣자마자 이렇게 질 문했다. "당신은 운명이 미리 정해져 있다고 보나요. 아니면 노력에 달렸다고 보나요?" 원래 나는 그런 질문이 후흑과 관련 있다고 생각 하지 않았다. 그러나 다른 사람들도 비슷한 궁금증을 가질지 모른다는 생각에, 그 내용을 여기 포함하기로 했다.

자연은 한 마리의 벌에게 그 정해진 운명대로 살아갈 모든 것을 마련해 주었다. 마찬가지로, 우리 인간도 최대한의 잠재력을 이끌어 내는 데 필요한 모든 것을 갖추고 있다. 우리가 우리의 가정에서 태어나고, 일정한 교육을 받고, 일정한 체험을 한 것은 결코 우연이 아니다. 이 모두는 한 인간이 성공적인 인생을 살아가기 위해 필요한 것들로, 모두가 예비된 것이다.

영국 수상 두 사람의 사례를 한번 보자. 존 메이저John Major와 마가릿 대처Margaret Thatcher. 존 메이저는 고등학교도 졸업하지 못했고, 마가릿 대처는 잡화상의 딸이었다. 그러나 이러한 분명한 약점은 그들의 인성에 중요한 구성요소가 되었으며, 기존의 귀족적 정치인들과 차별화가 되게 해주었다. 그들의 보잘것없어 보이는 배경은 약점보다는 정치적 인기를 얻는 장점이 된 것이다.

나는 미국에 오고 나서 10년 동안 두 문화 사이에서 갈등을 겪었다. 나는 더 이상 중국인이 아니었지만, 그렇다고 미국인도 아니었다. 나는 마치 물 밖에 내던져진 물고기 같았다. 하지만 시간이 지나며, 나는 동과 서를 하나로 꿴 나의 지식과 경험이 문제점이라기보다는 재산이라는 사실을 깨닫기 시작했다. 인생의 모든 사건은 크든, 작든, 즐겁든, 슬프든, 우연히 일어나는 일이 없다. 우리의 삶은 우주를 움직이는 힘에 의해 조심스럽게 유도되고 있다. 이 신비한 작업은 우리의 인간적 성장과 성취를 목표로 하고 있다.

우리 모두는 각기 특정한 환경에서 태어난다. 그 환경은 우리가 운명의 길을 따라가도록 예비된 것이다. 자유의지, 욕망, 능력을 포함하는 노력은 예정에 포함되어 있다. 그러나 이 예정은 저절로 이루어지지 않는다. 우리가 우리 운명을 안다고 해도, 그것을 현실로 바꾸는 노력이 있어야 의미가 있다. 따라서 예정된 운명과 노력은 한 마차의 양쪽 바퀴처럼 움직인다. 믿거나 말거나, 고대 중국에서도 이런 말이 있었다. "하늘은 스스로 돕는 자를 돕는다."

같은 날 태어난 두 남자아이에 대한 이야기도 있다. 한 아이는 부잣집에, 다른 아이는 가난한 집에 태어났다. 두 아이의 어머니들은 마을 점쟁이에게 아이들을 데려갔다. 점쟁이는 부잣집 안주인에게 "당신의 아이는 귀하게 되며 황제를 모시게 될 것이다"라고 예언했다. 반면 가난한 집 아이는 거지가 될 거라고 했다.

부잣집 여자는 자기 아들이 틀림없이 대성하리라 믿었기 때문에 아이의 버릇을 잘못 들였다. 그 아이는 인생을 낭비하고, 가산도 탕진해 버렸다. 결국 저택마저 빚쟁이에게 넘어가고 말았으며, 가족들은 길거리에 나앉았다. 반면, 예언을 듣고 소스라치게 놀란 가난한 집 여자는 그 악운이 현실이 되지 않게 하려고 정성으로 아이를 돌보고 가르쳤다. 아이도 열심히 공부했으며, 과거에 장원급제했다. 결국 그는 고관이 되어 황제를 모시게 되었다.

예정설은 흥미로운 주제이다. 하지만 노력 없이는 큰 의미를 갖지 못한다. 특히 예정설을 뒷받침한다며 제시되는 대부분의 이야기는 의심스럽거나 신뢰하기 어렵다. 결국 우리 일상을 지탱하는 것은 노력밖에 없다.

노력의 다르마

다음은 노력의 다르마의 요소들이다.

1. 조화의 추구. 노력은 결코 맹목적이지 않다. 노력의 다르마는 실망스러운 결과에 대해 납득과 포기를 해야 할 때와 계속 노력해야 할 때를 구분하는 것도 포함한다. 그러나 그것이 곧 만사를 포기한다는 뜻은 아니다. 그보다는 스스로의 내면과 조화를 이루어 인생의 다음 단계로 나아갈 힘을 재충전하는 것을 뜻한다.

2. 꾸준한 지향. 미국 만화가로 '포고(Pogo, 매카시즘 시대의 정치 풍자 만화의 주인공인 주머니쥐)'를 그린 월트 켈리Walt Kelly는 종종 이렇게 말했다. "우리는 적과 상대해왔다. 우리 자신이 바로 그 적이다." 인생의 전투에서 우리 자신은 적이자 아군이다. 인생의 전투에서는 계속 싸우는 한 이기고 있는 것이다. 자신과의 싸움에서 매일 백 번씩 패배해도 한 번을 이긴다면, 그 승리는 우리를 더 강하게 만들고 다음 승리를 약속해줄 것이다. 그러니 결코 싸움을 되는 대로 맡겨 두지 마라.

3. 자퇴는 없다. 인생은 학교다. 이 학교는 전 과목 A 학점만을 요구한다. 또한 자퇴할 수 없으며, 졸업에 정해진 기한도 없다. '적절하다고 인정'받기 전까지는 졸업이 불가능하다. 기독교인이라면, 마지막 숨을 몰아쉬는 순간이 졸업이다. 힌두교도나 불교도라면, 견성見性하기 전까지는 졸업이 없으며 그때까지 수백만 번이나 윤회를 거듭할 수 있다. 신은 민주적이지 않다. 그는 그의 자녀들이 할 수 있는 한 최고가 되기를 바란다. 그는 자녀들이 자신을 닮길 바라고, 과

목에 낙제할 경우 활력과 행복감을 앗아간다. 그러나 물러서지 않고 용감하고 꿋꿋하게 계속 싸운다면, 섭리의 보이지 않는 손이 도움을 준다. 그것은 단지 말로만 그렇다는 게 아니다. 많은 사람이 인정하고 있는 체험이다.

4. 참는 자에게 복이 온다. 우리가 스스로에게 부과한 한계는 하루아침에 만들어진 게 아니다. 따라서 우리가 인생의 진로를 재조정하기 위해서는 인내심이 필요하다. 옛 중국의 격언은 새겨들을 만하다. "한 방울씩 떨어지는 물이 돌에 구멍을 낸다." 우리가 갓난아기였을 때는 마치 꿀벌처럼 타고난 본능과 합치된 삶을 살았다. 창조주의 목소리를 있는 그대로 들었다. 그러나 인간의 방법을 배운 후로는, 그들의 '지침'을 받아들이고 창조주의 목소리는 무시했다. 우리가 남들의 비판을 기꺼이 듣고자 할 때 우리를 자원해서 도와줄 이는 얼마든지 있다.

우리가 굳은 의지로 노력한다면, 아무도 우리가 진정한 운명을 알아가는 과정을 방해하지 못한다. 하늘까지 닿는 나무의 잠재력은 조그마한 씨 한 톨 속에 깃들어 있다.

인생 앞에서, 소망 앞에서 진실하라

자신의 '적합하고 진정한' 인생 역할을 찾는 일을 소홀히 여기는 사람들이 있다. 후흑의 실천자는 그 문제의 중요성을 누구보다 잘 안다. 자신에게 무엇이 가장 적합한지 아는 건 아주 중요하다. 그리고 자신의 계획을 행동에 옮기려 할 때, 끝까지 자기 계획을 추진하고 그 결과가 무엇이든 받아들이고 납득할 준비를 해야 한다. 더욱이, 계획을 수정할 적절한 시점을 알고 그렇게 수정할 용기를 갖는다면 인생은 새로운 단계로 나아갈 것이다.

니타의 슬픔

니타는 보험업계에 종사하는 41세의 전문직 독신 여성이다. 그녀는 얼마 전에 겪은 자기 발견의 경험에 대해 내게 이야기해주었다. 그녀는 1세대 일본계 이민자 가정 출신이다. 그녀의 아버지는 전통적인 일본인의 인생관에 따라 그녀보다 두 아들을 더 중시했다. 그 결과 그녀는 아버지를 기쁘게 해드리는 데 유난히 강한 욕구를 갖게 되었다. 그래서 원래 일본에서는 남자만이 하는 걸로 되어 있던 뭔가 훌륭한 일을 함으로써 아버지의 인정을 받고자 결심했다.

그녀는 법대에 진학했다. 그녀는 법학을 좋아하지 않았다. 사실은 주부가 되어 남편에게 생계를 맡기고 자신은 꽃꽂이나 도예 등을 하며 살고 싶었다. 하지만 변호사가 된다면 아버지가 아주 기뻐할 거라고 생각했다. 결국 그녀는 법대 3년 과정을 마쳤다. 정말 지옥 같은 3년이었다고 그녀는 회상한다. 태어나서 해본 일 중 가장 힘들었다고. 그녀는 다시 1년 반의 과정을 듣고, 세 차례의 시도 끝에 변호사 자격시험에 붙었다. 그녀는 이렇게 말한다. "완전히 피를 말리는 일이었죠."

이 모든 괴로움을 겪고 나서야 그녀는 자신이 법 분야가 전혀 적

성이 아님을 깨달았다. 그녀가 로펌에 취직하려 처음 면접을 볼 때, 로펌에서는 그녀에게 맞는 분야를 찾기 위해 인성 적성 검사를 했다. 결과에 따르면 그녀에게 변호사란 할 수 있는 일 중에서 최악의 선택이었다. 그래서 그녀는 또 하나의 '일본에서는 번듯하게 여겨지는, 남자들만의' 일로 보험 일을 선택했다. 이 역시 그녀 자신이 아니라 아버지를 기쁘게 하기 위한 선택이었다. 그녀는 말했다. "나는 20년 동안 아버지를 기쁘게 하느라고 인생을 허비했어요." 마침내 그 사실을 분명히 깨닫자, 그녀는 쏟아지는 눈물을 주체할 수 없었다. 인생을 허비하면서 남자도 결혼도 포기했던 것을, 결국에는 주부로서의 꿈을 살 수 없게 된 것을 뼛속 깊이 후회했다.

면도날 위를 걷기

한편, 영성을 추구하는 사람들 중 일부는 세속의 일에는 관심 둘 필요가 없다고 느낀다. 그들은 성스러운 사원이야말로 그들이 있을 곳이며 생계를 꾸리는 건 그 아래의 일이라고 여긴다. 진정으로 영성을 추구하는 사람에게 영성의 길은 면도날 위를 걷는 것과 같다. 자신을 완벽하게 만들기 위한 끝없는 노력인 것이다. 그러나 어떤 사람들에게는 영성의 추구가 단지 모호한 개념일 뿐이다. 그들에게 영성은 무기력한 삶을 살고 인생의 역경을 회피하려는 구실이자 변명일 뿐이다. 자신이 어떻게 사회에 기여할 수 있을지를 외면하는 한 진정한 영적 완성은 불가능하다.

신은 말씀하시지만, 우리는 귀를 기울이지 않는다

너무나 많은 사람이 분주하게 살아가기에,

신이 이따금 보내는 신호를 알아차리지 못한다.

사람들의 귀가 번쩍 뜨이게 하려면 북을 두드려야 한다.

우리 자신에게 몰두해 있던 몽상에서 깨어나 경고를 들을 수 있도록.

— 마하트마 간디

아시아로 사업 무대를 옮기는 문제를 놓고 내게 상담을 요청하는 사람들이 많다. 그들 중 일부는 훌륭한 경력을 가진 40대이다. 20년 전, 그들은 선배들의 조언에 따라 사회적 지위와 재정적 안정을 보장해주리라 여겨진 쪽에서 사회생활을 시작했다. 그동안 그들은 자신들의 진정한 운명을 발견하려는 노력은 하지 않았다. 그런데 그런 그들이 지금의 일에서 벗어나고 싶다며 내게 고민을 털어놓는 일이 종종 있었다. 그들의 상태는 잘나간다기보다는 감옥에 갇혀 있는 듯했다. 그들은 아시아로 사업 무대를 옮기는 것처럼, 뭔가 획기적인 변화를 시도하는 게 해답이 아닐까 하는 생각을 가지고 있었다.

이들의 한 가지 공통점은 자신이 하고 있는 일에서 의미를 찾지 못했다는 점이다. 그들은 이렇게 말했다. "만약 신께서 내게 직접 말씀해주신다면, 내가 무엇을 하기를 원하시는지 알려 주신다면, 저는 그게 뭐든 즐겁게 할 거예요. 아무리 무의미하고 보잘것없는 일이라도 말이죠."

사실 신께서는 그들에게 여러 번 말씀하셨다. 단지 그들이 귀를 기울이지 않았을 뿐. 때때로 우리는, 자기가 하고 있는 일이 무엇이든, 이건 진짜 소명이 아니라고 느낀다. 그리고 일을 저주한다. 여기서 우리가 빠트리고 있는 것은 일 자체의 문제가 아니다. 자신이 하는 일을 좀 더 큰 맥락, 운명이라는 맥락에서 보지 못하는 게 문제다.

직원의 다르마

직원의 다르마는 간단하다. 전심전력으로 고용주를 돕는 것이다. 막상 그 고용주는 완벽한 사람이 아닐 수 있다. 똑똑하지도 않고, 어쩌면 그런 도움을 받을 만한 사람이 못될 수도 있다. 그러나 소속 회사에서 우리가 맡은 일은 성실하게 수행해야 한다는 불문율에 따라야 한다.

나는 회사가 마음에 안 들면 그만두어야 한다는 생각을 진정으로 지지한다. 하지만 그만두지 않으면서 계속 월급을 받는 한, 끊임없는 불평으로 회사의 사기를 떨어트리는 일은 윤리적으로 올바르지 않다. 현재 자신에게 주어진 일에 대해 건설적인 제안을 할 의무도 따라야 한다. 그런 건설적인 제안이 거부된다면 획기적 변화가 없는 한 그 회사를 계속 다닐 필요가 없으며, 따라서 사표를 던질 용기를 낼 때다. 그래도 일단 남기로 한다면, 회사와 상급자의 지시에 따라야 한다. 선택은 항상 자신의 것이다.

나의 고객 중 한 사람은 부하 엔지니어였던 행크를 해고했다. 행크는 그 분야에서 능력으로는 제일이었다. 하지만 그는 쉴 새 없이 자기 직장과 상사에 대해 불평을 늘어놓았다. 그는 심지어 고객들 앞에서도 자기 사장을 욕했다. 내가 직접 목격한 일이다.

그 일은 신년 파티 때 일어났다. 파티 주최자는 내 고객의 고객 회사 사장이었다. 행크는 내 고객, 즉 자기 사장을 대신해서 파티에 참석했다. 파티가 시작한 지 얼마 안 된 때부터 행크는 자기 사장을 맹렬히 욕하기 시작했다. 그 험담은 3시간 동안이나 계속되었다. 파티에 참석했던 모두가 그의 행동을 거북해했으며, 기분이 상하지 않은 사람은 행크 자신뿐이었다. 그는 말을 하면서 점점 감정적이 되었다. 3시간짜리 욕을 듣고 있던 파티 주최자의 부인은 남편에게 저런 문제 많은 회사와는 거래하지 말라고 귀띔했다.

행크의 행동은 내적인 조화가 결여된 데서 나왔다. 자기 내면에서 끝없는 비판이 솟아났기 때문에, 그는 그것을 남을 비방하는 걸로 해소하려 했다. 남의 흠결을 보는 사람은 항상 그보다 앞서 자신에게서 흠결을 본다.

행크의 마음은 절제가 불가능했다. 마치 사나운 개의 목줄을 붙들고 있는 것 같았다. 그런 개는 주인에게 이끌리기는커녕 주인을 이리저리 끌고 다닌다. 하지만 실제 어디로 가야 할지는 모른다. 결국은 주인을 궁지로 몰아넣는다. 행크는 그런 행동으로 이전 사장에게서도 해고를 당했었다.

행크의 행동은 극단적인 예라고 할 수 있다. 그러나 결코 유일한 예는 아니다. 직원들이 경영진에 대한 험담으로 낙을 삼는 회사를 많이 보아왔다. 그런 상황에서, 그 직원들은 회사뿐 아니라 자신들도 위험에 빠트릴 수 있다.

지원support의 다르마

후흑의 실천자는 성공의 다르마에 지원이 포함되어 있음을 잘 알고 있다. 인생에서 성공하려면 우리 꿈을 이루게끔 조건 없이 도와줄 누군가를 찾거나, 스스로 지원 그룹을 만들어야 한다. 혹독한 생존 경쟁 속에서 일정한 지원을 받지 못한다면 특출난 성공을 거두기가 매우 어렵다. 비즈니스에 있어서도 마찬가지다. 직원들의 지원을 받지 못하는 기업인은 오늘날의 살벌한 시장에서 경쟁력을 유지할 수 없다.

- 인생에는 해야 할 의무가 예비되어 있다. 그 의무를 따르면 욕구는 자연스레 충족된다.

- 좋아하는 일을 하면 일을 잘하게 된다는 말을 많이 한다. 그러나 그것만으로는 이야기가 안 된다. 대부분은 자기가 무슨 일을 좋아하며, 또 무슨 일을 잘하는지 정확히 모르기 때문이다. 그런 사람들은 발견의 시기를 거칠 필요가 있다.

- 살아가면서 하나하나 펼쳐지는 신성한 계획이 우리 인생에 예비되어 있다는 사실을 깨달음으로써, 우리는 일과 생활의 매순간에 의식적으로 동조하기 시작한다. 모든 사건을 탐정의 눈으로 살피며, 운명의 수수께끼를 풀려고 시도한다.

- 자신이 어떻게 사회에 기여할 수 있을지를 외면하는 한 진정한 영적 완성은 불가능하다.

- "일을 꾀하는 건 사람이지만, 일을 이루는 건 하늘이다." 일이 기대처럼 되지 않을 때, 그것은 사실 감춰진 축복일 수 있다. 납득과 포기의 다르마를 이해하라.

- 자유의지, 욕망, 능력을 포함하는 노력은 예정에 포함되어 있을지 모른다. 그러나 이 예정은 저절로 이루어지지 않는다. 우리가 우리 운명을 안다고 해도, 그것을 현실로 바꾸는 노력이 있어야 의미가 있다. 따라서 예정된 운명과 노력은 한 마차의 두 바퀴처럼 움직인다.

- 자신의 인생, 자신의 욕망에 진실하라.

- 진정으로 영적인 사람에게 영성의 추구는 면도날 위를 걷는 것과 같

다. 즉 그것은 완벽으로 가는 그치지 않는 추구다. 하지만 다른 사람들에게 영성의 추구는 단지 모호한 개념일 뿐이다. 즉 그것은 무력함에 젖어 인생의 도전을 회피하려는 구실이자 핑계이다.

- 어떤 사람들은 이렇게 말한다. "만약 신께서 내게 직접 말씀해주신다면, 대체 내가 뭘 하기를 원하시는지 알려주신다면, 그게 뭐든 즐겁게 할 거예요. 아무리 무의미하고 보잘것없는 일이라도 말이죠." 사실 신께서는 그들에게 여러 번 말씀하셨다. 단지 그들이 귀를 기울이지 않았을 뿐.

- 때때로 우리는, 자기가 하고 있는 일이 무엇이든, 이건 진짜 소명이 아니라고 느낀다. 그리고 일을 저주한다. 여기서 우리가 빠트리고 있는 것은 일 자체의 문제가 아니다. 자신이 하는 일을 좀 더 큰 맥락, 운명이라는 관점에서 보지 못하는 게 문제다.

- 직원의 다르마는 전심전력으로 고용주를 돕는 것이다. 회사에 도움이 안 된다면 그만두라. 끊임없이 불평을 늘어놓음으로써 회사에 누를 끼쳐서는 안 된다.

- 다르마의 축복과 지도에 따라 살 때, 인생은 영원한 소원 성취의 나무가 된다.

모든 노력이 그에게는 성스러우니,

가장 소극적이고, 바보스럽고, 무지한 사람들과

가장 적극적이고, 자신감 있고, 유능한 사람들 사이에

차이는 거의 없으니, 우리의 창조주는

그 차이를 보고 그저 웃으실 따름.

— 친닝 추, 엘리자베스 워터하우스Elizabeth Waterhouse의

시에 영감을 받아

5장

◆

소극적, 부정적 사고 vs.
적극적, 긍정적 사고

후흑의 실천자는 평범한 성공 법칙을 받아들이지 않는다. 그는 남들에게서 자신의 옳고 그름을 구하지 않는다. 그는 세상이 돌아가는 모습을 보고 아무도 생각하지 못했던 아이디어를 끄집어낸다.

후흑은 세상이 돌아가는 모습에서 일관성을 찾지 않는다. 비일관성이야말로 현실 세계의 중요한 구성요소이기 때문이다.

생긴 대로 성공하라

지난 수십 년 동안, 우리는 성공하려면 소극적, 부정적 사고를 버리고 적극적, 긍정적 사고를 해야 한다는 말을 수없이 들어왔다. 그러나 독자가 이 책에서 놓치지 말아야 할 교훈을 하나만 꼽는다면, 그것은 '각자 생긴 대로 살면서 성공할 수 있다'이다.

얄팍한 적극적 사고방식 개념에 도무지 적응할 수 없는 사람이 있는가? 그러면 스스로 살아온 대로, 생각하던 대로 그냥 해나가라.

사형선고가 기다리고 있다

아무리 봐도 자신은 적극적인 성격의 사람이 아니라고 여겨져도 걱정할 필요가 없다. 사실 자기가 적극적입네 하는 사람은 겉으로만 그런 체하는 경우가 대부분이다. 최고의 동기부여 선생들, 강연자들, 작가들조차도 개인적으로는 어쩔 줄 모르는 경우가 있다. 세상 어느 누구도 순전히 적극적이거나 소극적이지 않다. 그러나 적극적 사고를 주창하는 것으로 밥 먹고 사는 사람들은 언제 어느 때고 절대적으로 적극적인 인간이 되지 않으면 뒤처질 거라고 열심히 선전한다. 다른 사람들처럼 되지 말아야 한다는, 낙관적이고 즐거운 압박은 실제로 소극적인 인간이 되는 것보다 더 나쁘다. 우리는 어떻게든 자신에게 뭔가 심각한 문제가 있어서 적극적일 수가 없는 거라고 생각했다. 그런 생각들은 결국 논리적으로 이런 결론에 다다른다. "나는 형편없는 놈이야. 나는 태어날 때부터 이미 글렀어."

사실 우리 모두는 태어날 때부터 사형선고를 받는다. 죽음의 구체적인 시점만 모를 뿐이다. 죽을 수밖에 없다는 운명은 항상 우리 무의식 속에 깊숙이 자리한다. 태어나서 죽을 때까지, 우리는 어떻게 사는 것이 좋은지 알기 위해 분투한다. 우리가 우리 능력의 최대한을 이끌어낼 수 있다면, 우리는 태어날 때 신과 맺은 계약을 초과 달성하게 될 것이다.

성공에는 법칙이 없다

성공은 어떤 길로도, 어떤 형태로도 이루어질 수 있다. 성공에 대한 좋은 책들이 수도 없이 출간되었다. 그 모든 정보는 성공을 위한 노력에 보탬이 될 수 있으나, 진실은 한 가지, 성공에는 일정한 법칙이 없다는 것이다. 성공은 가장 적극적인 사람도, 가장 소극적인 사람도 거둘 수 있다. 열심히 노력한 사람도, 이렇다 할 노력을 하지 않은 사람도 성공할 수 있다. 적극적 사고방식을 부르짖는 사람들은 성공이 사람을 가리지 않는다는 사실을 미처 생각하지 못했다. 성공은, 적극적이든 소극적이든 성격을 따지지 않고 달성할 수 있다.

적극적 사고방식이라는 개념 자체가 엉터리라고 말하는 건 아니다. 그러나 근본적으로 적극적 사고방식을 갖지 않은 사람이라고 해서, 적극적이려고 노력하지 않았다 해서, 성공 전망에 달라지는 것은 없다. 성공한 사람은 스스로를 돌이켜봤을 때 자신이 근본적으로 소극적인 사람이라 해도 성공에 지장이 없었음을 알 수 있을 것이다. 예를 들어, 마크 트웨인은 비관론자에다 독설가였다. 그의 소설들은 흔히 '형편없는 인간 족속'들을 조롱한다. 하지만 그러한 독특한 개성이 마크 트웨인을 만들었고, 마크 트웨인의 소극적, 부정적 성향은 문학적 천재성에 기여했다.

잘 알려진 유명 인사의 사례를 살펴보자. 가령 엘리자베스 테일러는 늘 언론에 오르내리는 사람이다. 그녀에 대한 뉴스는 대부분 그녀의 부정적 성향에 관한 것이다. 체중이 늘었다느니, 주벽이 심하다느니, 마약을 복용했다느니, 누구누구랑 결혼했다가 또 이혼했다느니…. 더욱이 그녀의 전남편 중 한 사람은 그녀가 '스스로 고민거리를 만드는 천재'라고 말했다. 하지만 이 모든 '부정적' 성향에도 불구하고, 그녀는 분명 큰 성공을 거두고 즐거운 인생을 살고 있다.

캐서린 헵번에 따르면 스펜서 트레이시는 매우 감정적이고 늘 죄의식에 젖어 있었다고 한다. 그는 자기가 태어나지 않았다면 세상은 좀 더 나은 곳이 되었을 거라고 생각했다. 하지만 그처럼 자신감이 없었음에도, 그는 은막의 대스타로 우뚝 섰다.

험프리 보가트는 가장 위대한 영화배우 중 한 사람이다. 그는 '쾌활하고 명랑한' 것과는 거리가 있었다고 평가된다. 그는 로널드 레이건과는 판이했다. 험프리 보가트가 성공할 수 있었던 것은 그의 독특한 성격 때문이다. 사람들은 보가트다운 보가트를 좋아했다.

마릴린 먼로와 어네스트 헤밍웨이는 감정적이고, 성급하고, 변덕스럽고, 전형적인 우울증 증세를 보였다고 한다. 둘 다 자살로 생을 마감하기도 했다. 그러나 그들의 부정적 성향은 그들이 인생의 승자가 되는 데 중요한 요소였다. 그들의 부정적 성향은 그들의 인성을 구성하는 핵심이었고, 그들이 꿈꿔보지도 못한 성공을 거두는 데 전혀 장애가 되지 않았다.

당연히 그들의 자살을 옹호하려는 것은 절대 아니다. 내 주장의 요점을 강조하기 위해 예로 들었을 뿐이다. 우리의 소극적, 부정적 성향은 성공을 위한 노력에 장애가 되지 않는다. 그런 성향은 우리 자신의 일부이다. 그렇기에 그 성향을 좋아하고, 받아들이고, 활용하는 법을 배워야 한다.

성공한 TV 시트콤 스타인 내 친구 하나는 내가 그를 처음 만난 1970년대 후반이 가장 잘나가던 시절이었다. 그의 쇼는 7년 동안 방영되었고 곧잘 시청률 1위에 올랐다. 2년 전에 또 하나의 쇼가 그를 중심으로 만들어졌는데, 그 역시 히트였다. 이야기 속의 그의 캐릭터는 자기 본모습과 흡사했다. 매우 소극적이고 비관적이지만, 사랑스러운 남자. 한 편 출연할 때마다 거액의 출연료를 받으면서도, 그는 융자받은 돈을 갚을 수 있을지 항상 전전긍긍한다. 사실 그는 쇼 하나를 앞두고 고민하고, 그게 히트하면 또 다른 쇼를 놓고 고민한다.

닭똥이 있다면 비료를 팔아라

닭똥이 집안에 넘친다면, 비료 장사를 해볼 만하다. 심지어 닭똥도 쓰일 데가 있는 것이다. 티벳 속담처럼, "땅에 쓰러져 있는 처지라면, 땅을 디디고 쉽게 일어날 수 있다." 자신의 성격이 부정적이라면, 그 부정성을 활용해 성공하라.

크리스는 아주 똑똑한 사람이다. 그러나 그의 경력에는 문제가 있었는데, 그가 너무 똑똑하다는 것이다. 그는 탐구심이 풍부했고 뭐든 빨리 배웠기 때문에, 40세가 될 때까지 알고 싶은 것은 뭐든지 다 배웠다. 대학을 다니며 졸업에 필요한 학점보다 80학점이나 더 이수했는데, 졸업은 하지 못했다. 그는 학위가 아니라 지식 자체를 원했던 것이다. 그러나 나중에 그것 때문에 직장을 구하는 데 애를 먹게 된다.

크리스는 지식 습득의 재능이 비상했다. 그러나 그것은 대단한 축복이면서 동시에 심각한 저주였다. 그는 모르는 게 없었지만 그 수준은 깊지 못했다. 간단히 말해서, 그는 남들에게 '실속 없는 팔방미인'으로 비칠 따름이었다.

결국 크리스는 아무런 확실한 경력을 쌓지 못한 사실에 낙심했다. 그는 아는 건 많았으나, 이력서에 그것을 전부 표시할 수가 없었다. 그랬다면 웃음거리가 되었으리라. 그가 이력서에 적은 경력은 한 우물을 팠던 다른 사람들의 경력에 비하면 초라할 뿐이었다.

크리스는 자신의 삶은 물론이고, 지식을 쉽게 습득하는 능력마저 싫어하기 시작했다. 그러나 나는 그의 천부적인 능력을 잘 이용해서 빠르게 배우고, 거기에서 한 걸음 나아가 깊이 익히는 사람으로 자신을 발전시키라고 조언해주었다. 그에게 필요했던 유일하고 사소한 조정은 생활방식에 실용성과 집중성을 약간 추가하는 것이었다. 크리스는 어느 대학의 MBA 과정에 등록했고, 그것으로 일자리에 필요한 경력이 마련되었다. 크리스는 일을 하는 틈틈이 공부해서 MBA 코스를 쉽게 끝마쳤다. MBA를 마치자, 회사는 크리스가 늘 꿈꿨던 위치로 그를 승진시켰다.

부정적 성향, 그대로 두라

우리는 어떤 행동방식과 태도는 긍정적이고, 다른 것은 부정적이라고 믿는 경향이 있다. 우리는 보통 성공한 사람은 긍정적이고 적극적이며, 자신이 그리 적극적이지 않다면 실패할 수밖에 없다고 믿어버린다. 스스로를 다른 사람으로 탈바꿈하지 않는 한 말이다. 따라서 우리는 성공이 아니라 변화를 위해 많은 시간을 투자한다.

우리가 스스로를 소극적이라고 믿으면 우리 내면의 목소리는 우리에게 "이 일은 할 수 없어"라고 말하게 된다. 이때 그 목소리에 저항하지 마라. 오히려 무시함으로써 그 목소리에 순응하라. 자기 내면의 목소리를 부정하는 데 에너지를 낭비하지 마라. 그 목소리를 무시함으로써, "성공하려면 먼저 변화해야 한다"는 덫에 걸리지 않을 수 있다.

우리는 마음껏 부정적으로 임하면서 있는 대로 성질을 부리고도, 성공의 길을 걸어갈 수 있다. 유명한 가수이자 코미디언인 베트 미들러는 한 인터뷰에서 그녀의 남편이 자신을 두고 만나본 사람 중 가장 비관적이라고 말했다고 밝혔다. 그러고는 깔깔 웃음을 터뜨렸다. 분명한 건 그녀의 비관적 성향이 성공에 걸림돌이 되지 않았다는 점이다. 그녀는 그 사실을 공개하고 웃어넘길 수 있었다.

염세주의의 힘

인생은 따분하다며 사는 걸 지겨워한다면 그 생각을 굳이 고칠 필요가 없다. 단지 그 혐오의 대상을 바꿈으로써 사정을 훨씬 호전시킬 수 있다. 인생을 싫어하는 대신, 신을 혐오하라.

오타가 난 게 아니다. 제대로 읽었다. 신을 혐오하라. 묘하게도 많은 사람이 신은 사랑하면서 다른 모두는 싫어한다. 주변 사람을 싫어하면서 신을 사랑한다는 사람은 진짜로 신을 사랑하는 게 아니다.

증오의 마음을 품고 있다면, 할 수 있는 가장 좋은 방법은 증오의 대상을 사람에게서 신에게로 옮기는 것이다. 신의 본질은 사랑이기 때문이다. 다른 사람들이 신을 어떻게 대하는지는 중요하지 않다. 사람과 달리, 신은 우리가 자신을 미워하는지 좋아하는지 괘념치 않는다. 신은 불과도 같다. 우리가 불을 좋아하든 싫어하든, 충분히 가까이만 있으면 따뜻해질 것이다. 애증은 같은 근원은 갖는다. 증오는 사랑의 다른 면이며, 오직 사랑이 있기에 증오도 존재한다. 《성경》〈요한계시록〉 3장 16절을 보자. "너희가 차지도 덥지도 아니하므로, 내가 너희를 입에서 뱉어 버리리라." 신이 우리를 무시하고 조용히 기다리실 때는 오직 우리가 그를 완전히 무시할 때뿐이다.

신에게 주의를 기울일수록, 그는 우리를 깨끗하게 하며, 돌보며, 새롭게 한다. 그러면 증오가 변하여 고귀한 사랑이 된다.

부정적 생각은 상상하는 것만큼 강력하지 않다

생각의 힘이 얼마나 큰가에 대해 종종 이야기를 들었을 것이다. 이 개념은 우리의 통제되지 않는 부정적 생각에 대한 공포감을 증폭시킨다. 우리의 모든 부정적 생각이 현실이 되면 어떡하나? 그러나 생각의 힘은 그렇게 단순한 게 아니다. 우리의 모든 생각을 표면에 드러낼 수는 없다. 적어도 아직까지는. 지금 보건대 우리의 부정적 생각은 우리가 상상하는 것만큼 강력하지 않다.

민간 여객기가 수백 명의 승객을 태우고 이륙할 때마다, 상당수의 승객들이 항공기 사고 가능성을 생각하며 상상에 젖는다. 우리의 부정적 사고의 힘이 상상하는 것만큼 크다면, 그 많은 승객들의 합쳐진 부정적 사고의 힘으로 반드시 사고가 나고 말 것이다. 자신의 부정적 사고를 두려워하지 마라. 다만 끈기와 결의로 자기 일에 매진하라. 그러면 자기 자신을 바꾸느라 노력하는 시간에 보다 빨리 성공에 이를 수 있다.

부정적 생각의 기준은 확고하지 않다

무엇이 부정적 생각인지의 기준은 사람들이 제멋대로 정한 것이며, 돌에 새긴 계명이 아니다. 그 기준은 시대와 문화에 따라 달라진다. 일정한 시대에 긍정적으로 여겨지던 것이 다른 시대에는 부정적으로 여겨진다. 예를 들어, 공격적이고, 자기주장이 세고, 성급하며, 저돌적인 태도는 미국의 비지니스 세계에서 매우 긍정적으로 받아들여진다. 하지만 아시아의 일부 지역에서는 지탄받는다. 상대의 눈을 똑바로 보는 것도 미국에서는 매우 긍정적인 성향이지만, 아시아에서는 상대를 위협한다는 메시지가 될 수 있다.

현실주의는 긍정적인 태도이다

부정적이고 소극적인 성향이 반드시 인생에 걸림돌이 되는 것은 아니다. 나는 '부정적 성향negativity'이라는 말 자체를 싫어한다. 너무 부정적으로 들리지 않는가! 종종 소위 '부정적인' 사람이 가장 현실적이다. 지나치게 낙관적인 CEO는 실격이다. 실패하기 쉽기 때문이다. 너무 낙관적인 장군은 조심성이 없고, 적을 과소평가하여 자기 군대를 패배로 몰아간다. 그 대가는 너무나 크다.

현실적인 사람은 잠재적인 문제를 예측하고 어려움을 현실적으로 대비한다. T. 분 피큰스 2세는 대부분의 지질학자들이 너무 낙관적인 게 문제라고 했다. 거대 재벌의 후원을 받지 않는 독립 석유업체로서 그는 시추 사업에 훨씬 실용적으로 임해야 했다.

나도 젊었을 때는 낙관론에 곧잘 사로잡히곤 했다. 뭔가 나쁜 결과가 있으리라는 생각조차 참지 못했다. 누군가 최선과 최악의 시나리오를 비교해야 한다는 말만 해도 반발했다. 사실 나는 '현실'을 있는 그대로 마주하기가 두려웠던 것이다. 그 대신 나는 '상상만 하면 다 되는' 가짜 세상에 살려고 했다.

적극적 사고방식의 좋은 점은 모든 것을 손이 닿는 곳에 있는 것처럼 볼 수 있게 해주는 데 있다. 반면 악운의 가능성에 대한 예측은 부정적으로 생각하는 사람만의 자산이다.

이제 나는 현실적 사고가 부정적 사고가 아님을 알고 있다. 그것은 긍정적 사고이다. 유람선 선장이 승객들에게 긴급 시 행동 요령을 전달하는 것은 부정적 사고의 산물이 아니다. 그는 결코 배를 가라앉히고 싶지 않다. 단지 현실적으로 생각하고 유비무환을 실천할 뿐이다.

대형은행에서 기업대출을 맡고 있는 길버트는 열정에 가득 찬 대출 희망자보다 현실적인 사람과 일하기를 선호한다고 말한다. 현실적인 대출 희망자는 이러저러한 어려움이 있음을 잘 알며, 여러 난관을 각오하고 있다. 하지만 지나치게 열정이 넘치는 사람은 사업 확장에 따르는 실제적 문제들을 과소평가한다.

부정적 성향을 성공의 발판으로 삼아라

남들의 성공이 부럽고 샘난다면, 그런 부정적 감정을 없애려고 애쓰지 마라. 그 대신 그 감정을 이용해 생활의 활력을 얻어라. 남들의 업적이 부럽고 샘날 때, 우리는 스스로를 살펴 어떻게 그들을 능가하여 이번에는 그들이 이쪽을 샘내도록 만들까 궁리해야 한다.

누군가 자신에게 부당한 짓을 해 화가 났다면, 최대의 복수는 자신의 복수심을 부채질하여 그보다 위에 서는 원동력을 얻는 것이다. 잘 사는 게 최대의 복수다.

탐욕이 일어나는가? 더 크게 일어나게 하라. 아는 한 가장 탐욕스러운 사람이 돼 보라. 다만 물질에 대한 탐욕을 넘어서라. 물질에 대한 탐욕을 성공에 대한 욕망으로 바꾸라. 또한 세상의 섭리를, 창조자를 알고 싶다는 탐욕을 품어라.

잔걱정이 끊이지 않는 성격이라면, 걱정에서 행동으로 에너지를 변환하라. 걱정해봤자 운명을 바꿀 수는 없다. 하지만 노력에는 운명을 바꿀 수 있는 힘이 있다. 걱정은 행동에 동기를 부여하는 힘이 될 수 있다. 자신의 결점이 무엇이든, 그것을 이용해 자신을 향상시키는 법을 배우라.

영화나 연극 계통에서 일하는 사람들은 대부분 비즈니스계 사람들보다 솔직하며, 자신의 개인적인 '결함'을 숨기지 않는다. 가장 위대한 배우 중에는 스스로에 대해 불만으로 가득한 사람들이 있다. 바로 그러한 성향이 어떤 배역이든 소화하기 쉽게 만든다. 대부분의 사람은 '자기를 찾는 것'에 집착하지만, 이 스타들은 오히려 그것을 꺼린다. 묘하게도, 이와 같은 '결함'이 그들의 직업적 성공과 재정적 풍요에 보탬이 된다.

자신의 부정적 성향이 무엇이든, 그것을 진지하게 평가하라. 그 에너지를 적절하게 옮겨서 성공의 발판으로 삼을 방법을 강구하라.

남들의 부정적 성향을 이용하라

성공의 유일한 길은 남들에게 미움을 사는 것이다.

— 요제프 폰 스턴버그 Josef von Sternberg

"그것은 헛된 꿈에 지나지 않아. 너 자신을 봐…. 왜 현실을 바로 보지 못하니?"

남들이 너는 할 수 없다고, 그건 네 힘에 부친다고, 너는 몽상가일 뿐이라고, 시대착오자라고 하는 말을 들으면 우리는 마음에 상처를 입고 분노가 치민다. 그들의 부정적 에너지에다 그들에 대해 일어나는 부정적 에너지를 합해보자. 그러면 자신의 꿈을 이루기에 충분한 폭발적 에너지가 나온다. 다시 말하건대, 최선의 복수는 성공이다.

실패의 여지를 남겨 두라

J. D. 샐린저의 《호밀밭의 파수꾼》 끝머리에서, 홀든은 이렇게 말한다. "그걸 할 때까지 네가 무엇을 할지 어떻게 알지? 답은 이거야. 모른다는 거."

우리가 완벽한 인간이어서 언제나 당면한 현안이 무엇인지 알며, 결심한 내용을 늘 완전히 지킨다면, 우리는 엄청난 힘을 가질 것이다. 그러나 늘 "내일부터는 살을 빼야지" "내일부터 금연이다" "다시는 이걸 안 한다" 같은 결심을 해놓고 실천하기 힘들어하는 고민을 안고 있다면, 그건 우리가 대다수의 사람에 속한다는 의미이다.

아무튼 우리가 스스로 세운 결심을 못 지킬 때는 내심 불편함을 느끼게 된다. 묘하게도 우리는 일단 법을 만들고, 다음에는 그 법을 어긴다. 그리고 나서는 재판관이자 형 집행자가 된다. 우리는 스스로 불행의 근원이 되는 셈이다.

우리가 규칙을 세울 수 있다면, 그걸 없던 일로 하든가 다른 규칙으로 바꿀 수도 있다. 악은 규칙을 어기는 데 있는 게 아니라 스스로를 '가치 없는' 사람으로 판단하게 만드는 수치심과 죄책감에 있다.

후흑의 실천자는 자신의 부족함을 진심으로 받아들이고 인정한다. 그들은 수치심이나 죄책감에서 자유롭다. 자기가 세운 규칙을 깨 버리고 다른 것을 세우는 데 전혀 거리낌이 없다. 아무튼 원래의 규칙을 허물고 새로 만드는 일도 게임의 일부다. 마음은 원해도 육신이 약할 수 있다. 낙심하지 마라. 자신에게 실패할 수 있는 여지를 좀 남겨 두라. 그리고 남들이 실패할 때 그들과 공감하라.

적당한 비판과 극단적인 비판

나는 변변찮은 작가가 베스트셀러를 써 내고, 재능 있고 비범한 작가는 죽을 쑤는 모습을 봐왔다. 랜들은 영문학과를 나와 슈퍼마켓에서 일한다. 그는 문학에 대한 열정이 대단하며 재능도 있다. 다른 사람의 작품을 읽을 때 그는 극히 비판적이며, 이따위 작품은 종이가 아깝다며 극언을 서슴지 않는다. 하지만 그 스스로는 아무것도 쓴 게 없다. 뭔가 시작을 했다 해도 끝맺은 게 없다. 쓰다 보면 그게 좋은 작품이 아니며, 끝까지 쓸 가치가 없다는 생각이 드는 것이다.

랜들이 작품을 완성시키지 못하는 진짜 이유는 그가 남들의 작품에 혹독히 비평하듯 자기 작품도 남들에게 그런 취급을 당할 거라는 두려움 때문이다. 적당한 비판은 높은 수준의 직업적 기준을 유지하는 데 긴요하다. 그러나 창조성 자체를 위축시킬 만큼 지나치다면, 그런 식의 자기 비판은 해롭다. 후혹의 방패를 사용해 있을지 모르는 비판에서 스스로를 지키며, 자신의 작품을 세상에 내놓으라. 그 작품이 얼렁히 수용되면 얼마나 놀랍고 기쁘겠는가.

약속은 더 적게 하라

남과의 약속을 잘 지키지 못하는 사람이라면, 분위기에 떠밀려서 하는 약속은 절대 하지 않는다는 규칙을 세워라. 자신의 결점에 대해 스스로에게 솔직해져라. 그러면 약속을 어김으로써 스스로 마음이 상하고 자신의 개인적, 직업적 평판이 손상되는 일을 피할 수 있다.

내 친구 하나는 항상 그렇게 했다. 그는 절대 뭔가에 '자발적으로' 동의하지 않는데 꼭 나중에 후회가 되거나, 혹은 약속을 충분히 지키지 못하는 경우가 생기기 때문이었다. 어떤 경우든 그는 '예스' 라고 말하기 전에 모든 것을 신중하게 살펴볼 것이다. 중요한 약속을 적게 하되 꼭 지켜나간다면, 약속을 반드시 지키는 믿을 수 있는 사람이라는 평가를 얻게 된다.

일 미루기의 긍정적 측면

인간의 성향 중 어떤 것도 완전히 나쁘거나 좋은 건 아니다. 가장 큰 단점으로 여겨지는 일을 미루는 성향조차도 말이다. 미루기 역시 제대로 쓰이기만 하면 대단한 자산이 될 수 있다.

우리가 너무 빨리 움직일 때는, 때때로 중립 지대로 물러서기 위해 앞서의 행동 결과를 물려야 할 경우가 있다. 때때로, 성급하게 조치를 취하지 않음으로써 생각을 정리하고 숙성시킬 수 있다. 확실한 행동 절차가 정해졌을 때만 움직이는 것이다.

최근 나는 24시간 동안 한 고객에게서 서너 통의 전화를 받았다. 그런데 다음 날에는 전화가 없었다. 나는 직감적으로 그에게 전화를 빨리 걸 필요가 없다고 생각했다. 나는 하루 더 기다렸다. 마침내 통화했을 때, 그는 내가 곧바로 그에게 전화를 걸지 않은 게 다행이라고 했다. 그랬다면 감정이 상했을지도 모른다고 말이다. 그가 처음 전화를 걸어왔을 때, 그는 뭔가가 잘못되었다는 생각에 사로잡혀 있었다. 그러나 나중에 찬찬히 생각해 보니 자기가 착각한 것이었다. 내가 곧바로 그에게 전화를 걸었다면 그는 나중에 내게 사과를 해야 했을 것이고, 나는 당장 그의 성질을 받아주어야 했을 것이다.

때때로 문제 그 자체에 해결의 실마리가 있는 경우가 있다. 하지만 그걸 억지로 풀려고 하면 더 꼬이게 된다. 그래서 때로는 잠시 일을 미루며 일이 저절로 되어가는 모양을 지켜볼 필요가 있다.

비일관성의 미덕

오직 평범한 자들만 늘 최선을 다한다.

— 장 지로두(Jean Giraudoux, 프랑스 소설가)

일관성이 반드시 미덕인 것은 아니다. 우리가 회계 담당만 아니라면 말이다. 하지만 우리 사회는 일관성을 긍정적인 성향의 표본으로 삼고, 비일관성은 부정적으로 본다. 하지만 실제로는 일관성과 비일관성 모두 가치가 있다.

스스로 일관성이 없다고 한탄하고 있다면, 그는 자신의 미덕을 제대로 보지 못하는 것이다. 사실, 신조차도 그다지 일관성이 없다. 우기에 가뭄이 들고 건기에 홍수가 난다. 그 비일관성의 힘 때문에, 우리는 신을 무서워하며 그를 '달래려고' 계속 기도한다.

인간이 항상 일관되게 행동한다면 세상은 어떻게 될까? 늘 같은 음악을 듣고, 같은 그림을 보고, 같은 건축양식의 건물에서 살고, 같은 패션의 옷을 입고, 같은 영화를 보며, 같은 책을 읽는다면? 시도 소설도 발전할 수 없을 것이다. 비일관성은 세상을 항상 새롭게 한다. 더욱이 비즈니스에서는 우리의 비일관성 때문에 경쟁자들은 늘 긴장하게 된다. 결혼 생활에서도 비일관성은 배우자를 매료시키고 관계를 새롭게 만든다.

옛 일본에서 무사의 가장 큰 명예는 전쟁터에서 죽는 것이었다. 14세기 일본에서 한 무사는 왕이 일으킨 싸움에 출정했다. 그는 그 전쟁의 목적이 옳지 않고, 그래서 민초들의 지지를 받지 못함을 알고 있었다. 그는 또한 전쟁은 패하게 되어 있고, 자신 또한 죽음을 피할 수 없다는 걸 알았다. 하지만 그는 충성심에 따라 출정했다.

무사의 아들로서 본분을 다하기 위해, 그의 열세 살짜리 아들이 전쟁터로 따라왔다. 그러나 그 무사는 아들에게 집으로 돌아가라고 했다. 아들은 무사도에 따라 아버지를 수행하겠으며 아버지와 같이 죽겠다고 애원했다. 무사는 무사도를 더럽힐 것이냐, 하나뿐인 아들을 죽음으로 내몰 것이냐를 놓고 선택해야 했다. 후자를 선택할 경우, 그의 아들은 불의한 전쟁에서 개죽음을 당하게 된다.

무사는 아들에게 떠나라고, 그리고 자라서 변화를 지켜보라고 했다. 그 옛 무사는 아들을 살려서 그가 장성하여 삶을 만끽할 수 있게 했으며, 그것은 곧 무사도의 일관성을 파괴한 결과였다.

부정성과 창조성

어떤 성향은 완행열차 같아서 항상 꾸준한 속도로 움직인다. 또 어떤 성향은 로켓 같아서, 높이 치솟다가 사라져 버린다. 이 두 성향은 모두 필요하다. 사실 규칙적이고 안정적인 사람이 위대한 일을 이루는 경우는 별로 없다. 이와 달리, 부정적이고 신경질적인 성격은 위대한 자산이 될 수 있다.

높이뛰기 선수는 높이 도약하기 직전에 무릎을 굽히고 몸을 낮춘다. 높이뛰기 선수처럼, 어떤 사람들은 중요한 도약을 앞두고 무기력한 한때를 보낸다. 곰과 뱀은 겨울잠을 자고 나서 활발히 움직인다.

어떤 사람들에게 침묵과 휴식의 시기는 높은 창조력을 발휘하기 위한 필수 조건이다. 중요한 점은 부정적 성향을 그대로 받아들이고 자책하지 않으며, 그것을 활용해 자신을 향상시키는 데 있다. 자신의 비생산성을 즐기자. 그것이 생산성의 일부이기 때문이다. 일단 영감이 떠오르면, 로켓처럼 치솟고 혜성처럼 반짝일 것이다.

유명한 미국 작가인 잭 런던은 이렇게 말했다. "나는 거대한 혜성이 되고 싶다. 내 안의 모든 원자를 태워 거대한 불꽃이 되어 사라지고 싶다. 무기력하고 변함없는 행성이 되고 싶지는 않다."

신경증과 불안

오늘날 우리 사회에서는 자신감을 드러내 보이는 일이 매우 중시된다. 스스로를 완벽하게 확신하는 사람을 보는 건 즐겁다. 그런데 만약 자신이 그중에 끼지 못한다고 낙심하지는 마라. 낙심하지 않을 수 있는 비결은 속임수에 있다. 남들이 거짓말을 눈치 못 챌 만큼 완벽하게 속이는 것이다.

이제 최고의 비밀 하나를 공개하겠다. 오직 바보와 성자만이 스스로에 대해 완전하고 절대적으로 확신한다. 나머지는 거짓으로 자신만만한 척할 따름이다. 다만 어떤 사람이 더 잘 속일 뿐이다.

완전한 바보만이 우주의 방식에 무지할 수 있기 때문에, 그 행복한 무지 속에서 안전한 확신감을 느낀다. 하지만 그렇지 않은 우리의 내면에는 항상 우리를 둘러싼 상황보다 훨씬 더 위대하다는, 의심이 들어와 있다. 우리는 누구이며 무엇이 될 수 있는가. 사실 그 잠재력이 너무나 커서 우리는 아직 그 표면을 건드리는 것조차 시작하지 못했다. 우리는 마음과 영혼으로 모든 공허함을 만질 때까지 우리 안에서 확신을 찾을 수 없다는 것을 알고 있다. 그때까지 우리는 어느 정도는 거짓 자신감을 내보여야 한다.

부정적 성향 때문에 문제가 생기는 게 아니다

우리는 종종 자신의 부정적 성향 때문에 일을 망쳤다고 푸념한다. 그러나 사실 문제는 부정적 성향 때문에 생기는 게 아니며, 마음이 내키지 않는 일을 하다 보니 부정적 성향이 나타나게 된 것이다.

얼마 전에 나는 파트너와 함께 새로운 발명에 대한 특허 검색 작업을 했다. 그런데 그 검색 작업이 영 내 마음에 내키지 않았다. 나는 내가 너무 이기적이고 파트너를 제대로 돕지 않는 것 같아 부끄러웠다. 그래서 내가 왜 이렇게 행동하는지에 대해 자문했다. 그리고 내가 일하기를 꺼리고 게을러서 그런 게 아님을 깨달았다. 나는 기꺼이 일하고 싶었지만 '그 일'만큼은 하기가 싫었던 것이다. 반복적이고 수치적이며 규칙적인 그런 일은 천성적으로 나와 맞지 않았다. 나는 게으르지도 이기적이지도 않다고 스스로 결론 내렸다. 내 성향에 맞는 일을 할 때는 수고롭지도 않고 영감마저 느낄 수 있다. 결국 나는 특허 관련 대리인을 고용해 그 일을 맡겼다.

자신의 부정적 성향으로 이득을 보라

지난번에 호주를 여행할 때, 동물원에 들렀다가 호주 웜뱃wobat에 홀딱 반하고 말았다. 그 놈은 큼직한 가죽공같이 생겼고, 짧은 다리로 느릿느릿 움직였다. 가죽은 두껍고, 털도 빽빽하고, 배는 튀어나오고, 하루종일을 먹고 자면서 보냈다. 웜뱃이 사랑스러운 이유는 등을 대고 발딱 누워서 사람이 그 볼록한 배를 만지게 두기 때문이다. 그런데 갑자기 나는 이 녀석이 어떻게 야생에서 포식자들을 피할 수 있는지 궁금해졌다.

나는 미국에 돌아와 웜뱃에 대해 조사해보았다. 웜뱃은 자신의 결점을 모른다. 누구도 그 녀석에게 "살 좀 빼서 날렵하게 싸울 수 있도록 해"라고 충고하지 않는다. 그러나 웜뱃은 자신의 모든 '부정적 성향'을 활용해서 스스로를 지킨다. 포식자가 다가오면, 웜뱃은 작은 동굴 안으로 기어 들어간다. 그리고 몸을 둥글게 말아 털난 가죽공처럼 만들고, 털이 잔뜩 난 딱딱한 등가죽을 팽팽히 긴장시킨다. 그러면 포식자의 이빨이 살에 깊이 박힐 수 없다. 동시에 포식자가 웜뱃을 물어뜯으려고 동굴로 머리를 밀어넣으면, 웜뱃은 그 뚱뚱한 몸뚱이를 쫙 펴서 포식자의 머리를 동굴 윗벽에 짓찧는다.

자신의 부정적 성향이 무엇이든, 그것을 써서 이득을 보라. 만약 그것이 앉아서 줄창 책만 읽기 좋아하는 것이라면, 종일 책만 읽으면서도 돈을 벌 수 있는 방법을 찾아보라. 출판사나 도서관에서 일하거나, 책 비평가가 될 수도 있다. 자신의 부정적 성향이 식탐이라면, 음식을 중심으로 직업을 알아보라. 요리사가 될 수도 있고, 음식

칼럼을 쓸 수도 있다. 또 영화를 지나치게 많이 보는 게 부정적 성향이라면, 발상의 전환을 해서 영화 쪽에서 먹고살 길을 알아보라. 지신이 특별히 빠져 있는 '부정적 성향'에 맞는 일자리를 얻을 수 없다면, 아무도 생각하지 못했던 새 직업을 직접 만들라.

전설적인 야구 감독 조지 '스파키' 앤더슨은 한 라디오 방송과의 인터뷰에서, 자신의 결점이 야구는 훤히 아는데 그걸 실전에 옮기지 못하는 점이었다고 밝혔다. 그래서 '스파키' 앤더슨은 선수로서 별빛을 보지 못했고, 대신 지도자로 방향을 바꾼 결과 전설적인 야구 감독이자 코치가 되었던 것이다. 소위 부정적 성향 안에는 펼쳐지기만을 기다리는 숨겨진 자산이 있다. 그 자산을 허락한다면 부정적 성향은 스스로 그 값을 지불할 것이다. 삶의 신비는 우리 본성의 신비 속 구석구석에 숨어 있다. 웜뱃의 지혜를 생각해보라.

부정적 성향이라는 유령

맹목적인 변명

우리의 부정적 성향이나 결점에는 아무 문제가 없다. 우리는 남들로부터 부정적 성향이 우리 발목을 잡을 거라는 말을 곧잘 듣는다. 그래서 우리는 눈이 멀어 부정적 성향 속에 있는 가능성을 보지 못하게 된다.

부정적 성향이라는 유령은 실제 자신의 부정적 성향과는 상관없다. 문제는 자신의 부정적 성향을 실패의 원인으로 너무 쉽게 돌려

버리는 나쁜 버릇이다. "도대체 나는 원래가…" 자신의 부정적 성향에 대해 충분히 숙고해본다면, 그것이 사실은 일에서나 일상에서나 아주 중요한 자산이 된다는 것을 깨닫게 될 것이다.

판단의 문제

자신의 느낌, 감정, 행동을 남들의 기준에 따라 부정적이라고 낙인찍기 시작하면 우리는 타인의 기준으로 자신을 판단하는 게 된다. 그것이야말로 문제다. 모든 부정적 성향의 문제점은 그 성향 자체에 있지 않고, 부정적이라는 판단에 있다. 이 판단은 죄책감, 수치심 등을 바람직하지 못한 형태로 유발한다.

미국에서는 오후가 다 되어 일어나는 사람을 게으르다고 평가하는 경향이 있다. 하지만 늦게 일어나는 사람은 늦게 일어나는 사람일 뿐, 다른 의미는 없다. 그런 사람은 자기 수면 리듬에 맞는 일자리를 찾아야 할지 모른다. 하지만 다른 사람들의 판단에 따라 스스로를 게으름뱅이라고 생각해 버린다면, 죄책감과 수치심에 덧붙여 해결해야만 할 아주 무거운 과제까지 지게 되는 것이다. 더 나쁜 것은 결국 스스로를 대책 없는 실패자로 규정지을 수 있다는 점이다.

스페인의 위대한 화가 살바도르 달리는 며칠 동안이나 한잠도 안 자고 작업을 하고는 며칠, 심지어는 몇 주 내내 잤다. 그는 어떤 때는 놀랄 만한 생산력을 보여주고, 또 어떤 때는 쉬거나 놀 뿐이었다. 윈스턴 처칠도 올빼미족이었으며, 종종 오후에 잠을 깼다. 〈플레이보이〉를 창간한 휴 해프너는 밤에만 일하는 것으로 유명하다.

결국 늦게 일어나는 것이 나쁜 게 아니고, 늦게 일어나는 것에 대한 판단이 나쁘다. 자신을 남들의 판단에서 보호해야 하며, 그러기 위해 '낯 두꺼움'의 방패를 사용하라. 후흑으로 지신을 비난, 자책, 수치심에서 보호하고 초연한 태도를 갖도록 하자.

긍정적인 부정

부정적인 성향을 극복해 긍정적인 사람으로 변하려고 지난 수년간 썼던 에너지를 자신의 꿈을 이루는 데 썼다면 지금쯤 훨씬 앞서 있을지 모른다.

그토록 오랫동안 긍정적인 인간이 되겠노라고 보여준, 하지만 너무나 쉽게 원래의 모습으로 되돌아간 그 확고한 결심을 보라! 그 결심의 방향을 돌려 성공의 밑거름을 키우는 힘이 되게 해보라.

자신의 의지력을 실감하고, 목표를 자신의 부정적 성향에서 다른 곳으로 돌린다. 자신을 뜯어고치기보다는 자신의 꿈을 좇고 결코 희망을 버리지 마라.

인생이란 비현실적이고 비이성적인 것들로 가득하다. 후흑의 실천자는 그 점을 잘 알고 있다. 자신의 꿈과 희망으로 인생을 저어갈 보트를 만들자. 그리고 힘차게 저어가자. 우리가 창조되었을 때, 우리는 무한한 자원을 받았다. 그것은 끊임없이 솟아나는 희망이다.

자신의 부정적 성향을 그대로 두라. 그리고 본업에 몰두하라. 에너지를 희망의 불꽃에 집중시켜라. 그렇게 하여 부정적 성향을 가진 긍정적인 사람이 되어 보자.

- 생긴 대로 성공하라. 성공은 어떤 길로도, 어떤 형태로도 이루어질 수 있다. 성공은 가장 긍정적인 사람도, 가장 부정적인 사람도 거둘 수 있다. 직극적 사고방식을 부르짖는 사람들은 성공이 사람을 가리지 않는다는 사실을 미처 생각하지 못했다. 성공이란 긍정적이든 부정적이든 성격을 따지지 않고 달성할 수 있다.

- 잘 생각해보면, 자신의 부정적 성향이 직업적 성공의 가장 큰 자산임을 발견할 수 있다.

- 자기 내면의 목소리를 부정하는 데 에너지를 낭비하지 마라. 그 목소리를 무시함으로써, 이런 말의 덫에 걸리지 않을 수 있다. "성공하려면 먼저 변화해야 한다."

- 부정적 생각은 상상하는 것만큼 강력하지 않다.

- 무엇이 부정적 사고인가? 그 기준은 사람들이 제멋대로 정한 것이며, 돌에 새긴 계명이 아니다. 그 기준은 시대와 문화에 따라 달라진다. 일정한 시대에 긍정적으로 여겨지던 것이 다른 시대에서는 부정적으로 여겨진다.

- 자기 자신이 세운 원칙을 깼다고 그렇게 나쁘다고 볼 수는 없다. 우리가 만들었으니 내일 우리가 폐지하고 새로 만들 수도 있다. 문제는 규칙을 깨는 데 있지 않다. 스스로 죄책감과 수치심을 느끼고 스스로를 '가치 없다'고 생각하는 데 있다.

- 어느 것도 완전히 나쁘거나 좋은 것은 아니다. 특히 가장 큰 단점으로 여겨지는 미루는 성향마저도 제대로만 사용되면 큰 자산이 될 수 있다.

- 일관성이 반드시 미덕인 것은 아니다. 우리가 회계 담당만 아니라면.
- 높이 뛰려면 뛰기 직전에 무릎을 굽히고 몸을 낮춰야 한다. 높이뛰기 선수처럼, 어떤 사람은 중요한 도약을 앞두고 무기력한 한때를 보낸다.
- 어떤 사람에게는 침묵과 휴식의 시기가 높은 창조력을 발휘하기 위한 필수 조건이다.
- 우리는 종종 자신의 부정적 성향 때문에 일을 망쳤다고 푸념한다. 그러나 사실 우리의 문제는 부정적 성향 때문에 생기는 게 아니며, 마음이 내키지 않는 일을 하다 보니 부정적 성향이 나타나게 된 것이다.
- 자신의 부정적 성향을 긍정하고, 마음대로 단죄하지 마라. 오히려 그 안에서 성공으로 가는 추진력을 발견하는 게 중요하다.
- 모든 부정적 성향의 문제점은 그 성향 자체에 있지 않고, 부정적이라는 판단에 있다. 이 판단은 죄책감, 수치심 등을 바람직하지 못한 형태로 유발한다.
- 고치려는 생각이나 판단을 하지 말고 자신의 부정적 성향들을 점검해 보라. 그 부정적 성향들과 함께 살고 일하며, 그 속성들이 자신을 독특하게 만든다는 것을 알라. 긍정적인 부정적 성향을 가져라.
- 부정적 성향에 연연하느니 자신의 꿈을 좇아라. 그리고 절대 희망의 불꽃을 버리지 마라. 우리의 희망은 비현실적이고 비합리적일지 모른다. 하지만 희망을 버리지 마라. 자신의 꿈과 희망으로 인생을 저어갈 보트를 만들자. 그리고 힘차게 저어가자.
- 윔뱃을 기억하라.

저녁에는 울음이 깃들일지라도

아침에는 기쁨이 오리로다.

— 〈시편〉 30편 5절

6장

◆

인내의 놀라운 힘

진정한 끝은 한계에 도달하는 것이 아니라
한계가 없는 완성에 이르는 것이다.
—라빈드라나트 타고르

여러 해 전 어느 날 아침, 나는 지독한 고독감에 사로잡힌 채 잠에서 깨어났다. 마치 내 영혼이 짙은 먹구름에 겹겹이 싸인 것 같은 느낌이었다. 나는 산다고 살아왔지만 세상에 아무런 영향도 미치지 못했다. 어머니인 대지大地를 위해 아무런 기여도 하지 못한 것이다. 내가 이룬 것은 세상이 던져준 것을 그저 주운 것에 지나지 않았다. 사상의 영역에서 나는 아무런 업적도 세우지 못했고, 그 어떤 성취도 자랑할 수 없다. 나는 내 영혼의 구덩이 속에서 홀로 몸부림치고 있을 뿐이다.

나는 내가 없어도 세상은 잘 돌아갈 거라는 느낌을 받았다. 아무 희망도 없고, 절망만 느껴졌다. 그러다가 나는 여러 해 전에 샀지만

한 번도 펼쳐 보지 않았던 책을 집어 들었다. 장자莊子의《남화진경南華眞經》이었다. 장자는 2200여 년 전 중국의 위대한 사상가였다. 책의 첫 장인〈소요유逍遙遊〉편을 읽기 시작하는데 눈물이 흘러나왔다. 나라는 인간의 존재 깊숙한 곳에서 솟아난 눈물이었다. 장자의 그 짧은 이야기 속에, 바로 그때 그 순간 내 마음의 비밀이 드러나 있었다.

소요유, 붕새 이야기

〈소요유〉는 이렇게 말한다.

"북해에 곤이라는 물고기가 사는데 몸길이가 수천 리나 된다. 곤이 변해서 붕새가 된다. 붕새도 몸길이가 수천 리이며, 날개를 한번 펴면 구름이 하늘을 뒤덮은 듯하다. 붕새는 대해 위를 날아 남쪽으로 천지天池까지 간다.

붕새가 남해로 날아갈 때는, 수천 리에 걸친 그 거대한 날개로 물을 치다가 먼저 회오리를 일으키며 구만 리에 이르도록 솟아오른다. 그 높이까지 솟아오르는 데 여섯 달이 걸리고, 그때 비로소 붕새는 날 준비를 한다. 이제 붕새는 푸른 하늘로 날아올라 유유히 움직이나, 거침없이 남쪽으로 날아간다. 이런 거대함에 비해 아침의 안개, 먼지, 미물 따위가 감히 어찌 비교되겠는가?

물이 충분히 깊지 못하면, 큰 배가 다닐 수 없다. 얕은 바닥에 물 한 잔만 부어도 갈대는 배처럼 떠다닐 수 있다. 하지만 그 물에 잔을 띄우면, 가라앉을 것이다. 마찬가지로 바람이 충분히 불지 않으면,

큰 날개를 받쳐주지 못한다. 구만 리에 이르도록 솟아야 붕새가 날아오르기에 바람이 충분해진다. 그렇게 붕새는 위대한 여행에 나선다.

매미가 이 이야기를 듣고 비둘기에게 이렇게 말했다. '내가 날 때는 금방 느릅나무까지 날아오르지. 때때로 못 미쳐서 땅에 떨어질 때도 있어. 하지만 확실히 전진은 하지. 그런데 왜 붕새는 구만 리나 높이 솟도록 애쓰면서 한 걸음도 앞으로 못 나가는 걸까?'

사람이 근처 숲으로 갔다가 몇 시간 후에 돌아올 때는 따로 식량을 챙기지 않는다. 그러나 백 리의 여정에 나설 때는 하룻밤 묵으며 먹을 식량을 지참한다. 천 리 길을 떠날 때는 석 달의 여행에 필요한 식량을 챙긴다. 매미와 비둘기 따위가 그런 일을 어찌 알겠는가? 매미는 봄과 가을도 모른다. 일찍 죽기 때문이다."

이 이야기의 의미에 대해 숙고하며, 나는 사람이 인생에서 더욱 큰 성취를 앞두고 있을 때는 그런 여행에 필요한 준비가 오래 걸릴 수 있음을 깨달았다.

가고자 하는 방향으로는 한 걸음도 못 나가며 위로만 솟아오르는 동안 붕새는 잡새나 곤충들의 비웃음을 받지만, 계속해서 날개를 쳐서 대기권을 벗어난 높이까지 올라간다. 잡새들이 참 멍청하다며 붕새를 비웃지만, 이제 붕새는 그 거대한 날개를 펼치고 거침없이 남행하여 천지에 이른다.

우리는 뜻한 바를 이루기 위해 붕새처럼 오래 참으며 힘을 길러야 한다. 남들이 비웃고 헐뜯더라도 말이다. 후흑으로 무장하라. 그리고 우리도 위대한 승리의 여정을 시작하기 전에 구만 리 장천으로 날아오르는 것이다.

승패는 점수를 어떻게 매기느냐의 문제다

우리는 보통 시간으로 승자를 판단한다. 남들보다 빨리 뛴 경주마가 승리한다. 주어진 시간에 시험을 끝낸 학생이 높은 점수를 받는다. 학생이 아무리 많은 지식을 갖고 있어도, 정해진 시간 안에 지식을 종이 위에 풀어놓지 못하면 점수로 이어지지 않는다.

이렇게 우리는 얼마나 빨리 가시적인 성과를 내느냐에 따라 성공과 승리를 판단한다. 시간을 두고 내실을 기하도록 관대함을 보여주는 경우는 거의 없다. 비록 그런 과정을 통해 더 큰 성과를 얻을 수 있더라고 말이다. 붕새와 같이, 우리는 지금 당장의 실패와 어리석음을 보고 비웃는 잡새들의 조소를 인내해야 한다. 2000년 전에 살았던 장자는 비범한 비전을 가진 특별한 인간이 겪어야 하는 어려움을 이해하고 있었다. 그리고 기술이 눈부시게 발전한 2000년 뒤, 인간의 마음은 똑같은 고통을 겪고 있다. 다행히도, 사람의 궁극적인 성공 여부를 재는 시간은 죽음의 순간이다. 이 경우에 시간은 우리 편이다. 붕새와 같이 자기 완성을 위한 시간을 참고 견딜 힘이 있는 한, 궁극적인 성공은 끝까지 인내하는 자의 몫이다.

실패는 성공의 어머니이다

실패에 능숙한 사람은 파멸하지 않는다.
— 태공망(太公望, 강태공)

"실패는 성공의 어머니이다."

모든 중국 사람은 초등학교에서 그 속담을 배운다. 나는 아직도 1학년 때 이 말을 배우며 들었던 노래의 가락과 운율을 또렷이 기억한다. "좋은 말이 있어요. '다시 해봐요.' 한 번 두 번 실패했나요. 다시 해봐요. 의지가 굳세질 거예요. 인내심이 강해질 거예요. 두려워하지 말고, 용감해져요. 다시 해봐요." 나는 나이가 들면 들수록 이 단순하지만 심오한 지혜에 감탄한다.

다음은 한 남자의 인생 이야기이다. 그는 21세 때 사업이 망했다. 22세 때는 시의원 선거에 떨어졌고, 24세 때는 또 사업이 망했다. 26세 때는 연인이 죽었고, 그 때문에 거의 사람이 망가질 뻔했다. 그리고 27세 때 신경쇠약에 걸렸다. 34세 때는 하원의원 선거에 떨어졌으며, 2년 뒤 또 떨어졌다. 45세 때는 상원의원 선거에 떨어졌다. 그리고 2년 뒤에는 부통령이 되려 했던 소망이 좌절되었다. 49세에 다시 상원의원에 도전했고, 역시 떨어졌다. 마지막으로, 52세가 되었을 때, 그는 미국의 16대 대통령이 되었다.

그는 에이브러햄 링컨이다.

링컨 대통령은 내가 동서고금의 인물들 중에서 가장 존경하고 숭배하는 사람이다. 가까운 친구들까지 선거에서 자신을 외면했을 때, 링컨은 무너질 수 있었다. 그러나 실망할 때마다 그는 그 실망에서 용기를 짜내어 자신의 운명을 향해 뚜벅뚜벅 걸어갔다. 그는 자신의 패배를 두고 농담을 즐겨했다. 이런 식이었다.

"뭐, 꼭 발가락을 부딪친 꼬마 같아졌군. 웃어넘기기엔 너무 아프고, 울기에는 쪽팔리고 말이지."

참음으로써 참다

어려움을 이해하고, 고난을 견디고,

위험을 예견하고, 모욕을 참는 사람,

그런 사람이 된다면, 그는 당연히 성공하리라.

— 중국 격언

한 동양 고전에서 어느 젊은이가 노인에게 이렇게 질문했다. "어떻게 참으면 좋지요?" 노인은 대답했다. "참음으로써 참을 수 있네." 이 간단한 대답은 내 마음에 남았다.

아시아인은 참 잘도 참는다고 말하는 사람이 많다. 사실 아시아인의 미덕은 참는 데 있지 않다. 견딜 수 없는 것을 견디는 힘이 아시아인의 진정한 저력이다.

인내와 후흑

우리의 문명, 우리의 문화, 우리의 독립은

우리의 욕구를 늘리는 자기 탐닉이 아니라,

우리의 욕구를 제한하는 자기 부정에 달려 있습니다.

— 마하트마 간디

무엇이 위대한 사람을 위대하게 만드는가? 그들이 용을 죽이는 성 조지St. George처럼 빛나는 갑옷을 두른 기사의 이미지를 갖고 있기 때문이 아니다. 그런 이미지는 기업 조직의 사다리를 오르고 있는 임원들에게 사랑받아 왔다. 하지만 진정 위대한 사람은 견딜 수 없는 고통을 견디고, 참을 수 없는 것을 참는 법을 아는 사람이다.

좋은 시절에는 누구나 잘나갈 수 있다. 진짜인지 그냥 그런 이미지만인지 구분할 수 있는 때는 어려운 시기이다. 도전과 고난 속에서, 참음으로써 참는 자가 진짜다. 인간의 정신은 스스로 승리를 거두는 것이다.

후흑은 실패에 대한 조롱과 좌절을 견디고 그것을 발판으로 자신의 운명을 향해 다시 도약할 수 있게 도와주는 기반이다. 에이브러햄 링컨은 말했다. "정의가 힘이라는 믿음을 가집시다. 그리고 그 믿음으로 우리가 마지막까지 우리가 아는 의무를 다할 수 있도록 합시다."

참을 수 없는 것을 참을 수 있는 힘과 용기는 후흑의 힘에서 나온다. 모든 위인은 그 힘을 가진 사람들이었다. 후흑은 외적 행동이 아니라 내면의 상태이다.

링컨의 후흑

아마도 미국사 최고의 위인일 링컨은 후흑을 완벽하게 이해하고 있었다. 그는 소심하고, 수줍음 많고, 비관적이고, 음울하고, 비밀이 많고, 당당하지 못하고, 자신감이 없고, 자신이 급사하거나 심지어 미치지 않을까 하는 불안감에 싸여 있었던 사람으로 곧잘 묘사된다.

상류 사회의 모임에서는 편치 못했고, 그의 에티켓은 수준 이하라고 평가되는 일이 많았다.

이 모든 조각을 하나로 맞춰보면, 직업적·개인적 생존에 급급한 불운하고 음울한 사람의 모습이 나온다. 20세기의 자기계발서 작가들은 모두 링컨 같은 사람을 잠재 독자로 생각하고 책을 썼다는 느낌이 든다. 그러나 사실 링컨은 후흑에 통달해 있었다.

초연함

링컨의 일생은 자신이 별 볼 일 없는 사람이라는 강박관념에 대한 투쟁이었다고 할 수 있다. 모두가 평등하게 창조되었다고 하는데, 아마 신께서는 링컨의 생애 초반에 대해서는 너무 인색하셨던 것 같다. 링컨은 어릴 때부터 지독한 가난에 뒤따르는 주변의 모욕과 생활의 불편에 익숙해져야 했다. 그는 스물한 살 때 아버지의 집을 나오기까지 집에서 일하는 말과 별다를 것 없는 생활을 했다.

링컨은 집을 떠난 후 다시는 돌아가지 않았다. 그 당시 링컨은 자신이 인생에서 뭘 이루고 싶은지 몰랐을 수 있다. 그러나 스물한 살 때까지의 삶을 자신의 운명으로 받아들이려 하지는 않았다.

링컨은 결혼식 때 아버지 토머스 링컨을 초대하지 않았다. 또한 자기 가족들이 아버지를 방문하지도 못하게 했다. 1851년, 근처 일리노이 카운티에서 아버지가 돌아가셨을 때도 링컨은 장례식에 참석하지 않았다.

어떤 역사가들은 링컨이 아버지의 무식함을 아주 혐오했다고 본다. 그러나 나는 링컨이 자신의 인생 목표를 위해 직감적으로 정한 원칙에 충실했다고 생각한다. 아버지가 만든 환경은 정신적으로나 물질적으로니 사람을 키우기 위한 것이 아니었다. 어린 링컨은 가정의 보호를 받지 못한 채 변경지대의 혹독한 환경에서 자라야 했다. 변경지대보다 더 혹독했던 것은 가난이었다.

링컨은 21년간 자기 의무를 다했다. 아버지에게 할 도리는 다한 셈이다. 링컨 부자는 서로에게 아무 빚이 없었다. 링컨은 스물한 살 이후 아버지를 다시는 안 봤지만 그 어떤 죄책감과 악의도 가지지 않았다. 참 냉혹하다고 말할 사람이 있을지 모르지만, 후흑을 이해하는 사람이라면 링컨이 자신의 운명에 충실했음을 알 것이다.

링컨은 초연함의 힘을 갖고 있었다. 그는 아버지의 환경이 내포한 위험을 알았고, 아버지와의 관계에 대한 남들의 판단에서 스스로를 지켰다. 링컨은 후흑의 힘을 갖고 있었다. 그는 그것을 생애에 걸쳐 보여주었다. 그는 항상 작은 것을 버리고 큰 것을, '정당한' 목표를 붙잡았다.

자신의 이해관계를 지키다

변호사로서, 링컨의 보수는 공정하고 합리적이었다. 그러나 그는 일에 대한 보수가 곧바로 주어지기를 바랐다. 고객이 지불을 거부하면, 링컨은 보수 청구 소송을 제기했다. 그는 자기 이익을 챙길 줄 아는 주도면밀한 전사였다.

비신앙인이라는 낙인

링컨은 매우 종교적인 사람이었으나 교회는 다니지 않았다. 그는 볼테르나 토머스 페인 같은 자유사상가들의 책을 읽었다. 링컨은 '신앙심 없는 무종교인'이라는 낙인에 따르는 수모를 견뎌야 했다. 그 시대에는 자신의 도덕성을 널리 과시하는 일이 무엇보다 중요했다. 링컨은 그것을 자신의 내면에 묻어둘 용기가 있었으며, 남들의 판단은 그에게 영향을 미치지 않았다. 그는 진정 후안흑심의 사람이었다.

남북전쟁 당시의 인내심

링컨이 옛 친구에게 말한 바로는, 자신이 살면서 겪은 모든 고생과 근심은 남북전쟁 기간 중 그가 받은 반대와 비판에 비하면 아무것도 아니었다고 한다. 링컨은 그 압력이 너무나 커서 결코 빠져나가지 못할 것 같은 느낌이었다고 했다.

그러나 남북전쟁의 불길 속에서 링컨은 견뎌냈다. 링컨은 어려운 환경에서 자라나 후안흑심의 인간이 되었는데, 그것이 마치 나라의 가장 어려운 시기를 이끌어 나가기 위해 예비된 것처럼 보였다. 링컨은 산더미 같은 증오의 편지를 견뎌야 했으며, 그가 너무 어리석고, 대통령직에 부적합하며, 나라를 다시 통일시킬 능력이 없다는 험담은 전국에서 터져 나왔다.

그렇다. 링컨은 스스로에게 자신이 없었고, 경험이 부족했으며, 우울한 기질이었다. 그러나 그는 그 이상의 사람이었다. 그는 확고한 신념에 따라 움직이는 사람, 다시 말해서 후안흑심의 사람이었다.

무자비함

전쟁이 무자비해질수록 링컨 역시 무자비해졌다. 링컨은 말했다.

"필요 앞에는 법도 없다." 링컨은 잔혹한 전쟁 수단을 차례로 동원했다. 계엄령을 신포하고 군법회의에 민간인을 회부했다. 군법회의에서 민간인들은 배심원 없이 재판을 받아야 했다. 링컨은 최소 1만 4000명을 투옥시켰고, 그중에는 국회의원도 한 명 있었다.

이 문제로 비난을 받자, 그는 유일하게 후회되는 일이 로버트 리 장군을 체포할 기회가 있었을 때 그러지 못한 일이라고 대답했다.

시대를 위한 인물

에이브러햄 링컨과 같은 위대한 인물은 그 시대에 주어진 신의 선물이다. 링컨은 결코 자신의 우울한 기질로 인해 무력해지지 않았다. 오히려 그는 자신의 불우한 시절로부터 힘을 끌어냈다. 그는 성인이 될 때까지 견딜 수 없는 것을 견디면서 살아왔다.

그가 견뎌온 그 고난했던 삶은 그에게 나라 전체의 고난을 참을 수 있는 힘을 주었다. 그리하여 그는 자신의 힘을 토대로 나라의 가장 어려운 시기를 무사히 이끌 수 있었다.

스트레스 없는 인생은 없다

마법의 주문이나 알약이 있어서 인생의 모든 부정적인 경험들을 지워버릴 수 있다고 해보자. 그러면 얼마나 인생이 멋질까? 아무 걱정도, 스트레스도 없을 것이다. 그렇지 않은가? 그것이야말로 궁극적인 꿈이 아니겠는가?

하지만 그런 알약이나 주문이 존재한다고 해도, 그것이 우리를 행복하게 만들거나 스트레스를 없애지는 못할 것이다. 캘리포니아 버클리대학교의 연구팀은 우리 사회가 스트레스를 줄이려고 할 때 부정적인 경험을 없애는 데 얼마나 집중하는지 보여주는 연구를 통해 이 점을 뒷받침해준다.

인생에서 부정적인 경험을 제거하는 것만으로는 삶의 질이 향상되지 않는다. 인간은 자신을 긍정적으로 계발하기 위해 도전에 직면할 필요가 있다. 진정한 행복을 느끼는 유일한 방법은 그런 도전에 맞서 극복하는 것이다. 우리는 삶의 모든 면을 (심지어 부정적인 면까지도) 경험하고, 삶 그 자체에 올라탐으로써 살아 있음을 느끼고 싶어 한다.

인내, 위기, 기회

신은 내가 아는 중에서 가장 엄격한 과제를 내리시는 분이다.
그는 계속해서 과제를 내놓고 풀라고 하신다.
우리의 믿음이나 몸이 무너지고 있음을 깨달으면,
우리가 파멸하고 있음을 깨달으면, 그는 도움의 손길을 펼치신다.
그는 우리가 믿음을 잃지 말아야 함을 일깨우신다.
나는 최후의 순간에 임하여
단 한 번도 그가 나를 저버리신 적이 없음을 안다.
― 마하트마 간디

한자로 '위기危機'는 위험危과 기회機를 뜻하는 두 개의 글자로 이루어신다. 고대 중국의 현자들은 인생을 고찰하고는 위기의 진정한 본질은 감춰진 기회에 있음을 깨달았다. 이는 서양의 격언과도 통한다. "신은 문을 닫으실 때 다른 문을 열어놓으신다."

위기를 견뎌낼 힘이 없다면 그 속에 감춰진 기회를 잡을 수 없다. 기회가 드러나도록 하는 것은 인내의 과정에 달렸다. 기회란 항상 위기 상황에 존재하지만, 큰 위기에 압도당하면 우리 스스로의 감정의 노예가 되고 만다. 침착하게 참을 수 없는 것을 참다 보면 더 나은 대안의 기회가 스스로 모습을 드러낸다.

위기는 인생을 혁신할 기회를 가져온다

신의 인도는 종종 시야가 캄캄해졌을 때 나타난다.
— 마하트마 간디

우리는 더 나은 쪽으로의 변화를 환영한다. 그러나 그러한 변화는 종종 위장한 채 나타난다. 낡은 집의 경우처럼, 개혁하고 개조하려면 먼저 허물어뜨리는 일부터 해야 한다. 그리고 나서 다시 짓는 것이다. 그럴 때 집은 공포에 움츠러들지 않는다. 그러나 인생을 혁신할 때가 되면 우리는 공포에 사로잡혀 저항한다.

위기가 있을 때마다 우리 인내력을 시험해볼 수 있다. 변화에 따르는 감정의 격동과 혼란을 참아 낼 힘이 없다면, 재건의 가망도 없다.

인내는 쉬운 일이 아니다. 하지만 위기 극복에는 필수적 요소이다.

다음 실천 포인트들은 위기 상황에 특히 도움이 된다. 어려운 시기에 앞을 헤쳐나갈 수 있게 돕는 인내의 요소들을 포함하고 있다.

1. 저항을 멈추라

위기를 해결하기 위해 모든 수를 다 써본 후에는 다음 중 하나가 발생할 가능성이 높다. 하나는, 패배를 인정하고 자신이 처한 상황에 희생되는 느낌을 받게 된다. 다른 하나는 마침내 우리가 저항을 멈추고 우리가 '옳다'고 생각하는 대로 상황을 바로잡으려는 노력을 그만둘 만큼 충분히 똑똑해진다는 것이다. 우리는 용기를 내 두려움에 직면한다. 그럼으로써 우리는 새로운 가능성을 발견하게 된다.

물에 빠진 사람은 안간힘을 다해 발버둥친다. 그러나 밀려오는 파도의 힘이 너무나 강하다. 그는 살려달라고 외친다. 도와주러 사람들이 오지만 아무도 그를 구할 수 없다. 그가 발버둥을 멈추지 않기 때문이다. 스스로 저항을 포기하고 몸에 힘을 뺄 때라야 비로소 그는 구조될 수 있다.

2. 해결책이 저절로 떠오르도록 하라

위기에 처하면 우리는 물에 빠진 사람처럼 겁에 질려 쓸모없는 저항을 계속한다. 그러느라 신의 도움의 손길마저 미칠 수 없게 만든다. 위기 때마다 신의 도움은 항상 새로운 기회의 형태로 나타난다. 이 기회를 포착하는 길은 공포심을 다스리고 흐름에 따르며, 해결책이 저절로 떠오르도록 하는 것이다.

3. 고뇌와 슬픔에 뛰어들어 빠져나오라

비극이 닥쳐올 때는 '슬퍼하지 말고 마치 꿈인 것처럼 잊고 살아라' 같은 말은 아무 소용이 없다. 위대한 섭리의 눈에는 인생이 한갓 꿈이나 연극일지 모르지만, 우리는 악몽에 사로잡혀 있다.

그래도 스트레스가 몰아칠 때는 그 속에 뛰어듦으로써 슬픔을 극복하라. 고통을 있는 그대로 다 느껴보기 전에는 새로운 가능성을 찾기 어렵기 때문이다. 그러나 슬픔을 지나치게 탐닉하지는 마라. 불행을 자신의 비밀로만 간직하되, 오직 자신을 진심으로 지지해주는 사람들과만 그것을 공유하라.

월터는 1991년 12월에, 그러니까 크리스마스를 코앞에 두고 해고 통지를 받았다. 그는 사무실을 나오면서 미칠 것 같은 아픔을 느꼈다. 하지만 아내에게는 자신이 당한 일을 대담하고 담담하게 얘기하고 싶었다. 감정을 다스리는 '사나이'답게 행동하고 싶었던 것이다. 하지만 그의 아내 카렌은 그가 크게 상처받았음을 눈치채고 무슨 일인지 말해보라고 재촉했다. 그는 차마 말을 못하고 어물거리다가, 끝내 주체할 수 없는 눈물을 쏟고 말았다. 그는 평평 울면서 걱정거리를 쏟아놓았다. 일자리를 잃은 죄책감과 오랫동안 마음에 담아둔 문제들까지 전부 이야기했다. 그는 사흘 내내 울었다.

둘째 날, 잠 못 드는 밤을 보내고 나서, 그는 아침 6시에 골목 주류점을 찾았다. 지적으로 보이는 중년의 주류점 점원은 크리스마스를 일찍 축하하는 거냐고 물었다. 월터는 아니라고, 지금 막 직장에서 잘렸다고 대답했다.

"이해가 가는군요." 그 점원은 말했다. "저도 대기업의 마케팅 부서에 있었죠. 하지만 일자리를 잃고 나니, 아내와 아이들은 저를 떠났지요. 그래서 지금 여기서 이 일을 한답니다."

곧바로 두 사람의 눈에서 눈물이 흘러나왔다. 서로의 깊은 상처를 통렬하게 공감했던 것이다.

월터는 보통 술을 많이 마시지 않았지만, 그날 오후 사온 맥주를 모두 마시고는 다시 그 가게로 가서 맥주를 사고 점원과 대화를 계속하길 원했다. 아내 카렌은 월터에게 낙심을 부추길 뿐이라며 그 가게 점원과 아픔을 나누는 걸 반대했다. 그녀는 월터가 자신도 똑같은 운명이며, 그렇게 점원일을 하며 살아야겠다고 생각할지 모른다고 느꼈다. "불행은 동료를 찾기 마련이에요. 하지만 그 점원을 자꾸 만나면 두 사람 모두 고통스럽기만 할 거예요." 그녀의 충고였다.

사흘 동안 내리 울고 퍼마신 월터는 감정적으로나 육체적으로 진이 빠졌다. 그리고 정신을 가다듬고는 이제 어떻게 해야 좋을지 카렌과 대화를 시작했다. 그들은 신문의 구인란을 훑고, 남은 재산을 따져 보고, 경력 전환에 대한 책을 도서관에서 빌리고, 눈에 확 띄는 이력서 쓰는 법에 대해서도 열심히 읽었다. 월터는 다시 정규직을 얻으려 했다. 3주 만에 다섯 군데에서 면접을 보았고, 마침내 옛 직장보다 더 좋은 자리를 잡았다. 봉급도 휴가도 더 많았다.

4. 어두운 시기가 지나가도록 두라

흐름에 몸을 맡기는 일은 노력을 포기하는 것이 아니다. 현실을 있는 그대로 받아들이는 것이다. 행동해야 할 때와 가만히 지켜봐야 할 때를 구분하는 것이다. 위기에 직면하여 할 수 있는 것은 다 해봤지만 상황을 역전시킬 수 없다면, 인내심을 발휘하여 그 자리에 버티고 앉으라. 그리고 어두운 시기가 지나가도록 두라.

인생에서 한 가지는 분명하다. 끝없이 변한다는 것. 야생동물은 이 점을 너무나 잘 알고 있다. 풍요로운 여름 다음에는 혹독한 겨울이 온다. 그리고 다시 봄이 온다. 자연계에서 오직 인간만이 자연의 변화에 공포를 느끼고 저항한다.

5. 자신의 약점을 드러내지 마라

위기 때 남들이 우리의 불행에 끼어들지 못하게 마라. 아무리 동정심이 많은 사람이라 하더라도 승자의 편에 서고 싶어한다. 남들은 우리 문제를 해결하는 데 힘을 빌려주기를 난감해한다. 그래서 위기에 빠진 우리를 보고 처음에는 동정심을 느끼지만, 그다음부터는 되도록 거리를 두려고 한다. 그리고 우리를 위기에 빠뜨린 사람들에게 그들의 힘을 확인시켜서 흐뭇하게 해줄 이유가 없지 않은가? 그들에게 우리의 위기가 전화위복이 될 거라는 걸 알게 하라. 그것은 거짓말이 아니라 확언이다. 뛰어난 포커 플레이어가 되려면 포커페이스에 강철 같은 정신을 지녀야 한다.

6. 혼란에는 무대응이 상책이다

인생에 격변과 대혼란이 발생하면, 최선의 방책은 무대응이다. 상황을 역전시키려 쓰는 방책마다 역효과만 나거나 해놓은 일들이 전부 도로아미타불이 되고 마는 혼란 중에는 모두 그만두고 아무것도 하지 말아야 한다. 먼지가 가라앉을 때까지 기다리는 것이다. 그러면 다시 가야 할 길이 또렷이 보이게 된다.

아무것도 하지 않는다는 게 말처럼 쉽지 않다. 특히 인생의 성패가 걸린 문제라면. 그 경우에 참는 데 엄청난 힘이 필요하며, 뭔가 손을 써서 상황을 되돌리려는 본능을 결사적으로 억눌러야 한다.

어쨌든 무대응을 실천할 수 있다면, 자신의 내서인 힘도 그만큼 강해진다. 그렇게 함으로써 근심을 떨치고 평정심을 찾으며, 정신을 집중해서 반전의 시점을 명확하게 꿰뚫어 볼 수 있다. 행동에 들어갈 적절한 시점을 인식하면, 새로 얻은 힘은 원하는 결과를 얻게끔 우리를 도울 것이다.

7. 타인의 삶인 것처럼 살아라

삶이 버겁다 여겨지면, 자신이 다른 사람의 삶을 살고 있다고 상상하라. 다른 사람의 문제를 풀 때는 쉽고 편하지 않던가? 다음 위기가 닥치면, 그 위기를 자신의 위기라고 생각하지 말고, 다른 누군가의 위기라고 생각해보라. 그렇게 함으로써 확고한 답안을 얻고 큰 자유와 평안을 누릴 수 있다.

어떤 비판도 두려울 게 없고, 어떤 실패도 괴로울 게 없다. 보통의 경우라면 잡지 못할 기회도 과감히 잡을 수 있다. 갑자기 수많은 기회가 저절로 모습을 드러낸다. 비즈니스가 유달리 쉬워진다. 아무튼, 지금 사는 삶은 '우리 삶이 아니니까' 말이다. 문제가 있어도 다른 사람의 문제이고, 단지 그를 대신해서 내가 잠깐 일을 맡아볼 뿐이다. 이런 태도는 우리의 낡고 버거운 삶이 새로운 가능성을 향해 열리게 할 것이다. 내 책상에는 이런 문구가 적혀 있다. "타인의 삶인 것처럼 살아라." 나는 이 말을 읽을 때마다 인생의 사건에 지나치게 희비를 느낄 필요가 없음을 기억한다.

이 생각을 내 친구 한 명에게 들려주자 그는 곧바로 이렇게 말했다. "사실 네 삶은 네 것이 아니지. 우리는 대부분 머릿속으로 자신의 삶을 살지. 그런데 머릿속 사람은 진정한 우리 자신이 아니야. 우리는 마음에 희망, 공포, 환상을 가득 품고 살아가는데 그건 기본적으로 실제로 겪는 것들이 아니지. 네가 방금 한 말은 사람들이 스스로에게 부과하는 한계에서 자유로워지게 할 거야. 우리 대부분은 자신에 대한 느낌과 생각에 얽매여 있으니까."

역경을 헤쳐나가는 법은 귀중한 기술이다. 그것은 오로지 마음의 문제이다. 후흑의 상태에 이른 마음이 필요하다.

약점과 인내

자신의 약점을 어떻게 해석하느냐가 그 약점의 경중을 결정한다. 나는 이 문제를 이미 다루었지만(부정적 사고에 대해 이야기할 때), 인내의 문제를 논하며 반복하고자 한다. 절망적이고 암울한 경험을 참아낼 수 없다면 우리는 약점을 강점으로 바꿀 수 없다.

인생에서 부정적 경험은 운명의 길을 걷기 위해 필수적인 요소이다. 우리가 암울한 시기를 헤치며 인내하는 힘을 기르지 못한다면, 밝아오는 여명은 결코 보지 못할 것이다.

나는 얼마 전 다수의 아프리카계 미국인들 앞에서 강연을 했다.

청중은 태어날 때부터 흑인이자 빈민으로 태어나는 사람이 있고, 그들은 처음부터 뒤처진 채 시작하는 셈이라고 말했다. 나는 이렇게 대답했다. "마틴 루터 킹 목사를 생각해봅시다. 그가 백인이자 부자로 태어났다면, 그런 인물이 되었을까요? 그냥 좀 똑똑한 백인 남성에 그쳤을 겁니다." 사실 우리가 우리 약점을 강점으로 고치기 위해 특별히 할 일은 없다. 운명이 이미 방법을 마련해 두었기 때문이다.

킹 목사는 아프리카계 미국인으로 태어나려고 선택하지 않았지만, 어쨌든 그렇게 태어났다. 에디슨은 청각 장애를 좋아서 가진 게 아니고, 그 때문에 학교에 다니기 어려웠던 것도 그의 선택이 아니었다. 그러나 에디슨은 정규 교육을 못 받았기 때문에 세상에 불가능이 없다고 여겼다. 자신의 성향과 위치는 그게 무엇이든 자산이 된다.

약점인 듯 보이는 것에서 긍정적인 결과를 이끌어내는 사람과 그런 약점에 굴복하고 마는 사람의 차이는 인내하며 소위 약점을 성공의 도구로 사용하는 법을 배우는 능력에 달려 있다.

인내의 달콤한 열매

딕은 엔지니어링 회사에서 일하는 로봇공학 전문가이다. 2년 전, 그는 산업용 로봇 제어시스템을 만들기 위해 이 회사에 고용되었다. 그 회사 사장은 회사의 얼굴과도 같은 멋진 비전의 소유자였다. 하지만 시간이 지날수록 이 시스템의 복잡성은 사장에게 과연 이 모든 게 가치 있는 일인가 하는 의심이 들게 했다. 사장이 그 프로젝트에 회의적일수록, 회사에서의 딕의 자리는 계속 밀려날 수밖에 없었다. 그는 원래 프로젝트 관리자로 채용 되었으나, 나중에는 다른 프로젝트의 엔지니어로 좌천되고 말았다. 딕은 여러 차례 그만두려 했으나, 가슴 깊이 그 프로젝트를 끝마치고 싶었다. 그는 이 프로젝트로 제조업 분야에서 혁명적인 하드웨어가 탄생할 수 있다고 보았기에 차마 그만둘 수 없었다. 그는 매일 자신이 배속된 다른 분야에서 일을 마치고는 로봇 제어 프로젝트를 계속 진행했다. 한편 그사이 회사는 인공지능 요소가 전혀 없는 새로운 생산용 하드웨어를 만들었다. 사장은 자신의 비전과는 딴판의 주장을 하기 시작했다. 사람들이 정말 원하는 건 잘 움직이는 하드웨어이지, 똑똑할 필요는 없다고.

하루는 사장이 딕을 불러 말했다. "로봇 제어 프로젝트를 아예 없애버릴까 하네."

딕은 그 프로젝트에 신명을 다 바치고 있었고, 그 하드웨어의 강점도 잘 알고 있었다. 그는 완강히 반대했다. "그 제어시스템이 필요 없으시다면, 제가 다른 바이어를 알아보겠습니다." 사장은 대꾸도 없이 나가버렸다. 딕은 완전히 실망했지만 일은 계속했다.

그 대화가 있은 지 이틀 뒤, 한 유럽 제조업체에서 하드웨어 데모 버전을 보기 위해 미국으로 왔다. 사장은 그들이 이미 세계를 돌며 다섯 군데 업체를 방문하고 온 것을 알고는 별 기대를 갖지 않았다. 사흘간의 데모 버전 시범이 끝난 자리에서, 우연히 한 관리자가 95퍼센트 정도 완성된 로봇 제어시스템이 있다고 말했다. 유럽 바이어들은 다음날 그걸 보여달라고 했다. 딕은 애지중지해온 프로젝트 시범을 보일 수 있었다. 결과는 대박이었다. 시범 이후에 바이어들은 딕의 로봇 제어 기술에 대해서만 이야기했다. 그들은 사장에게 말했다. "우리 여행의 하이라이트가 되었습니다." 유럽 바이어는 시스템을 통째로 구입하며 200만 달러 이상을 지불했다.

딕은 좌천을 당하고 아무도 돌아보지 않는 시스템에 매달리면서 온갖 설움을 참고 견뎠다. 마침내 사장은 그동안 잇고 있었던 자신의 원래 비전이 옳았음을 깨달았다.

연애의 전략

인내는 무한한 쓰임새가 있으며, 그것은 우리가 통상 생각하는 것을 훨씬 뛰어넘는다. 예를 들어, 남녀관계의 경우에 남자는 여자를 좋아하는데 여자는 남자를 좋아하지 않고, 여자가 남자를 좋아하게 되면 남자는 여자가 싫어지는 경우가 있다. 이성관계는 달콤한 시적 로맨스라기보다는 주도권을 쥐려는 줄다리기 시합에 더 가깝다.

많은 남녀의 마음속에는 따스한 친밀함보다 사냥의 짜릿함을 더 즐기는 보이지 않는 사냥꾼이 살고 있는 듯하다. 그래서 연애 게임은 그치지 않는다.

자신의 로맨스에서 이런 사냥꾼 기질을 느끼게 되면, 계속하라. 그리고 후흑의 초연함을 이용하여 게임에서 이겨라! 접근하고 싶고, 친해지고 싶은 본능적 욕구에서 초연해져라. 자신과 상대방 사이의 자기磁氣가 끊어지지 않을 정도만 거리를 유지하고, 상대방도 이쪽을 사냥하는 즐거움을 맛보게 하라.

그러나 인내의 정신을 확실히 훈련하고 스스로 사냥꾼이 되는 즐거움에서 초연해지기 전까지는 이 전략을 써서는 안 된다. 이러한 초연함에 따르는 고통을 견딜 수 있는 비결은 항상 목표에 시선을 고정하는 것이다. 목표는 사람마다 다를 수 있다. 어떤 사람은 진지하고 지속적인 관계를 바랄 수 있고, 어떤 사람은 단지 잠깐의 연애 상대를 구하는 것일 수 있다. 중요한 것은 이 관계를 성사시켜 '사냥에 성공'하되 자신의 기준에서 성공해야 한다는 점이다.

얼마 전 내 친구가 여자친구와 잘 안돼간다는 이야기를 했다. 여자친구는 다른 사람을 찾아보겠다는 선언을 한 상태였다. 내 친구는 그녀를 몹시 사랑했기에 낙심이 이만저만이 아니었다. 나는 그에게 그녀는 거의 '놓친 사냥감'이니 이젠 좀 더 과감해질 필요가 있다고 충고했다. 그는 여자친구를 다시 만나 그녀가 자신이 아닌 다른 누구를 선택해도 좋다고 말했다. 사흘 뒤, 그들은 라스베이거스에서 결혼했다. 그들의 결혼이 얼마나 갈지는 모른다. 하지만 적어도 내 친구는 '사냥에 성공'함으로써 매우 행복해했다.

***

인내의 정신은 우리가 배울 수 있는 가장 강력한 개념 중 하나다. 그것은 외부적인 힘이나 도움 없이도 인생의 목표를 달성할 수 있게 해준다. 남을 쓰러트릴 필요 없이, 단지 스스로에게 엄격하기만 하면 된다. 인내력은 누구나 가지고 있는 본연의 힘이다. 참을 수 없는 것을 참게 해주는 힘은 역시 후흑에서 나온다.

핵심 요약

- 인내의 정신은 개인적 성장의 필수 자질이다. 이 정신은 미국의 초기 정착민들과 건국의 아버지들에게 익숙한 것이었다. 인내를 통해 미국 은 태어났으며 위대해졌다.
- 사람이 인생에서 더욱 큰 성취를 앞두고 있을 때는 그런 여행에 필요 한 준비가 오래 걸릴 수 있다.
- 실패는 성공의 어머니이다.
- 참음으로써 참아라. 즉 그 어려움을 이해하고, 고난을 참으며, 위험을 예측하고, 모욕을 견뎌라. 모든 것이 그러한 사람의 명예와 성공을 보 장해준다.
- 진정 위대한 사람은 견딜 수 없는 고통을 견디고 참을 수 없는 것을 참 는 법을 아는 사람이다. 좋은 시절에는 누구나 잘나갈 수 있다. 진짜 인 물과 그런 이미지만 가지고 있는 사람을 구분할 수 있는 때는 고난의 시기이다. 도전과 고난 속에서, 참음으로써 참는 자가 진짜다. 인간 정 신이 스스로 승리를 거두는 것이다.
- 후흑은 실패에 대한 조롱과 좌절을 견디고 그것을 발판으로 자신의 운 명을 향해 다시 도약할 수 있게 도와주는 기반이다.
- 한자로 '위기危機'는 위험危과 기회機를 뜻하는 두 글자로 이루어진다. 고 대 중국의 현자들은 인생을 고찰하면서 위기의 진정한 본질은 감춰진 기회에 있음을 깨달았다. 이는 서양의 격언과도 통한다. "신은 문을 닫 을 때 다른 문을 열어놓으신다."
- 위기를 견뎌낼 힘이 없다면 그 속에 감춰진 기회를 잡을 수 없다. 기회

가 드러나도록 하는 것은 인내의 과정에 달렸다.

- 위기에는 언제나 기회가 따른다. 그러나 위기 때문에 공포에 질린 상태에서는 감정의 노예가 될 뿐이다. 조용히 참음으로써 참아 나가면, 더 나은 대안의 기회가 저절로 드러난다.

- 흐름에 몸을 맡기는 일은 노력을 포기하는 것이 아니다. 현실을 있는 그대로 받아들이는 것이다. 행동해야 할 때와 가만히 지켜봐야 할 때를 구분하는 것이다.

- 무대응을 실천할 수 있다면, 자신의 내적인 힘도 그만큼 강해진다. 그렇게 함으로써 근심을 떨치고 평정심을 찾으며, 정신을 집중해서 반전의 시점을 명확하게 꿰뚫어 볼 수 있다.

- 타인의 삶인 것처럼 살아라. 그렇게 함으로써 큰 자유와 평안을 누릴 수 있다. 태도에도 변화가 생길 것이다.

- 자신의 약점을 어떻게 해석하느냐가 그 약점의 경중을 결정한다. 약점을 다르게 바라봄으로써 그것을 자산으로 바꿀 수 있다. 하지만 절망적이고 암울한 시기를 참아 낼 수 없다면 약점을 강점으로 바꿀 수 없다.

- 인생에서 부정적 경험은 운명의 길을 걷기 위한 필수 요소이다. 하지만 우리가 암울한 시기를 헤치며 인내하는 힘을 기르지 못한다면, 밝아오는 여명 또한 보지 못할 것이다.

남들에게 받는 것으로 살아가며,

남들에게 주는 것으로 사람이 된다.

— 힌두교의 격언

7장

◆

돈의 수수께끼

가난은 최대의 악이다.

―마하트마 간디

어릴 때 나는 한자를 배우며 몇 번이고 되풀이해서 써봄으로써 머리와 손에 완전히 기억될 때까지 공부했다. 그러면서 이런저런 한자의 통상적인 의미는 배웠지만 그 상징 자체의 깊은 의미는 생각해보지 않았다. 그런데 이제는 세상과 생명의 기본적인 요소들을 반영하는 단순한 상징을 조합해 글자를 만든 고대 학자들의 시적이며 오묘한 지혜에 감탄하곤 한다.

돈을 뜻하는 한자 '전錢'은 세 개의 상징으로 이루어져 있다. 하나는 금金을 의미한다. 다른 두 개는 창戈을 의미한다. 가난을 뜻하는 한자 '궁窮' 역시 세 개의 상징으로 구성된다. 그것은 토굴 밑바닥에 서서 큰 짐을 지고 있는 듯한 사람의 형상이다. 이 한자들은 돈과 가난만을 뜻하지 않고, 심오하고 미적인 의미도 함께 갖고 있다.

대만에서 대학을 다닐 때, 친구가 함께 점쟁이에게 가 보자고 했다. 늙은 점쟁이가 친구의 운명을 말해주자, 친구는 나의 운명도 물어보았다. 점쟁이는 내게 붓과 종이를 내밀며 글자를 하나 써보라고 했다. 나는 '천天'자를 썼다. 그는 종이를 들고 글자를 들여다보더니 돈을 뜻하는 한자를 썼다. 두 개의 창이 금을 찌르고 있는 형상.

그는 이렇게 말했다. "이 글자를 잘 보시오. 그러면 돈의 수수께끼가 풀릴 거요. 금은 갈등과 본질적으로 묶여 있다오."

점쟁이의 말을 들었을 때, 나는 왜 두 개의 창이 돈이라는 개념과 연결되는지 의아했다. 나는 그냥 돈을 차지하기 위해 싸움이 벌어지는 걸 묘사했나 보다고만 생각했다. 그렇지만 점쟁이가 말한 대로 글자를 계속 써보며 생각해본 결과, 갑자기 그 의미가, 돈의 수수께끼가 풀렸다. 돈을 둘러싼 갈등은 이중의 의미를 가지고 있었다.

외적인 싸움

첫 번째 창은 생존을 위한 외적인 싸움을 상징한다. 지구의 물자가 풍부하더라도, 그것이 수십 억의 사람들에게 골고루 돌아가지는 않는다. 문명이 시작되던 때부터 오늘날까지, 상대의 소유를 뺏기위해 나라와 나라는 전쟁을 해왔다. 개인들 간의 경쟁은, 국가 간 전쟁처럼 직접적이고 피가 흐르는 일은 많지 않지만, 역시 잔인하다.

현대 산업사회에서 주된 생존 경쟁은 돈을 위한 경쟁의 형태를 떤다. 돈은 성공을 계속하게 만들어주는 중요한 기능을 한다. 탁월한 상품이나 서비스를 만들어내고 관리도 잘되는 기업이라 해도 효율성은 떨어지지만 자본력이 더 강한 기업에게 압도될 수 있다. 똑똑하고 유능한 정치인도 수준 낮은 경쟁자에게 정치자금에서 밀리면 선거에 떨어지고, 자기 뜻을 펼칠 수 없게 된다. 발레, 연극, 영화 등 문화예술 작품도 충분한 자금을 확보하지 못하면 제작이 불가능하다. 목표를 이루거나 지상의 풍요로움을 웬만큼 차지하고 싶은 사람은 먼저 돈의 전쟁에 뛰어들어 싸울 준비를 해야 한다.

물론 쉬운 일이 아니다. 좋은 아이디어와 탁월한 실행력이 없다면, 돈만 가지고 성공할 수는 없다. 돈은 단지 실패할 때까지의 기간만 늘려줄 뿐이다. 따라서 금전적 성공이라는 게임은 단순히 돈을 버는 것만의 문제가 아니라, 훌륭한 아이디어를 확보하고 가치 있는 투자를 통해 돈을 계속 불려 나갈 수 있느냐 하는 문제이다.

내면의 싸움

두 번째 창은 내적인 갈등을 의미한다. 외적 갈등에서 이기려면 먼저 내적 갈등부터 이겨야 한다. 가난은 외적 조건보다 마음의 문제이다. 사람들이 보잘것없는 보상을 두고 아귀다툼을 벌이는 이유는 더 큰 보상은 자신들에게 어울리지 않는다는 근거 없는 생각 때문인 경우가 많다. 우리는 사고방식부터 고칠 필요가 있다. 누구나 자신이 추구하는 물질적 보상을 받을 자격이 있다. 그 추구하는 방식이 정직하고 합당하기만 하다면 말이다.

외면당한 선물들

한 고결한 성자가 천사들에게 인도되어 천국을 방문했다. 천사들이 그를 천상의 저택으로 안내했는데, 모든 종류의 선물이 갖춰져 있는 거대한 홀을 지나게 되었다. 성자는 왜 모든 선물이 이곳에 있느냐고 천사들에게 물었다. 그러자 그들은 이렇게 대답했다. "이곳은 기원하기는 했으나 정작 주어지기 직전에 포기해 버린 선물들을 쌓아두는 곳입니다."

우리의 창조주는 우리에게 가치 있는 선물을 계속해서 보내주신다. 우리가 그런 선물을 받을 자격이 없다고 스스로 생각하며 외면하는 게 문제이다. 어떤 사람은 소망을 끊고, 어떤 사람은 낙담해서 자신은 결코 꿈을 이룰 수 없을 거라고 생각한다. 또 어떤 사람의 소망은 너무 일시적일 뿐이다. 오늘은 새 코트를 바라고, 내일은 새 자동차를 원하고, 날씨가 추워지면 하와이에서의 휴가를 꿈꾸는 식이다. 그런 소망은 나른한 몽상에 지나지 않는다. 가치 있는 소망을 향해 꾸준히 노력하면, 꿈은 실현될 수 있다. 그러나 나른한 몽상은 몽상에 그치는 경우가 대부분이다.

가치의 공정한 교환

돈과 부는 교환을 통해 얻을 수 있다. 우리는 노동을 주고 돈을 받는다. 공정한 교환 가치를 얻으려면, 비즈니스 상대에게 내가 그에게 이득이 된다는 점을 확신시켜야 한다. 그래서 나의 가치를 기획

해서 잘 보여줄 필요가 있다. 그러려면 자기 가치에 대한 확고한 내적 감각이 있어야 한다. 자신이 가치 있는 사람이라고 생각하려면, 스스로 보기에 가치 있는 일을 해야 한다. 그것은 확고한 결의와 끈기를 가지고 열심히 일하는 것을 포함한다. 남들에게 자신의 가치를 드러내는 일에 힘을 집중하라. 의무를 확실하고 성실하게 수행하고, 책임을 명예롭게 다하며, 일에 활력과 창조력을 쏟아부으라. 우리는 너무나 자주 남들의 성공을 폄하하고 자기 운명을 한탄하는 데 에너지를 써버린다. 이것은 우리 내면의 싸움이다.

가난의 열매

돈으로 행복은 살 수 없을지 모른다.

그러나 편리함은 살 수 있다.

— 중국 격언

거의 모든 사람이 자신은 부자가 되기를 원한다고 생각하지만, 실제로 우리 대부분은 이미 재정적으로 충분한 수준에 이르러 있다. 부富는 그것을 얻고자 하는 의지의 문제라기보다 그것을 위해 무엇을 버릴 수 있느냐의 문제다. 이것은 반드시 기억해야 할 중요한 원칙이다. 이는 훌륭한 운동선수가 되는 일과 같다. 운동선수가 처음 직면하는 문제는 이것이다. 위대한 선수가 되기 위해 무엇을 버려야 할까? 친구들과 보내는 즐거운 시간을 희생할 수 있을까? 맛있고 기름진 음식 대신 철저한 체중 감량을 해낼 수 있을까? 이런 목록은 죽 이어진다.

루비는 빠듯한 월급으로 근근이 살아가는 아파트 관리인이다. 그녀는 재정 상태를 개선하기 위해 파트타임으로 부동산 중개업도 했다. 하지만 의미 있는 경제적 보상이 주어지지는 않았다.

나는 루비를 보면서 그녀가 가난의 열매에 유난히 집착하고 있음을 알았다. 그녀는 아파트 관리에 따르는 책임과 보상을 아주 중시했다. 아파트 관리인으로서의 일을 하며, 루비는 '심리적 욕구'를 충족시켰다.

루비는 우리가 보통 '권력 지향적'이라고 부르는 유형의 사람이었다. 새 입주자가 들어오면 그녀는 아파트 관리인이라기보다 신병훈련소 교관처럼 행동하기 시작한다. 특히 그녀는 아파트 운영 규칙을 지키는 일에 있어서 자신이 '옳은 쪽'에 있을 때 입주자에게 발휘할 수 있는 자신의 권력을 즐겼다.

루비는 부동산 중개업으로 더 많은 돈을 벌 수 있을 거라 생각했고, 그러면 별로 수입도 안 되면서 일만 오래하는 아파트 관리 일은 그만둘 거라고 생각했다. 하지만 무의식적으로 그녀는 관리 일을 통해 남을 감시하는 것에 빠져 있었다. 그녀는 더 나은 수입이 보장된다 해도 아파트 관리직을 그만두고 고객의 비위를 맞추는 일에 결코 만족할 수가 없었다.

루비는 더 많은 돈의 잠재적인 만족과 가난하지만 나름대로 얻는 만족 사이에 큰 차이가 없다고 느낀다. 사실 루비는 무의식적으로 가난의 이 특별한 열매에 너무 집착한 나머지, 이미 확인된 즐거움(다른 사람에게 권력을 휘두르는 것)과 부유해질 때 얻게 될 미지의 즐거움을 교환하는 것에 대해 아주 회의적이었다.

돈을 너무 꽉 움켜쥐면 손가락 사이로 빠져나간다

돈은 사람에게 감정적으로 가장 크게 동기를 부여하는 요소이다. 그것은 고통과 쾌락의 감정과 강하게 연결되어 있다. 돈이 있어도, 결코 충분히 있다는 느낌은 들지 않는다. 돈을 잃으면, 돈이 있을 때 제대로 쓸 걸 하는 후회가 든다.

43세의 호주 여성 준은 얼마 전부터 로스앤젤레스의 한 전문대학에서 영문학을 배우고 있다. 내 친구 밥이 쓰고 있던 여러 단편소설의 편집에 도움을 줄 사람으로 그녀가 추천되었다. 준은 소설을 편집한 경험은 없었지만, 15년 전 호주에 있을 때 다큐멘터리 영화 편집자의 보조 일을 했으며 드라마 쪽에 천부적인 감각이 있었다. 미국에서 15년을 보내며, 준은 힘든 생활을 했다. 최저임금을 받으며 따분한 일을 해야 할 때도 많았다. 그녀는 세상에 대해 비관적인 시각을 갖게 되었고, 돈이나 사람에 대해서도 부정적으로 바뀌었다. 6개월 전, 그녀는 중고차 영업직에서 쫓겨났다. 그래서 현재 무직 상태에 있었다.

준이 자신의 능력을 증명할 만한 경력을 가지고 있지 않았음에도, 밥은 그녀의 감각을 알아보았다. 면접을 마치고 나서 밥은 그녀에게 기회를 주기로 했다. 밥은 준에게 세 편의 단편소설을 편집하는 대가로 3000달러를 주기로 합의했다. 밥과 일하며 소설 한 편의 작업을 마치고 나자, 준은 자신이 너무 싸게 일하고 있는 게 아닌가 하는 생각이 들었다. 그녀는 작업 단위가 아니라 시간 기준으로 돈을 받으면 더 많은 돈을 벌 수 있을 거라고 생각했다. 그녀는 자신의 요구를 밥에게 들이대면서 자신이 너무 싸구려로 일하고 있다고 비난을 퍼부었다. 밥은 준이 근무 시간을 정확히 기록한다는 조건으로 그 요구를 수락했다. 시간당 25달러 조건이었다. 준은 그때까지 받아본 시간당 임금으로는 최고가였기에 아주 흡족해했다.

다음 소설의 편집 작업에 들어가자마자 그녀는 식사 시간 빼고, 시간당 15분 정도의 (흡연을 위한) 휴식시간도 빼고, 근무 중 잠시 개인 일을 보던 시간도 빼고 나면 자신의 실제 근무 시간은 얼마 되지 않는다는 사실을 알게 되었다. 두 번째 소설의 편집 작업은 겨우 10시간밖에 걸리지 않았다. 그것은 단편소설 한 편당 250달러를 받는다는 뜻이었다. 그녀는 스스로 자기 발등을 찍었다는 사실을 깨달았다. 다시금 그녀는 계약 조건을 고치려고 했다. 그녀는 밥에게 시간을 따지다 보니 일에 신명이 나지 않는다며, 다시 신명을 찾기 위해 원래의 계약으로 돌아가고 싶다고 말했다. 밥은 이렇게 대답했다. "나는 이 일에 신명이 나지 않는 때가 없어요. 항상 신명 나게 일을 하지요. 당신이 일에 흥미를 잃었다면, 되찾는 것은 당신에게 달려 있어요. 더 정확히 말해서, 당신의 문제는 신명이 나고 말고가 아니에요. 단지 돈이 문제죠. 우리가 지금 이런 얘기를 하는 것도 당신이 더 많은 돈을 원했기 때문이지요. 돈이란 놈은 너무 꽉 쥐면 손가락 사이로 빠져나간답니다." 그리고 밥은 그녀를 해고했다.

벼락부자

내면의 싸움은 물질적 부에 대한 권리를 마음에 새기기 위해서만

이 아니라, 바깥 세상에 나가 싸울 수 있는 능력과 의지를 기르기 위해서도 수행하고, 승리해야 한다.

부란 불확실하다. 매일같이 큰 부가 생겼다 사라진다. 안팎의 싸움에서 승리를 거둔 후에 부를 얻은 사람은 태어날 때부터 부자였거나 벼락부자가 된 사람들처럼 재정적 재난 앞에서 크게 흔들리지 않는다. 불행이 그에게서 물질적 부를 앗아가더라도 그에게는 여전히 그것을 다시 얻을 수 있는 능력과 의지, 자신감이 남아 있다.

우리 어머니는 태어날 때 엄청난 부자였다. 외동아들인 외할아버지의 외동딸이었던 어머니는 몇 세대 동안 쪼개지지 않고 계승된 막대한 부동산을 고스란히 상속받았다. 비록 그러한 부가 보장해주는 편안함과 특권을 누리기는 했어도, 어머니는 불화로 가득한 가정에서 자라야 했다. 외할아버지는 한 여자와 그녀에게서 얻은 자녀들에게 대놓고 열중했다. 그래서 외조부모님들은 끊임없이 다투며 살았다.

어머니는 배우자의 부정不貞을 피하는 최선의 길은 재산이 별로 없는 사람과 결혼하는 것이라고 생각했다. 그래서 가난하지만 기품 있었던, 먼 친척인 아버지를 선택했다. 그리고 조용하고 우아하다고 여긴 삶에 안주하려 했다. 하지만 그렇게 되지는 못했다.

부모님은 결혼하고 톈진天津으로 이사했다. 만주에 있는 땅에서 나오는 어머니의 지대 수입과 아버지의 월급으로 두 분은 톈진의 영국 조계(租界, 외국인 거주지역)에서 사치스러운 생활을 할 수 있었다. 1948년, 마오쩌둥이 이끄는 공산군이 톈진으로 진격해오고 있을 때, 부모님은 하인들에게 톈진의 저택 관리를 맡기고는 상하이의 프랑스 조계에 새로 구입한 저택으로 거처를 옮겼다. 하지만 1년 뒤, 두

분은 전 재산을 남겨둔 채 대만으로 피할 수밖에 없었다. 상하이의 집을 떠날 때도, 부모님은 앞서와 같이 하인들에게 모든 걸 잘 관리하라고 신신당부했다. 우리는 두어 달 후면 돌아올 테니까.

43년이 지났지만, 부모님은 여전히 대만에 살고 있다. 재산을 잃을 때처럼 삽시간에 무슨 변화가 생겨 재산을 되찾을 수 있기를 그토록 기다렸지만, 그런 변화는 끝내 오지 않았다. 베트남 전쟁 특수로 대만에서 부자들이 속출할 때, 아버지는 변변찮은 월급을 받는 정부 관리로 만족했다. 당신이나 어머니나 스스로의 노력으로 부자가 되려고는 하지 않았다.

부모님은 한때 큰 재산을 가졌었지만 그에 걸맞게 사용하지는 않았다. 두 분 모두 내외적 싸움을 통해 부를 쌓은 게 아니었기 때문이다. 그래서 두 분은 자력으로 부를 다시 차지할 수 없었다.

한편 운 좋게 부를 물려받고도 그것을 잃는 불운은 피했다면, 때로 그것은 저주가 될 수도 있다. 《야망의 서커스Circus of Ambition》에서 저널리스트이자 작가인 존 테일러는 록펠러 가문 같은 옛 재벌이 "자신들의 부에 갇혀 있었다"는 사실을 잘 묘사했다. 재벌 자녀들은 "일할 필요를 없앰으로써, 물려받은 재산은 게으름을 낳고 무기력증을 가져왔다. 그들은 돈 때문에 타락했다. 그들은 부로 인해 서로를 믿지 못하게 되고 말았다."

부와 재능

부, 즉 돈과 다른 재화의 축적을 뜻하는 한자 '재財'는 두 개의 상징으로 이루어졌다. 하나는 고대의 통화였던 조개껍질貝을, 다른 하나는 우리 모두가 가지고 있는 독특한 재주才, 즉 재능을 상징한다.

부를 획득하는 길은 돈 자체를 좇는 길이 아니다. 자기 내면에 간직한 재능과 취향을 이해하고 계발하는 길이다. 재능을 계발할 때 활기를 주고 신명을 불러일으키는 대상을 잡아야 한다. 그 길로 나아가기만 하면 돈은 저절로 따라온다. 우리는 급여나 안정성을 기준으로 직업을 결정하는 경우가 많다. 그러나 처음에 아무리 급여가 많고 안정적으로 보이는 직장이라도, 자신의 재능과 맞지 않으면 결국 한계에 부딪친다. 결국 열정과 창조성은 사라지게 된다. 기껏해야 평범한 수준에 그치고, 평범한 보상에 만족하며 살아야 할 것이다.

우리는 자신만의 빛나는 재능을 가지고 있기에, 다른 사람이 따라 할 수 없는 자신만의 독특한 방식으로 뭔가를 해낼 수 있다. 이 거대한 인간 시장에서 자신만의 틈새를 발견하기 위해 노력하는 일은 인생을 정복하는 과정의 한 부분이다.

대부분의 경우, 인생은 숨바꼭질을 하지 않는다. 오히려 우리는 눈먼 상태에 있다. 우리의 독특한 능력은 인생을 살면서 여러 상황에 그 모습을 드러낸다. 우리가 그저 살아가는 일에 너무 몰두하다 보니 보지 못할 뿐이다. 이 경우에, 참으로 다행히도, 인생이 우리 발밑의 양탄자를 홱 잡아당기는 때가 있다. 그러면 우리는 쓰러져서 새로운 가능성을 볼 수밖에 없게 된다.

사소한 것에서 중요한 의미를

1991년, 추수감사절 때 나는 교회에서 감사절 만찬 준비를 위해 자원봉사를 했다. 나는 700장의 냅킨을 접어서 놓고, 그 안에 플라스틱 포크와 스푼을 넣는 일을 맡았다. 그 일은 아주 쉬웠고, 다섯 살짜리도 할 만했다. 우리 팀의 리더는 냅킨을 아주 단단히 접어서 깔끔하게 보이게 하자고 했다. 그래도 별로 어렵지 않았다.

내 맞은편에 앉아 있던 여성은 어이없을 만큼 냅킨을 엉성하게 접고 있었다. 팀 리더가 여러 차례 지적하고 고쳐주었으나, 그 엉성함은 전혀 나아지지 않았다. 그녀는 냅킨 접는 일을 하면서도 마음은 어디 딴 데 가 있는 것 같았다. 지인들이 그녀 곁을 지나가자 그녀는 마사지를 받지 않겠느냐고 그들에게 물었다. 그녀는 프로 마사지사였는데, 그래도 아무도 그녀에게 마사지를 받으려 하지 않았다.

몇 시간 뒤, 그녀는 내게 말을 걸면서 마사지를 받지 않겠느냐고 물었다. 나는 지금 몸이 가뿐해서 마사지가 필요 없다고 답했다. 그러자 그녀는 뜬금없이 이렇게 물었다. "탐욕스럽지 않고도 돈을 모을 수 있나요?"

비록 뜬금없는 질문이었으나 그녀는 진지해 보였다. 그래서 이렇게 말했다. "포크와 스푼을 단정하게 잘 감쌀 줄 알면 가능하지요." 그녀는 내 대답에 어이없다는 표정을 지었다.

실제로 사소한 일을 대하는 태도를 보면 우리의 마음 상태와 일처리 기준을 알 수 있다. 내가 정말 마사지를 받고 싶었어도 그녀에게는 부탁하지 않았을 것이다. 냅킨 접는 모습에서 이미 그녀의 수준이 드러났기 때문이다. 일상에서 우리는 사소한 일을 처리하는 모습을 통해 우리가 중요한 일을 어떻게 처리할지를 이미 남들에게 보여주고 있는 셈이다. 이 모두는 부를 획득하는 능력과 연결되어 있다.

높은 곳을 노려라

물질적 성공을 두고 싸우는 전투에서 목표물을 맞추는 게 어렵다면 높은 곳의 표적을 노리고 쏘라. 그저 그런 야심으로는 성공률이 낮다. 변변찮은 꿈은 변변찮은 노력을 이끌어낼 뿐이다.

이 전투를 수행할 때 가장 중요한 점 하나는 자신의 디디고 설 땅을 선택하는 것이다. 자수성가한 부자로 수억 달러를 가지고 있는 사람이 내게 해준 말은 이 주제에 있어서 최상의 충고이다.

"세상은 사람들이 높이 올라가려고 발버둥 치는 피라미드와 같지요. 그 다툼에 끼고 말고는 선택의 여지가 없습니다. 하지만 어느 지점에서 싸울 것이냐는 선택해야 하죠. 피라미드의 밑바닥에서 싸움을 시작하면 안 됩니다. 너무 사람들이 많거든요. 꼭대기에 가까운 쪽이 더 편하지요."

돈을 위한 싸움에서는 막대한 부를 거두는 것보다 매일 약간의 돈을 긁어모으는 일이 더 힘들 때가 많다. 예를 들어, 고급차를 파는 쪽이 자금력이 별로 없는 사람에게 낡은 중고차를 헐값에 파는 일보다 더 쉽다는 게 자동차 영업자 100명이 들려주는 상식이다.

'거지'가 아닌 '신의 자녀'가 되라

혹시 거리를 걷다가 거지를 만나게 되면, 우리가 왜 주머니에서 돈을 꺼내 그에게 주는지 그 동기를 한번 성찰해 보라. 우리 대부분은 그에게 동정심을 느끼거나 도움을 줌으로써 인간 대 인간으로서 연결되고 싶다는 마음에서 그렇게 한다. 지금까지 내가 관찰한 바에 따르면 어떤 경우건 간에 거지의 구걸 기술이 뛰어나기 때문에 돈을 주는 일은 없다.

영적 존재인 우리는 종종 섭리를 통해 우리의 바람을 마술적으로 실현한다. 우리는 기도를 통해 그것을 이루기도 한다. 실제 우리의 기도는 경건한 예배보다는 쇼핑목록처럼 될 때가 많다. 어떤 때는 계약서를 읽는 것 같기도 하다. "당신께서 그렇게 해주신다면 저는 이렇게 해드리겠습니다" 같은.

만약 신께서 우리의 기도를 들어주신다면, 우리가 그분께 거지로 보여서가 아닐 것이다. 신의 형상을 따라 만든, 신의 속성을 나눠 가진 그의 자녀이기 때문일 것이다.

그래서 우리는 자신의 욕망을 이루기 위해 구걸하는 것은 바람직하지 못하다. 신의 자녀로서 우리는 최상의 속성을 간직하고 있으며, '대단한' 목표라 해도 그 부여받은 능력으로 달성할 수 있다. 우리는 정확한 인식과 불굴의 의지를 가지고, 행동과 지혜를 다하여 우리가 소원하는 목표를 이룰 수 있다.

가치 있는 목표를 이루는 과정에서 신께 부여받은 속성을 동원할 수 있게 우리 능력을 계발할수록, 우리는 그의 섭리가 우리 일상의 노력에 함께함을 깨닫게 된다. 신의 이미지는 더 이상 구름 속에 앉아 있는 흰 수염의 노인이 아니다. 언제나 옆에 있고, 확실히 느낄 수 있는 힘의 이미지, 그것은 그의 신성한 속성을 통해 드러난다.

자신의 일에 신의 손길이 느껴지도록 하라

위대한 예술가가 위대한 이유는 신의 창조성을 자신의 작품에서 발휘하기 때문이다. 훌륭한 변호사는 확실한 변호를 통해 신의 지혜를 발휘한다. 마찬가지로, 훌륭한 비즈니스맨은 광활한 우주를 경영하는 신의 능력을 더 작은 규모로나마 재현한다. 직업이 무엇이든 간에, 얼마나 탁월한 능력을 발휘할 수 있느냐는 감춰진 신의 속성을 계발하고 그것을 일에 적용하는 정도에 직접 비례한다.

우리 시대의 가장 유명한 테너였던 루치아노 파바로티는 인터뷰 중에 자신의 노래에 도움이 되는 단 하나의 요소를 고른다면 요가 수행이라고 말했다. 산스크리트어로 '요가'란 '통일'을 뜻한다. 파바로티는 작은 개인과 전 우주의 통일에 대해서, 그리고 그것이 어떻게 자신의 노래에 도움이 되는지를 이야기했다.

신의 속성을 재현하는 능력이 높아질수록, 자기계발과 직업 세계에서의 적절한 금전적 보상은 쉬운 일이 된다. 이는 특히 창조적인 직업에서 더한데, 예술가는 일의 결과를 완전한 하나로 볼 수 있는 반면 비즈니스맨의 일은 지속적인 과정이기 때문일 것이다. 나는 위대한 예술가와 유능한 예술가의 차이는 기술 수준에 있지 않고, 영혼의 표현 수준에 있다고 본다. 위대한 예술가의 작품에서는 신적인 힘을 느낄 수 있으며, 마치 신께서 직접 손을 대신 것만 같다.

미하일 바리시니코프 같은 위대한 무용수는 인간의 한계를 넘어서며, 우리를 천상으로 데려다준다. 루치아노 파바로티와 조안 서덜랜드의 목소리는 우리의 가슴을 놀라운 사랑과 기쁨으로 적셔준다.

위대한 화가 빈센트 반 고흐는 자연과 필적할 만한 그림을 남겼고, 그 신비함은 불멸이 되었다. 그의 그림은 그림 이상이다. 인간 세계와 신의 세계를 이어주는 다리이며, 그 걸작을 손에 넣을 수 있다면 수백만 달러도 아깝지 않을 것이다.

이미 도달한 듯 인생을 살아라

아무리 전문 기술을 마스터했다고 해도 그것만으로는 성공의 보상이 보장되지 않는다. 파바로티는 부자다. 반 고흐는 그의 그림을 소장한 사람들을 부자로 만들어주고 있지만, 그 자신은 초라한 삶을 살다가 갔다. 자신의 일에 신의 손길을 가져온다고 해도 그것만으로는 물질적 풍요가 보장되지 않는다.

이 신비로운 퍼즐에는 또 한 조각이 필요하다. 자신을 성공한 사람으로 인식하고, 이미 성공한 듯 인생을 살아야 한다. 자신의 의식에서 나는 뭔가 부족하다, 뭔가 모자르다는 생각을 떨쳐버리고, 풍요와 자신감을 의식하며 인생을 살아야 한다. 일부 후흑의 실천자들에게 그것은 자연스럽다. 다른 일부는 의식적으로 그렇게 살려고 한다. 그레이스 켈리가 처음 할리우드에 등장했을 때, 그녀는 완전히 무명이었다. 그러나 그녀는 이미 대스타라도 된 것처럼 자연스럽게 행동했다. 마침내 실제로 대스타가 되자, 이제는 영화배우보다는 왕비처럼 보였다.

외적인 보상을 받기 전에, 먼저 그것이 이미 자기 것이 되었다는 내적 경험을 해야 한다. 간단히 말해서, 내적 실제는 자기실현적 예언을 한다. 내적으로 동기부여가 된 사람은 행동에 거침이 없고 보다 효과적이며, 그것은 수학 공식을 기계적으로 적용하는 것과는 성격이 다르다. 외적 성공은 내적 실제가 성공을 경험함으로써 발현되는 행동과 태도에 뒤따르게 되어 있다.

태도를 바꿔라

나폴레온 힐의 유명한 책《생각하라 그리고 부자가 되라Think and Grow Rich》는 우리 스스로 부자라고 생각하는 법을 가르쳐준다. 나는 오랫동안 사람들이 부를 손에 넣는 과정을 조심스럽게 지켜보았다. 가난에서 부로 옮아가게 하는 관건은 생각하는 것도, 읽는 것도, 듣는 것도 아니다. 존재의 심층에서 태도를 바꾸는 것이다. 바라는 것은 뭐든 생각할 수 있고, 원하는 것은 뭐든 긍정할 수 있고, 이해할 수 있는 것은 뭐든 이해할 수 있다. 그러나 그것이 꼭 자신과 자신의 환경을 바꾸지는 않는다.

이는 중요한 과정이지만, 자신의 지식과 이해가 삶의 방식으로 녹아들기 전에는 환경이 바뀌지 않는다. 자기 자신이 바뀌면, 갑자기 모든 것이 가능해진다.

이 변화에는 딱히 정해진 공식이 없다. 그것은 내적인 싸움을 하겠다는 의지와 자신의 결점을 극복하고자 내적인 힘을 기르려는 끊임없는 용기의 결과이다. 이러한 자기계발을 통해, 우리는 비로소 인생의 모든 면에서 태도를 바꿔 놓는 마술 같은 열매를 맺게 된다.

변화

1970년대 중반, 가슴 아픈 이혼을 한 후, 나는 돈벌이의 세계로 날 개를 펼치기로 결심했다. 주위를 둘러보다가 남부 캘리포니아의 부 동산 시장이 활황이며 대부분의 부동산업자들이 고급차를 몰고 다 니고 있음을 알게 되었다. 그들은 충분한 수준 이상의 돈을 버는 것 같았다. 나는 부동산 중개업 자격증을 따고 부동산의 세계에서 일하 기 시작했다.

그 일을 통해 나는 약간의 위안을 얻었으나, 그렇게 신명 나지는 않았다. 당시 나는 돈에 대한 내 태도를 바꿔 보기 위해 여러 좋은 책 들을 읽었다. 단지 독서에 그치지 않고 매일같이 그 내용을 실천해 보려고 애썼다.

나중에 나는 주디라는 활기찬 여성을 만났다. 나는 그녀와 한 팀 이 되었다. 우리는 한 달 동안 열심히 일했다. 할 수 있는 것은 다 해 보았으나, 별 소용이 없었다. 우리는 전혀 돈을 벌지 못했다. 어느 날 아침 우리는 여느 때처럼 만났다. 하지만 바람 빠진 풍선처럼 맥이 빠져 있었다. 그날 아침 우리는 새로 들어온 매물을 보러 나갈 계획 이었다. 하지만 도저히 돌아다닐 기운이 없어서, 한 낡은 스페인계 교회에 들어가 그냥 말없이 앉아 있었다.

그 교회에는 우리 둘 말고는 아무도 없었다. 주디는 교회 오른편 좌석에, 나는 왼편 좌석에 앉았다. 적막했다. 이 교회의 벽은 지난 100년간 여기서 울렸던 기도를 침묵 속에서 반추하는 듯했다. 나는 제단을 올려보다가 십자가에 달린 깡마른 그리스도를 보았다. 내 가슴에서 슬픔과 애정이 솟아나 그에게로 향했다. 나는 십자가의 그리스도를 향해 무언의 대화를 시작했다. 그것은 나의 기도였다.

"아홉 살 때부터 저는 당신을 사랑했습니다. 당신의 챔피언이 되기 위해 무엇이든 하려고 했습니다. 제가 집안의 제단 앞에 엎드려 아시시의 성 프란체스코 같이 성흔을 주십사고 기도했던 일을 기억하십니까? 나이가 들며, 저는 당신이 성흔 같은 기적보다는 나날의 시험을 통해 당신의 추종자들을 가려내심을 깨달았습니다. 저는 당신께서 내리신 인생의 시험을 통과하지 못할까 봐 두렵습니다. 인생의 시험을 조용히 견디는 것보다 성흔이 훨씬 쉽습니다.

저는 당신께서 욥에게 하신 일을 기억합니다. 당신께선 먼저 그의 재산을, 다음에는 그의 건강을, 그리고 그의 가장 기본적인 인간으로서의 존엄을 빼앗으셨습니다. 그가 변치 않는 믿음을 보인 후에야 그에게 모든 것을 돌려주시고, 열 배로 불려주셨습니다. 저는 그런 시험이 두렵습니다. 저의 육체는 약합니다. 제 마음속 깊이, 저는 늘 저자신을 완전히 던지는 일을 두려워했습니다. 제가 진정 당신께 저를 완전히 던진다면, 당신께서는 저를 집 없는 노숙자 할머니처럼 만드시겠지요. 욥에게 하신 것처럼, 제 인생을 엉망으로 만드시겠지요."

그러자 부드럽고, 또렷한 목소리가 내 존재의 심층에서 응답하였다. "욥에게 옳은 것은 네게도 옳다. 욥은 스스로의 만족을 위해 시험을 원했다. 그는 스스로에게 나에 대한 사랑을 증명해 보이고 싶어했다. 증거를 원했던 쪽은 내가 아니었다. 네가 나를 위하여 궁핍할 필요는 없다. 네게 말하노니, 나는 항상 네 곁에 있을 것이다. 너는

내 것이다. 어디서나 너에게는 내 축복이 따를 것이다. 너는 빈손이
아니다."

반 시간 동안 나는 흐르는 눈물을 주체할 수 없었다. 안도와 감사
의 눈물이었다. 평생 내 어깨를 짓눌렀던 짐이 한순간에 사라진 것
이다. 얼음 녹듯 자취도 없어진 것이다.

교회를 걸어 나오니 정문에서 주디가 기다렸다. 젖은 눈을 보니,
그녀도 나와 비슷한 경험을 한 듯했다. 우리는 서로 쳐다보며 동시
에 말했다. "자, 집 사러 갑시다." 나는 새 매물을 둘러보고 나서, 두
시간 만에 두 건의 계약을 성사시켰다.

나는 그 대금을 어떻게 지불할지 몰랐다. 심지어 할인 서비스조
차 받지 않았다. 하지만 나와 주디는 날아갈 것 같았다. 우리는 부족
함을 느끼지 않았고 한없이 풍요로웠다. 그런 마음으로는 뭐든 못할
게 없었다. 나는 주디에게 내 계좌에는 겨우 몇천 달러만 있을 뿐이
라고 말했다. 아무 죄책감 없이, 사과의 뜻도 없이 그렇게 말하자 주
디는 이렇게 말했다. "내가 돈을 빌려줄게요."

주디의 남편은 한 달 전에 록웰 인터내셔널에서 해고되어, 지금
은 잠정 실업 상태였다. 록웰 사는 그의 15년 근속을 보상하는 뜻에
서 주식을 얼마간 주었다. 주디는 그 주식을 팔아 내게 대금을 빌려
주었으며, 나는 남부 캘리포니아의 스튜디오시티와 셔먼 오크스의
고급 주택가에 있는 훌륭한 저택 두 채의 자랑스러운 주인(50퍼센트
지분의)이 되었다. 우리는 돈에 대한 태도에서 변화를 체험했다.

더 이상 합리적으로 따질 것이 없었다. 내가 그 집들의 소유권 절
반을 얻도록 주디가 내게 돈을 빌려준 것은 비합리적이었다. 더욱이

그녀는 내가 그 돈을 언제 어떻게 갚을지 묻지도 않았고, 나도 신경쓰지 않았다. 그녀의 남편이 실직한 상태에서 유일한 재정적 안전판을 팔아 버린 일은 더더욱 비합리적이었다.

그녀 남편의 전문 분야에는 일자리가 별로 없었고, 여기저기서 감원이 이뤄지고 있었다. 그러나 태도가 변화하면, 현실과 관계 맺는 방식 또한 바뀐다.

그날 이후, 우리가 손대는 것마다 황금으로 바뀌었다. 우리는 신이 나서 열심히 일했다. 무엇보다도, 나는 내가 승리자임을 알았다. 노숙자 신세가 되지 않을까 걱정하는 일도 다시는 없었다.

몇 달이 지나자, 주디가 빌려준 돈을 갚을 수 있었을 뿐 아니라, 부동산 세 군데를 추가로 확보하고, 주차장 두 군데에 수영장, 그리고 영빈관이 딸린 멋진 내 집도 마련했다. 나는 그 집에 입주하여 가구를 새것으로 모두 갈았다. 내적인 태도의 변화는 새로운 인생의 시작을 가져왔다.

돈에 초연한 태도

돈이 많든지 적든지, 이 점만은 잊지 말자. "돈은 우리의 일부가 아니다. 우리는 돈 없이 태어났으며 돈을 갖고 죽을 수도 없다." 자신의 돈을 즐겁게 써라. 돈으로 원하는 일을 하고, 인생에 기여하도록 하라. 돈을 그 자체로 보고, 그 이상의 의미를 두지 마라. 돈 때문에 사는 인생이 되지 마라. 돈이란 변덕스럽기 때문이다. 우리는 돈에 대하여 초연한 태도를 길러야 한다.

우주적 타이밍과 잘 조율하라

우리가 유형의 또는 무형의 목표를 추구하든, 고귀한 혹은 비천한 것을 좇든, 한 가지만은 확실하다. 우리는 그 목표를 당장 이루기를 원한다. 그런데 그 욕망이 시기적절하게 충족되지 않으면 분노, 긴장, 절망이 나타나며, 끝내는 완전히 낙담해 패배를 받아들인다.

우리는 젖병을 당장 달라고 보채는 아기와 같다. 젖병이 잠시라도 입에서 떨어지면 우리는 항의의 뜻으로 울어 젖힌다. 그러면 어머니는 아기와 조화를 이루기 위해서, 아기의 변덕을 받아들이고 아기의 먹는 타이밍에 자신을 맞추어야 한다.

인간 어머니와는 달리, 창조주는 그의 자녀인 우리가 그의 타이밍에 대해 제대로 이해하기를 바란다. 우리는 그분이 우리의 요구가 아니라 그분의 스케줄에 따라 베푸신다는 사실을 배워야 한다. 우리가 신의 타이밍을 익히면, 어떻게 살 것인지, 또 다른 사람들과 어떻게 조화를 이루며 일할 수 있을지를 배우게 된다. 무엇보다 중요한 점은 우주적인 의지와 소통하는 법을 알게 된다는 것이다.

1991년 말, 주택담보대출 이자율이 거의 30년 만에 최저치로 떨어졌다. 친구 소냐는 집을 하나 장만하려는데 충분한 돈을 모을 수 없어서 안절부절못하고 있었다. 잠자리에 들면 그녀는 새집에서 아이들이 뛰노는 꿈을 꾸곤 했다. 어긋난 기대와 좌절된 욕망 때문에 그녀는 자기의 가장 기본적인 소망도 못 들어준다며 남편을 타박했다.

최근 그녀는 내게 자기 고민을 털어놓았다. 나는 이자율이 높고 낮은 것은 상관없다고 말해주었다. 적당한 때가 되면, 완벽한 집과 그 대금을 마련할 방법이 조화롭고도 순조롭게 나타나게 될 거라고 했다. 우리가 성공을 향한 여정을 시작하기 위해서는 자신의 시작점이 어디든, 재정 상황이 어떻든 간에 그것에 만족해야만 한다.

***

돈의 수수께끼는 일차원이나 이차원적 공식으로 풀리지 않는다. 가장 부유한 사람도 자신의 부를 확실히 보장해주는 공식을 가지고 있지 않다. 여러 가지 방식으로, 부는 신의 속성을 재현할 수 있는 능력과 연관된다. 여기서 언급된 속성들 외에도 인내, 자신감, 불굴, 자기 존중, 결연함, 원칙주의, 사랑, 공감, 관대함, 일에서 기쁨을 찾는 태도, 용기, 정의로움, 효율, 그리고 심지어 냉혹함마저 포함될 수 있다. 이러한 속성을 발현할수록 신의 힘에 가까이 가게 된다. 결국, 우리는 내외적 싸움을 통해 세상에 풍요를 가져오는 원천인 신적인 것과의 교류를 경험할 수 있다.

후흑의 실천자에게 이 일은 끝나지 않는 과업이다. 매일 우리는 천번의 성공과 천번의 실패를 경험한다. 승리는 불굴의 자세에 있다. 우리의 노선을 계속 수정하며 꾸준히 나아간다면, 우리는 세상의 풍요를 창출하는 분의 후계자로서 계속 거듭날 것이다. 그것이 돈의 신비, 부의 수수께끼이다. 우리는 우리의 당연한 권리를 요구할 뿐, 결코 구걸해서는 안 된다.

- 돈을 뜻하는 한자는 세 개의 상징으로 이루어져 있다. 하나는 금을 의미한다. 다른 두 개는 창을 의미한다. 가난을 뜻하는 한자 역시 세 개의 상징으로 구성된다. 그것은 토굴 밑바닥에 서서 큰 짐을 지고 있는 듯한 사람의 형상이다. 이 한자들은 돈과 가난만을 뜻하지 않고, 심오하고 미적인 의미도 가지고 있다.

- 첫 번째 창은 생존을 위한 외적 전투를 상징한다. 목표를 이루거나 지상의 풍요를 갖기 원하는 사람은 돈을 위한 싸움을 할 준비를 해야 한다.

- 두 번째 창은 내면의 전투를 상징한다. 외적 전투에서 싸워 이기기 위해서는, 내면의 전투에서 먼저 이겨야 한다. 가난은 외적 조건보다 마음의 문제다.

- 돈과 부는 교환을 통해 얻을 수 있다.

- 자기 가치에 대한 인식을 얻으려면, 스스로 보기에 가치 있는 일을 해야 한다.

- 실제로 우리 대부분은 재정적으로 충분한 수준에 이르러 있다. 부를 얻는 것은 그것을 얻고자 하는 의지 문제라기보다 그것을 위해 무엇을 버릴 수 있느냐의 문제다.

- 인생에서 돈은 감정적으로 사람들을 가장 크게 동기부여하는 요소다. 그것은 고통과 쾌락의 감정과 단단히 연결되어 있다. 돈이 있어도, 결코 충분히 있다는 느낌은 들지 않는다. 돈을 잃으면, 돈이 있을 때 제대로 쓸 걸 하는 후회가 든다.

- 부로 나아가는 길은 돈 자체를 좇는 길이 아니다. 자기 내면에 간직한

재능과 취향을 이해하고 계발하는 길이다.

- 우리는 모두 각자 비범한 재능을 가지고 있기에, 다른 사람이 해낼 수 없는 자신만의 방식으로 뭔가를 해낼 수 있다. 이 거대한 인간 시장에서 자신만의 틈새를 발견하는 일이야말로 성공 인생의 한 부분이다.

- 대부분의 경우, 인생은 숨바꼭질을 하지 않는다. 오히려 우리는 눈먼 상태에 있다. 우리의 독특한 능력은 인생을 살면서 여러 상황에 그 모습을 드러낸다. 우리가 그저 살아가는 일에 너무 몰두하다 보니 보지 못할 뿐이다.

- 세상은 사람들이 높이 올라가려고 발버둥 치는 피라미드와 같다. 그 다툼에 끼고 말고는 선택의 여지가 없다. 하지만 어느 지점에서 싸울 것이냐는 선택해야 한다. 피라미드의 밑바닥에서 싸움을 시작해선 안 된다. 사람이 너무 많기 때문이다. 꼭대기에 가까울수록 더 좋다.

- 물질적 풍요를 위해 신께 기도할 필요는 없다. 세상의 풍요는 그것을 자신의 당연한 권리라고 주장하는 사람에게 무상으로 제공된다.

- 자신의 일에 신의 손길이 느껴지도록 하라. 화가, 무용수, 변호사, 비즈니스맨 등이 훌륭해지려면 창조주의 창조성을 그 일에서 재현해야 한다.

- 외적 성공은 내적 실제가 성공을 경험함으로써 발현되는 행동과 태도에 뒤따르게 되어 있다.

- 돈은 우리의 일부가 아니다. 태어날 때 가져오지도 않았고, 죽을 때 가져가지도 않는다. 돈을 즐겨라. 하지만 초연한 태도를 유지하라.

나의 인생 철학에서

수단과 목적은 서로 바꿀 수 있는 말이다.

— 마하트마 간디

8장

◆

속이지 않는, 사심 없는 속임수

속임수deception라는 단어는 종종 부정적 의미로 쓰이는데, 서구 종교의 선악 개념 때문이다. 동양의 관점에서는, 인생의 현실은 흑백이 아니라 회색의 농도로 구분된다. 단지 흑 또는 백으로만 구분되는 일은 드문 것이다. 마찬가지로, 완전히 순수하고 한 점의 악도 없는 사람이나 반대로 뿌리까지 썩어서 눈곱만큼도 선한 면이 없는 사람 역시 찾아보기 힘들다.

속임수는 후흑의 실천자가 필요한 이익을 얻기 위해 쓸 수 있는 수단이다. 악은 속임수 자체에 있지 않으며, 사용자와 용법에 있다. 마크 맥코맥은 자신의 책《하버드에서도 가르쳐주지 않는 것들》에서 협상에 대해 설명하며 이렇게 말한다. "협상은 게임과도 같다. 그것은 현실에 최대한 가까운 인식에 구멍을 뚫어버리는 동시에 진실과 가장 거리가 먼 느낌을 부추기는 말과 행동이다."

《손자병법》은 속임수의 교과서라고 할 수 있다. 손자는 이렇게 말했다. "전쟁은 기만의 게임이다. 자신이 강하면 약한 체하고. 공격할 준비가 되어있으면, 공격하지 않을 것처럼 한다."

한 미국인 고객은 내게 이렇게 말했다. "아시아인들과 비교해서, 우리는 속임수에 별로 능하지 못합니다. 우리의 신념체계와 모순되니까요. 서구 사람들은 속임수라면 펄쩍 뜁니다. 사실은 그걸 쓰지 않을 수 없는데도 말입니다." 서구인들은 속임수를 쓰면서도 안 쓰는 체한다. 반면 아시아인들은 그것을 일상생활의 필수 요소로 여긴다. 심지어 공공연히 그 가치를 평가한다.

속임수의 효용성

자신의 생존에 도움을 줄 사람과 환경을 찾는 상황에서, 어느 정도의 속임수 없이 크고 훌륭한 목표를 이루기란 거의 불가능하다. 위대한 대통령 에이브러햄 링컨은 후흑의 정신을 잘 이해했으며, '사심 없는 속임수'를 예술적으로 구사했다.

링컨은 재임 초기 매우 입지가 불안했던 시기에, 노예를 해방하고 평등하게 대우하겠다는 의도를 전혀 내비치지 않았다. 그는 다수의 여론을 좇아 흑인을 해방한 뒤 분리한다는 논의에 따랐다.

극적인 승리 후, 링컨은 게티스버그 연설을 통해 인종차별에 대한 기존 입장을 철회하고 만인은 평등하다는 점을 분명히 지적했다.

링컨은 정치 경력 초기에는 자유롭게 말할 수가 없었다. 그는 속임수를 써서 대통령이 되기 위한 표를 지켰다. 그런 후에야 흑인을 노예제와 불평등에서 해방시킨다는 더 큰 목표를 추구할 수 있었다.

이익에 대한 환상 만들기

수천 년 동안, 후흑에 통달한 중국인은 상대방이 자신의 은밀한 의도대로 움직이게끔 매력적인 '미끼'를 던지는 법에 대해 여러 기록을 남겼다. 지렁이는 보이되, 낚싯바늘은 보이지 않게 하라. 겉모습으로 끌어들이고, 숨겨진 것으로 옭아맨다.

이런 식으로, 남들이 이쪽에 동참하게 하려면(사생활에서나, 일에서나) 매력적인 미끼를 마련해야 한다. 참여 가능성이 있는 사람이 구미가 당길 만한 미끼를 분명하게 제시해야 한다. 합당한 이익을 찾기가 곤란하다면, 이익에 대한 환상을 만들어내라. 이 원칙을 적용할 때 유혹할 수 있다. 그러면 실제로 양측의 이익이 실현된다. 다음 이야기는 그 한 예다.

사심 없는 속임수

잔디 종자는 오리건에서 아주 중요한 농업 상품이다. 오리건에서는 미국의 한지寒地형 잔디 종자 수요의 거의 70퍼센트, 그리고 전 세계 종자 수요의 50퍼센트를 공급한다. 오리건 잔디 종자회사는 잔디 씨를 중국에 판매하고 싶어했다. 문제는 오리건의 업자들이 중국에 종자를 팔겠다는 의지만큼이나 사지 않겠다는 중국의 의지 또한 완강했다는 것이다. 이미 1980년대 초에, 미국 종자무역협회에서 방미 중이던 중국 농업부 차관에게 잔디 종자를 선물했지만 딱 부러지게 거절당하고 말았다. 사실 중국인들이 잔디를 어떻게 생각하는지 보면 그런 제의는 우스꽝스러웠다. 이는 에스키모에게 냉장고를 팔겠다는 것이나 마찬가지였다.

중국에서 '잔디'는 '잡초'로 통하고, 그것은 비하하는 의미가 섞인 단어이다. 바보 같은 사람을 일러서 "머리에 잡초만 들어 있는 녀석"이라고 놀리기도 한다. 중국인은 최근까지 조경을 목적으로 잔디를 깔았던 적이 없었다. 잔디를 잡초로만 취급하는 중국인은 잔디를 심기보다는 뽑는 게 조경이라고 생각했다. 나의 고객은 1980년대 초에 잔디 종자를 중국에 팔려고 시도했는데, 중국 입장에서 그것은 귀한 외화를 써서 제거해야 할 잡초를 늘리라는 말이었다! 중국인들은 잔디 씨를 사라는 말을 어이없는 농담으로 받아들였다.

그러다 1986년에 그 잔디 종자 회사가 나의 고객사가 되면서 고객이 아무것도 할 수 없다면 내가 좀 해보자고 생각했다.

나는 중국 정부에 매력적인 청사진을 제시했다. 그것은 미국인들의 '순진함'을 이용해 그들이 막대한 이득을 취할 수 있다는 내용이었다. 중국 관료들은 외국인들을 순진해 빠졌다고 여기는 경향이 있었기 때문에, 내 프레젠테이션은 쉽게 받아들여졌다.

나는 그들에게 내 고객인 미국 회사가 저가 생산지를 물색 중이라고 말했다. 미국 회사는 중국에서 잔디 종자를 생산하면, 그것을 미국 농민들에게 구입하는 가격으로 구입할 생각이고, 그렇게 된다면 중국은 외화를 벌 수 있는 좋은 기회을 얻게 될 것이다. 중국 정부는 내 제안을 쌍수를 들어 환영했으며, 내게 칙사 대접까지 했다.

　나는 기후 조건과 농업 방식을 볼 때 중국에서 보통 비용을 들여서는 양질의 잔디 종자를 생산할 수 없다는 것을 알고 있었다. 미국 농민들과 같은 조건으로 미국에 잔디 종자를 되판다면 손해를 보면서 생산해야 할 것이다.

　중국이 잔디 종자 생산 기반을 열정적으로 마련하기 시작하면서 나도 중국을 자주 드나들게 되었다. 미국인 기술자문역을 대동해 중국인들에게 필요한 기술을 가르쳤고, 그와 함께 잔디의 효용성과 멋진 잔디밭을 만드는 방법도 가르쳐 주었다.

　2년 뒤, 중국은 채산이 맞지 않는 미국 잔디 종자 생산을 그만두었다. 그러나 그 과정에서 그들은 미국 잔디 종자의 가치를 깨달았다. 그래서 미국 회사로부터 직접 종자를 수입하기 시작했다.

　내가 처음 예상했던 대로, 미국 잔디 종자의 가치는 1990년 베이징 아시안 게임을 준비해야 했던 중국인들이 간과할 수 없는 것이었다. 7000여 명의 선수들이 참가하고 수천 곳의 외신과 수십만 명의 해외 관중이 입국할 이 이벤트는 현대화된 중국을 외부에 과시하는 기회가 될 터였다. 그들은 최상급 미국산 잔디를 메인스타디움에 깔았고, 그것은 매우 좋은 인상을 남겼다.

　아시안 게임이 성공하면서, 미국산 잔디 종자는 인기 상품으로 떠올랐다. 그래서 수요와 공급 구도에 따라 파운드(약 0.45kg)당 5달러까지 가격이 치솟았다(미국에서는 같은 종자가 파운드당 1달러도 하지 않았다). 비록 중국 노동자의 평균 월급은 25달러에 불과했지만, 공공장소에 잔디가 깔리는 일이 늘어나기 시작했다. 이제 중국인들은 잘 정돈된, 에메랄드빛 카펫을 까는 일이 바보짓은커녕 멋진 일이라고 여기게 되었다. 이제 미국산 잔디는 베이징의 고대 황실 정원에도 (중국 최고위 지도자들의 집무실과 거처가 있는) 자라고 있다.

이 일을 통해, 중국 국민과 나의 미국 고객 모두가 혜택을 보았다. 효용성의 환상을 제시했던 내 속임수 덕분이었다.

효용성의 원칙

우리는 우리가 지성인이며 매너 있게 행동하도록 교육받았다고 생각하지만, 이 거짓된 외면을 한 꺼풀 벗기고 나면 다른 생물들과 다름없이 자기 보존의 충동에 따라 움직이는 자신을 발견하게 된다. 우리의 모든 행동은 그 본능에 영향을 받고 있다.

예를 들어, 결혼 제도는 보통 효용성의 원칙 아래에 있다. 남편과 아내는 서로 돕는 환경을 창출한다. 그들은 서로에게 감정적, 정신적, 그리고 재정적으로 의존한다. 두 사람이 더 이상 애정을 느끼지 않더라도, 그들은 갈라서는 것보다 같이 사는 게 유용한 이상 결합을 유지할 것이다. 그 유용성에는 재정적 안정, 아이들의 복지, 사회적 지위 등이 있다. 활력을 상실한 결혼생활을 계속 유지하는 이유는 여러 가지다. 그러나 그 동기는 오직 하나, 자기 보존이다. 더 이상 서로에게서 아무 효용성도 얻지 못하는 커플은 갈라서게 된다.

부모자식 간의 관계 역시 이 원칙을 벗어나지 못한다. 천부적인 모성 본능이 없다면 어머니는 자식을 사랑하지 않을 것이다. 부모는 자식에 대한 무조건적인 사랑을 통해 자기 자신들도 사랑한다.

어떤 부모는 그들의 자녀를 사랑으로 내하지 않고 무슨 샌드백처럼 대한다. 그들을 육체적, 언어적, 감정적으로 학대함으로써 자신들의 스트레스를 해소한다.

헌신적인 부모와 사는 자녀는 애정을 실감하며 자란다. 그들끼리 느끼는 사랑은 따듯한 샤워처럼 마음을 녹이고 어루만져준다.

가학적인 부모와 사는 자녀는 생존 본능에만 충실하다. 나쁜 부모라 해도 자녀들의 육체적 생존에는 필요하다. 그러나 생존의 이득보다 학대의 고통이 더 커지게 될 때 자녀들은 달아나 버린다.

효용성의 원칙은 우리가 하는 모든 일을 좌우한다. 우리는 생존을 위해 효용성을 추구한다. 남들에게 이타적인 봉사를 할 때도, 상대방과 같거나 그 이상의 혜택을 얻는다.

비즈니스 세계에서, 우리는 우리의 재산이나 사회적 지위에 보탬이 되는 사람들과 시간을 보낸다. 만약 서로에게 도움이 되지 못한다면, 그 관계를 유지하기 위한 시간을 최소화할 것이다.

얼마 전, 이 효용성의 원칙을 놓고 한 친구와 이야기를 하는데, 그는 이렇게 말했다. "인간을 그런 식으로 이해하는 것은 너무 부정적이지 않을까?" 나는 이렇게 대답했다. "아니지. '손을 불에 집어넣으면 화상을 입는다'라고 하거나, '수영을 못하는 사람이 물에 뛰어들면 빠져 죽는다'라고 말하는 게 부정적일까? 자연의 이치를 말하는 게 부정적일까? 인간 본성에 대해 무지한 상태에서는 어떤 미덕도 존립할 수 없어." 숨김없이 인간 본성의 작용을 이해한다면 우리의 인간관계는 보다 실질적이 될 것이다.

무조건적인 지지

약 2700년 전 중국에 관중管仲이라는 사람이 있었다. 관중은 왕족이었으나 태어나기 전에 그의 왕국은 멸망했다. 그의 가족은 인근 제나라로 피신하여 최히층민으로 살아갔다. 그런데 귀족 가문의 부유한 선비였던 포숙아鮑叔牙는 관중의 비범함을 알아보고 그와 친구가 되었다. 관중의 가족은 너무 가난해서 하루하루 먹을 것조차 마련하기 힘들었기에, 포숙아가 그들의 생계를 떠맡다시피 했다. 이후 포숙아가 관중에게 수도에서 장사를 하도록 알선해 주었는데, 관중이 자본금을 착복해버렸다. 그러나 포숙아는 그를 변호하며 이렇게 말했다. "관중은 아주 가난하여 현금이 몹시 필요하다. 나쁜 뜻이 있었던 게 아니다." 얼마 안 있어 그들의 이야기는 장안의 화제가 되었고, 사람들은 포숙아는 멍청하고 관중은 배은망덕하다며 비웃었다.

관중은 세 차례 결투 신청을 받았으나 세 번 모두 달아났다. 포숙아는 다시 그를 감싸주었다. "관중에게는 늙은 어머니가 계시다. 그는 차마 자기 몸을 위험에 빠트려 불효를 저지를 수 없었다." 포숙아가 재상으로 임명되자, 그는 사양하고는 관중을 대신 재상에 앉혀야 한다고 고집했다.

관중은 중국 역사상 가장 위대한 재상 중 한 명이 되었다. 하지만 포숙아의 무조건적인 지지와 믿음이 없었다면 관중도 중국도 큰 화를 입었을 것이다. 공자는 이렇게 말했다. "당시 관중의 현명한 대처가 없었다면 중국 문명은 그때 멸망했을 것이다."

나는 평생 이 '관포지교'의 무조건적인 지지 코드를 존중해왔다.

하지만 인생 경험을 통해, 나는 관포지교가 규칙이 아니라 예외임을 깨달았다. 보통의 인간관계는 그와는 다른 규칙의 지배를 받는다.

상호 이익

상호 이익이 있다면 협력이 이루어진다.
상호 협력은 이익의 결과이며, 그것은 애정으로 이어진다.
— 태공망

태공망은 3100년 전 사람으로, 세계 최초의 병법서를 저술했다. 그의 철학은 이후 수많은 중국 병법가들에게 채용되었으며, 가장 유명한 《손자병법》조차도 그의 병법을 기본으로 했다. 그의 병법은 단지 병력을 배치하고 이동시키는 것에 국한되지 않았고, 그보다는 인간 본성에 대한 이해를 중심으로 만들어졌다. 인간 행동에 대한 그의 개인적인 관찰과 연구를 통해, 태공망은 보통 인간이 무의식중에 따르는 불문율이 있음을 알았다. 그 불문율은 바로 효용성의 원칙을 담보하는 것이었다. 이 이해를 근거로, 그는 어떤 상황에서든 결과를 예측할 수 있었고, 그리하여 자신의 이익을 극대화할 수 있었다. 그는 중국 역사상 최초의 후흑 실천자이다.

태공망이 말한 "상호 이익이 있다면 협력이 이루어진다"는 기본적인 효용성의 원칙이다. 이 원칙은 사람들 사이뿐만 아니라 국가 간에도 적용된다. 다음 이야기는 이러한 주장의 요점을 담고 있다.

일본에서의 넬슨 만델라

남아프리카공화국(남아공)의 인종차별 반대 지도자 넬슨 만델라는 1990년 10월에 일본을 방문했다. 만델라는 일본 수상 가이후 도시키가 아프리카 국민회의에 2500만 달러를 지원해 달라는 자신의 요청을 거절하자 실망했고, 놀라워했다. 가이후가 내세운 공식적 이유는 일본 정부는 어떤 정치집단도 원조하지 않는다는 것이었다.

2500만 달러는 세계 최대의 부자 나라 중 하나인 일본에게는 그리 큰돈이 아니었다. 문제는 2500만 달러에 있지 않고, 그 '효용성'에 있었다. 일본 정부가 넬슨 만델라의 정당을 돕는 데 따르는 이익을 인식했다면 지원은 당연히 이루어졌을 것이다.

일본 정부가 정치집단에 대해 공개적인 지원을 할 수 없다고는 하지만, 손을 쓰자면 방법은 많았다. 가령 민간 부문에서 기부하도록 정부가 주선할 수 있었다. 일본 대기업은 항상 정부와 긴밀한 협조 관계에 있었다. 만델라는 사흘간 민간에서 모금 활동을 벌였지만 기부받은 돈은 3000달러에 그쳤다. 일본 체재 비용에도 못 미쳤다.

일본은 유럽공동체의 뒤를 이어 남아공과의 무역 관계를 단절했다. 그러나 일본은 전통적으로 남아공의 백인 지배집단과 우호적인 관계를 유지해왔다. 가뜩이나 악화된 그 정부와의 관계를 (만델라를 도움으로써) 더욱 악화시킬 이유가 없었다. 더욱이, 남아공의 인종차별 정책과 싸우는 일은 일본의 외교정책에서 우선순위에 든 적이 없었다. 일본 정부는 인종 문제에 대해 대체로 무감각한 편이었다.

일본이 경제 열강들의 예를 따라 남아공과의 무역을 단절했던 동기는 인권 문제에 관심이 있어서가 아니라 새로운 국제 지도국의 이미지를 쌓는다는 외교적 목적 때문이었다. 일본 정부가 넬슨 만델라를 지원하는 일에서 이익을 발견했다면, 재징직 지원은 반드시 이루어졌을 것이다.

이 이야기를 하는 이유는 정치 문제를 논하기 위해서가 아니라, 만델라를 돕기 거부한 일본 정부의 결정에 어떤 동기가 있었는지 명확히 알아보기 위해서이다.

자기 보존의 전략

시절이 좋을 때나 나쁠 때나, 옛날이나 지금이나, 자신의 분야에서 특출한 재능과 능력을 보여주는 젊은 신예들이 있기 마련이다.

그들이 자신의 유능함을 입증하고 모든 자원을 동원하여 최고의 자리까지 올라가는 동안, 그들은 흔히 '등반자climber'로 불린다. 재미있는 점은 우리 사회가 등반자를 좋지 않게 보는 경향이 있다는 점이다. 나는 정말 유능한 등반자에게는 손을 빌려줘야 한다고 생각한다. 우리가 케네디나 록펠러 집안에서 태어나지 않은 이상, 우리 또한 새로운 고지로 올라가는 과정에 있지 않은가. 오늘의 무명씨가 내일은 유명 인사가 될 수 있지 않은가. 산을 오르는 동안, 우리 자신을 위해, 다른 등반자에게 손을 빌려주자.

언젠가 한 인터뷰에서 기자는 그레고리 펙에게 왜 〈로마의 휴일〉에서 무명 여배우였던 오드리 헵번과 주연을 맡는 것을 허락했는지 질문했다. 그의 대답은 이랬다. "나 자신을 위해서 그랬죠. 그녀는 재능이 뛰어났어요. 영화가 개봉되기만 하면 스타가 되리란 걸 알았죠. 나 홀로 주연을 맡았더라면 나는 웃음거리에 그쳤을 겁니다. 자기 보존을 위한 선택이었죠."

대만의 사업가이자 정치 지도자인 린 씨는 내게 이렇게 말했다. "여러 해 전에, 현재 대만의 대통령 비서실장인 Y. S. 창 씨는 자발적으로 정계를 떠나 교직 생활을 했어요. 당시 그를 방문하는 사람은 별로 없었죠. 모두가 그는 이제 정치적 미래가 없다고 여겼으니까요. 나는 그의 카리스마를 항상 존경해왔던 터라, 그를 집에 초대해 식사나 차를 대접하곤 했지요. 당시에는 그 누구도 그가 대통령 비서실장이 될 줄 몰랐죠."

우리는 운명의 신비를 결코 알 수 없다. 우리는 자기 길을 가고 있는 유능한 사람에게 항상 손을 내밀어야 한다. 후흑의 실천자로서, 이것은 자기 보존을 위한 상책上策이다.

중요한 사람이 되기 위한 비결

스미스씨 부부는 중부 캘리포니아의 농부들이다. 그들은 묵묵히 자신들의 일을 해가는 평범한 이들이다. 그들에게는 누군가에게 영향을 주거나 뭔가를 변화시킬 힘이나 돈이 없다. 우리 대부분과 같이 그들은 특별히 '중요한' 사람이 아니다.

그들의 딸은 내게 이렇게 말했다. "아버지와 어머니는 너무 다른 분들이세요. 아버지는 사람들을 대할 때 깊은 인상을 주고 당신의 중요성을 과시하려고 하지요. 실제로는 그렇지 않다는 걸 마음속 깊이 아시기 때문이에요. 반대로 어머니는 스스로 보통 사람임을 알고 그 사실을 받아들이시죠. 결코 자신을 과시하거나 깊은 인상을 주려고 안 하세요. 그분의 조용하고 점잖은 모습은 현명하고 실용적인 태도에서 나오는 거죠. 어머니는 기본적인 인생의 덕목인 이웃 사랑을 잘 알고 계세요. 이웃에게 친절히 대함으로써 그분은 지역 사회에서 위상이 높아지고, 저절로 중요한 사람으로 떠오르신 거죠."

반면 필립의 경우를 보자. 그는 유능한 그래픽 디자이너다. 하지만 그의 작은 스튜디오는 매달 간신히 재정적 위기를 넘기는데, 그의 작품의 질이 떨어져서가 아니라 그의 성격 문제 때문이다. 앞서 말한 스미스 씨처럼 필립 역시 자기 자신에 대한 자신감이 없다. 필립에게 있어 가장 중요한 일은 사업의 성공이나 돈이 아니라, 남들의 눈에 '중요하게' 비치는 것이다.

그는 스미스 부인과는 정반대로 행동한다. 탁월한 솜씨로 고객들에게 자신의 효용성을 인식시키는 대신, 그가 봉사해야 할 사람들과 자존심 싸움을 벌이는 일이 잦다. 어쩌다 고객이 그에게 불손한 (그가 듣기에는) 말이라도 하면, 그는 일을 집어치워 버린다. 스케줄이 텅 비고 돈이 아주 급한 경우라도 말이다. 불행히도 그의 잠재고객 대부분은 그의 자존심의 기준을 만족시키지 못한다. 나는 그에게 왜 그렇게 기분이 상했는지 물었다. 그는 이렇게 답했다. "그들은 단지 돈이 조금 있다고 해서 내게 주문할 수 있다고 생각합니다."

사람들이 그에게 칭찬을 할 때면 그는 마치 물속에 넣은 스펀지처럼 그 칭찬을 맹렬히 빨아들였다. 그리고 며칠씩 그 칭찬을 음미하며 스스로 즐거워했다. 이렇듯 필립은 '자신은 중요한 사람'이라는 근거를 간절히 찾으며 존경을 갈구했지만, 스미스 부인의 지혜는 이해하지 못했다. 그 지혜는 중요한 사람으로 대접받기 위해서는 남들에게 쓸모 있는 사람이 되어야 한다는 것이다.

사기꾼과 비즈니스맨의 차이

한 친구가 이렇게 말한 적이 있다. "비즈니스맨과 사기꾼은 모두 속임수의 가치를 알고 있지. 둘 사이의 진정한 차이는 이거야. 비즈니스맨은 결국 자신이 약속한 이익을 제공하지만, 사기꾼은 그러지 않는다는 거지."

훌륭한 비즈니스맨은 고객에게 자신과 거래할 경우 생기는 이익을 명확히 보여준다. 그는 자신이 그런 이익을 줄 수 있음을 고객에게 확신시킨다. 그는 고객이 그와 거래한 것을 현명한 선택이라 믿고 흐뭇해할 수 있게 해준다.

비즈니스맨이 고객을 호도한다 해도, 그는 결국 약속한 혜택을 주겠다는 의도를 가지고 그렇게 한다. 때로는 모든 요소를 통제할 수 없어 약속을 지키지 못할 수도 있다. 그러나 사기꾼은 희생자들을 호도하면서 약속을 지킬 생각은 전혀 하지 않는다.

"일이 될 때까지 속여라." 이 미국 속담은 사기꾼에게나 비즈니스맨에게나 통하는 말이다. 둘 다 속임수의 기술을 사용하며, 자신들과 거래할 경우 이득이 되리라고 남들이 믿게 만든다. 사기꾼과 비즈니스맨의 차이는 외적 행동이 아니라 그 영혼의 표현에 있다.

***

속임수의 개념에 다소 거부감이 들 수도 있다. 그러나 그것은 인간의 실제적 본질과 함께 일할 때 가장 확실하고 유익한 수단이다. 이는 불필요한 실패를 방지하고 성공의 길을 갈 수 있게 도와준다.

- 악은 속임수 자체에 있지 않으며, 사용자와 그 사용법에 있다.

- 사람은 자신에게 최대의 이익을 줄 수 있는(지금 또는 미래에) 대상에 시간과 힘을 투자한다. 이 효용성의 원칙은 우리가 하는 모든 일에 적용된다. 심지어 남들에게 이타적인 봉사를 할 때도 내적인 보상을 받는다. 베푸는 사람은 상대방과 같거나 그 이상의 혜택을 본다.

- 이상적인 비즈니스 거래는 자신의 이익이 상대의 이익이고 상대의 이익이 자신의 이익임을 보여주는 것이다.

- 우리 자신을 위해, 야심적이고 유능한 사람들에게 기꺼이 손을 빌려주어야 한다.

- 중요한 사람으로 대접받기 위해서는 주변 사람들에게 봉사해야 한다. 봉사를 통해 자신의 가치를 높일 수 있다.

- 비즈니스맨과 사기꾼은 모두 속임수의 가치를 알고 있다. 둘 사이의 진정한 차이는 비즈니스맨은 결국 자신이 약속한 이익을 제공하지만, 사기꾼은 그러지 않는다는 점이다. 둘 사이의 차이는 그들의 외적 행동이 아니라 영혼의 표현에 있다.

일을 하며,

우리는 지상의 가장 심오한 꿈의 일부를 성취한다.

그 꿈이 생겨났을 때 우리에게 할당된 부분을.

— 칼릴 지브란Kahlil Gibran

9장

◆

일의 열여섯 가지 신성함

일을 통해 우리는 금전적 보상을 얻는다. 이 책은 일에 대해 논하지 않고는 끝날 수 없다. 우리는 일을 할 때, 남들뿐만 아니라 우리 자신에게도, 후흑을 집중적으로 활용한다.

1. 일은 인간의 가장 심오한 자기 표현이다

일은 우리가 자기 자신을 부양해야 한다는 의무를 다하고자 할 때 우리를 표현하는 기본적 방법이다. 일을 통해, 우리는 사회의 공동선과 인류의 진화에 기여한다. 일은 우리의 자기 표현과 자기 보존에서 핵심적 부분이다. 오직 일을 통해서만 후흑의 정신이 가시적인 형태를 얻을 수 있다.

2. 일은 자신과 남을 위한다

한 젊은이가 숲을 걷다가, 사자가 상처 입은 호랑이에게 고기 한 조각을 가져다주는 것을 보았다. 그 젊은이는 생각했다. "신은 선량하시다. 그분은 모든 피조물에게 살 방도를 마련해주셨다. 저 호랑이를 보라. 신께서는 호랑이도 돌보신다. 분명 신의 자녀인 나도 그분이 돌보아주실 것이다."

그 젊은이는 숲 기슭에 있는 자신의 작은 움막으로 돌아갔다. 그는 사냥하기를 그만두고 신이 그에게 먹을 것을 제공해주기만 기다렸다. 일주일이 지났지만 아무 일도 일어나지 않았다. 그래서 그는 몹시 굶주렸다. 두 주, 석 주가 지났으나 변화는 없었다. 결국 그는 굶어 죽어가고 있었다. 한 성자가 그의 움막을 우연히 지나다 어떻게 된 일이냐고 물었다. 그 젊은이는 얼마 남지 않은 힘을 짜내 자기 이야기를 들려주었다.

성자를 이렇게 말했다. "당신은 그 동물들을 보면서 호랑이가 아니라 사자에게서 배워야 했습니다. 사자는 자신의 먹이를 구하면서 남의 것도 준비했던 겁니다."

나는 자신의 모든 것을 걸고 승부하는 참 기업가들에게 감사한다. 그들은 자신을 위할 뿐만 아니라, 남들의 일자리도 마련해준다.

3. 일은 우리의 정신을 꽃피운다

우리의 일상적 일과 정신적 발전 사이에는 아무 경계도 없다. 모든 상황이 정신적 발전을 가속화한다. 우리는 일을 통해 우리 정신을 발전시킨다.

우리는 일을 통해 거울처럼 우리의 정신적 수준을 비춰주는 사람과 사건을 만난다. 사람과 사건은 일을 통해 우리를 거슬리게도 하고, 영감을 주기도 한다. 그것이 거슬리든 영감을 주든, 섭리의 뜻은 특정한 상황을 통해 우리에게 유익한 교훈을 주는 것이다.

인생의 그 어떤 일도 우연히 일어나지 않는다. 인생에서 만나는 사람과 사건이 우리에게 큰 감정을 불러일으킨다면, 그것은 바로 거기에서 자신을 성찰해야 한다는 신호이다.

4. 일은 가장 위대한 선생이다

노동의 목적은 배움에 있다.
그것을 알았을 때, 노동은 끝난다.
사과꽃은 사과를 만들기 위해 있으니,
사과가 열릴 때, 꽃은 떨어진다.
― 카비르(Kabir, 예언자)

나는 책을 쓸 때마다 원래 생각했던 것 이상으로 그 주제에 대해 배우게 된다. 예를 들어, 후흑이라는 개념은 20년 이상 내 머릿속에 있었다. 그러나 여기서 후흑에 대해 설명하다 보니, 그 개념은 전혀 새로운 차원으로 명료해졌다. 그것은 더 이상 모호한 심정적 개념이 아니게 되었다. 그것을 종이 위에 적고 여러 상황에 맞게 정리하다 보니, 확고한 실체가 나타난 것이다. 일은 가상 위대한 선생이다.

5. 일이 우리를 필요로 하는 게 아니라, 우리가 일을 필요로 한다

그는 자기 의무를 다해야 할지니, 제아무리 어렵게 보이더라도.
왜냐하면 그럼으로써 세속의 굴레에서 벗어날 수 있으므로.
그가 그의 본성에 따라 그에게 주어진 의무를 다하면,
그는 삶의 굴레를 극복하게 되므로.
―《바가바드기타》에서 크리슈나

신은 우리를 위해 이 세상을 창조했다. 세상은 우리를 필요로 하지 않지만, 우리는 세상을 필요로 한다. 마찬가지로 일이 우리를 필요로 하는 게 아니라, 우리가 일을 필요로 한다. 우리 중 누군가 이 별에서 모습을 감추더라도 이 별은 아무 일도 없다는 듯 계속 존재할 것이다. 이 별이 사라지더라도, 우리 은하계는 아무 일도 없다는 듯 계속 존재할 것이다. 우리 은하계가 우주에서 없어져도, 우주는 여전히 있을 것이다.

1990년에 지구에서 10억 광년 떨어진 곳에 있는 은하계가 발견되었다. 10억 광년 떨어진 곳에 뭔가가 있다는 것은 우리의 상상력을 초월한다. 그것은 정말로 우리의 자기 중요성에 적절한 관점을 심어준다.

얼마 전, 나는 명상을 하다가 이런 질문의 소리를 들었다. "《후안 흑심》이라는 책을 세상이 필요로 하느냐?"

그러자 다른 목소리가 대답했다. "아니, 필요로 하지 않는다. 다른 어떤 책도 필요로 하지 않는다. 그러나 너는 그 책을 쓸 필요가 있다." 그 대답은 나를 놀라게 했다. 나는 세상이 필요로 하는 책을 쓰고 있다고 생각했기 때문이다. 이 지혜를 곱씹어보며, 나는 그 심오한 진실을 깨달았다. 사실 나는 이 책을 쓸 수밖에 없었다. 나의 내면에서 쓰라고 하고 있었기에. 모든 위대한 작품은 그 창조자가 무의식적 압력 속에서 만들어낸 것이다. 창조의 필연성은 그렇게 강력한 힘이라, 이성을 압도한다.

6. 일은 운명을 드러낸다

너의 일은 너의 일을 찾는 것이며,
그리고 전심전력으로 그 일을 하는 것이다.
– 석가모니

맡은 일에 충실할 때 운명은 그에게 충실할 것이다. 지금 일자리가 없다면, 자신에게 맞는 일을 찾는 것을 업으로 삼으라. 자신에게 맞는 일자리를 찾을 수 없다면, 지금이야말로 늘 꿈꿔 오던 기업가 정신으로 도약할 때일 수 있다. 전에는 일을 그만두고 월급을 포기할 용기가 없었다. 종종 절망적인 상황이 극적인 행동을 유발한다.

7. 사는 것이 곧 일하는 것이다

세상의 모든 지식을 알고 있더라도, 앉아서 아무것도 하지 않는다면 그 지식은 남들에게나 자신에게나 쓸모가 없을 것이다. 철학자라 할지라도 자신의 생각을 토론하고 글로 발표해야 다른 사람들이 그 심오한 지혜를 접하고 혜택을 입을 수 있다.

세상은 끊임없이 변하고 끊임없이 움직인다. 사람 또한 자든, 먹든, 또는 단순히 앉아 있든 간에 언제나 뭔가 활동을 하고 있다. 심지어 겉으로 보기에는 아무 움직임도 없는 깊은 잠에 빠져 있어도 생명을 유지하기 위해 신체는 계속 움직이고 있다.

아기는 멋진 신세계를 배우기 위해 쉴 새 없이 일한다. 학생은 기본적인 지식과 기술을 익히려 애쓴다. 성인이 되어서는 자신과 남을 위해 일한다. 나이가 들면 신체 건강을 유지하기 위해 노력하며, 살아온 인생을 돌아보며 앞날을 생각한다. 그리고 삶의 지침이 필요한 사람에게 지혜를 빌려준다.

말하자면 우리가 육신을 가지고 있는 이상 일에서 벗어날 수 없다.

8. 농부의 미덕을 배우라

우리의 살아갈 권리를 위해
완전한 값을 치렀을 때,
그때 우리는 자유를 얻는다.
– 라빈드라나트 타고르

일을 언급할 때마다, 우리는 미루기와 게으름의 개념을 떠올리곤
한다. 시장에는 동기부여 서적과 관련 참고 자료가 차고 넘치도록
나와 있다. 이 책들과 자료의 목표는 사람들에게 행동을 촉구하고,
궁극적으로는 단순한 행동이 아니라 효과적인 행동을 하게끔 하려
는 것이다.

나는 농업 분야에서 광범위한 컨설팅을 해왔고, 수년에 걸쳐 미
국과 다른 나라 농부들을 상대해봤다. 세계 모든 농부들이 공통적으
로 가지고 있는 속성은 근면함이다.

씨를 뿌려야 할 때와 추수해야 할 때는 기다려주지 않는다. 일을
미루다가 파종 시기를 놓치면, 한 해 농사를 망치게 된다. 추수 시기
를 놓치면, 낟알들이 논밭에서 썩어버린다. 비료를 줄 시기를 놓치
면, 흉작은 필연이다.

풍작은 농부가 근면하게, 제때를 놓치지 않고 일하느냐에 달려
있다. 그는 게으름을 극복하기 위해 동기부여 서적을 읽을 필요가
없다. 농부는 다음과 같은 말의 의미를 잘 알고 있다. "성공sucess이
일work보다 먼저 오는 경우는 사전에서뿐이다."

9. 볼프강 아마데우스 모차르트의 창조의 비밀

진리에 대한 나의 믿음이, 완벽에 대한 나의 비전이,

그대를 도우리, 창조의 대가여.

― 라빈드라나트 타고르

사상 최고의 음악 천재였던 볼프강 아마데우스 모차르트는 자신의 작곡의 비밀에 대해 이렇게 쓰고 있다.

"내가 완전히 자신의 감각을 느끼며 혼자 있을 때, 마차 여행이나 식사 뒤의 산책, 잠 못 이루는 밤 등 약간의 희열을 느낄 때, 그럴 때만 아이디어가 잘 샘솟고 넘쳐난다. 영감이 언제 어떻게 오는지는 모르며, 억지로 떠올릴 수도 없다. 나를 기쁘게 하는 아이디어는 기억에 새겨지고, 저절로 콧노래로 나온다. 이런 식으로 하다가, 점차 가감하고 손질해서, 그럴듯한 작품으로 만들어지게 된다. 즉 다양한 요소가 정리되어 대위법에 따라 조화와 균형을 가진 작품이 만들어진다.

이 모두가 내 영혼에 활기를 불어넣고, 도중에 방해만 받지 않는다면 떠오른 주제는 스스로 커지며, 절도와 세련됨을 찾는다. 그리하여 비록 긴 내용이라도 마음속에 거의 완전히 정리되어 마치 훌륭한 그림이나 멋진 조각상을 흘낏 보듯 내 마음으로 볼 수 있게 된다. 나의 상상은 곡의 부분 부분을 하나씩 떠올리는 것이 아니라, 전체를 한꺼번에 떠올린다. 그때의 기쁨을 어떻게 말해야 좋을까! 이 모든 창조는, 생산의 과정은 감미로운 꿈처럼 이루어진다. 그래도 전체 곡을 실제로 듣는 것은 그 못지않은 기쁨이다. 그렇게 이루어진 곡은 쉽게 잊을 수 없으며, 그것은 아마도 신께서 내게 내려주신 가장 감사드릴 축복이리라.

영감을 악보에 옮길 때는 내 기억에서 곡을 꺼내는데, 이제까지 말한 방식으로 이루어진 곡이 내 기억 속에는 차곡차곡 간직되어 있는 것이다. 따라서 악보에 옮기는 작업은 대단히 빠르게 이루어진다. 그것은 단지 이미 완성된 곡을 베끼는 작업이며, 둘 사이에는 내 상상 속에 쓰였냐 악보에 쓰였냐 하는 차이밖에 없기 때문이다. 이런 작업에는 주변의 방해가 가장 곤란한 요소이다. 주변에 신경을 쓰게 되면 내가 쓰는 내용이나 심지어 말하는 내용조차도 닭이나 거위가 우는 소리, 그레텔이나 바르벨이 수다 떠는 소리가 되고 말기 때문이다.

하지만 내 작품이 내 손을 떠나 모차르트적인 특정 형태와 스타일을 띠고, 다른 작곡가들의 작품과 구분되는 것은 아마도 내 코가 크거나 매부리코인 이유와 다르지 않을 것이다. 내 용모가 모차르트적이듯이 내 곡도 모차르트적이다. 그러므로 나는 내 곡에 나만의 무엇을 불어넣으려고 노력하지 않는다." (《모차르트의 생애The Life of Mozart》에서)

우리는 일을 할 때 잠잠해야 하며, 내면의 자신이 알려주는 가르침을 들을 수 있어야 한다. 사람마다 내면의 목소리를 듣는 방식은 다르다. 어떤 사람은 자연스럽게 듣고, 어떤 사람은 명상과 같은 훈련을 통해 직관의 힘을 키우고 나서야 들을 수 있다.

10. 직관을 비즈니스의 도구로 사용하라

'직관intuition'의 사전적 정의는 다음과 같다. ①추론의 과정을 거치지 않고 진실, 사실 등을 직접적으로 인식함. ②순수하고, 자생적이고, 추론에 따르지 않는 지식.

직관은 서구에서 너무나 평가절하되는 경향이 있다. 그러나 특출한 위업을 달성한 사람이면 누구나 직관의 힘에 의존했다. 훌륭한 변호사는 법을 훤히 알고, 맡은 사건을 면밀히 검토해야 한다. 그러나 그는 또한 배심원들의 생각을 직관적으로 파악하여, 자신의 변론이 의뢰인에게 유리하게끔 배심원들의 마음을 흔들어야 한다.

나는 한 살인사건 전문 탐정에게서 좋은 탐정이 갖춰야 할 조건에 대해 들었다. 좋은 탐정은 자신의 본능과 직감에 의존하여 자신이 지금 제대로 된 길을 가고 있는지를 판단해야 한다. 또한 훌륭한 사업가는 활용할 수 있는 데이터를 검토한 다음에는 결국 자신의 직감에 의존해 최종 결정을 현명하게 내려야 한다.

과학의 많은 혁명적 발전은 종종 한 과학자가 알려져 있지 않던 가능성을 직관적으로 인식하면서 시작되었다. 그는 자신의 직관을 과학적 실험으로 증명하고 결론에 이르게 된다.

16세 때, 아인슈타인은 이런 의문을 가졌다. "내가 빛의 속도로 움직인다면, 빛이 어떻게 보일까?" 이 의문은 상대성이론의 단초가 되었고, 그는 남은 생애를 바쳐 이 의문을 해결하려고 노력했다.

유기화학의 초석 중 하나인 벤젠 고리는 꿈속에서 나타났다. 그 발견자인 F. A. 케쿨레는 탄소 사슬이 어떻게 연결되어 있는가 하는 수수께끼를 풀기 위해 애쓰고 있었다. 어느 날 밤 그는 꿈을 꾸다가 서로의 꼬리를 물고 있는 여섯 마리의 뱀을 보았다. 그는 곧바로 일어나서 자신의 무의식이 탄소 원자들이 벤젠 고리를 이루고 있는 정육각형 구조를 자신에게 알려주었음을 깨달았다.

간단히 말해서, 잘 계발된 직관은 일의 유용한 도구가 된다. 이 직관의 원천은 모차르트가 작곡에 사용한 영감과 같다.

11. 은총의 빛 속에서 일하라

신의 은총은 햇살처럼 우리를 감싼다. 그 빛은 차별 없이 두루 미친다. 햇볕 아래 서 있는 사람은 따스함과 빛을 흠뻑 누릴 수 있다. 나무 밑에 숨는 사람은 스스로 햇빛을 저버린다.

신의 은총의 힘으로 만물은 존재하게 되었다. 그 은총의 힘을 통해, 인간은 나날의 일을 하고 신체 기능을 유지할 수 있다.

마찬가지로, 모차르트는 신에게서 음악 듣는 법을 배웠다. 그러한 창조성은 인간의 능력만으로 되는 게 아니다. 신의 은총의 선물이 아니면 불가능하다.

우리 모두는 스스로의 내면에 은총을 간직하고 있다. 어떤 사람은 그것을 느끼지만, 어떤 사람은 못 느낀다. 모차르트가 특별했던 이유는 그가 '어느 곳에서도 들을 수 없는' 음악을 들을 수 있었기 때문이다. 모차르트가 말했듯, 그는 자신이 들은 음악을 그 시대의 작곡법에 맞춰 악보로 옮겼을 뿐이다.

12. 자신의 본성적 리듬을 발견하라

신의 상상력은 무한하다. 그에 따라 세상은 우리에게 계속해서 놀랄 일을 보여준다. 우리 각자는 독특한 존재들이다. 누군가에게 효과가 있다고 그것이 다른 사람에게도 효과가 있는 것은 아니다.

예를 들어, 일찍 자고 일찍 일어나는 것은 적절한 생활방식으로 받아들여진다. 일찍 일어나 고요한 아침을 즐기는 일은 매우 상쾌한 경험이다. 그러나 그런 방식이 맞지 않는 사람도 있다. 앞서 말했듯, 살바도르 달리, 윈스턴 처칠, 휴 헤프너 등은 그런 습관을 기피했고 자신에게 가장 편한 시간에 일을 했다.

이 내용은 특히 '9 to 5'에 적응하기 어려운 사람들을 위해 썼다. 자신의 본성적 리듬이 밤에 일하는 것을 가장 좋아하면, 그렇게 일할 수 있는 직업을 찾아보라.

13. 무한한 한계까지 뻗어나가라

기둥에 쓰이는 목재를 젓가락 만드는 데 써서는 안 된다.
— 중국 속담

능력이 있다면, 자신의 상상력을 죽이면서 스스로를 헐값에 팔지 마라. 마찬가지로, 능력에 비해 너무 쉬운 일을 맡고 있다면, 그건 재능을 허비하는 것이며 오히려 잘해내지도 못할 것이다.

고대 중국에서 한 유능한 젊은이가 작고 외진 마을을 다스리라는 명령을 받았다. 조정 대신의 비위를 거슬렀기 때문이다. 새 임지에 부임한 그는 오로지 술과 잠으로만 나날을 보냈다. 일은 완전히 제쳐두었고 미결 서류는 쌓여만 갔다. 1년 뒤, 조정에서 나온 감찰관은 그 젊은 관리가 업무를 전혀 보지 않는다고 불평하는 촌민들의 말을 들었다. 그리고 평소처럼 술에 잔뜩 취해 있는 젊은 관리에게 왜 소임을 다하지 않느냐고 추궁했다. 그러자 젊은이는 대답했다. "사흘 뒤에 다시 와 보시죠. 다 해놓겠습니다." 사흘 뒤에 감찰관이 돌아가 보니 관복을 갖춰 입은 젊은이가 잘 정돈된 집무실에서 집무를 모두 끝내놓고 기다리고 있었다. 그 젊은 관리는 1년이 걸릴 일을 사흘 만에 끝냈던 것이다.

나중에 감찰관은 그가 벽촌에 배정된 이유가 윗사람의 노여움을 샀기 때문임을 알았다. 그는 조정에 돌아가 국가의 유능한 인재가 썩고 있다고 황제에게 보고했다. 그 젊은이는 황궁으로 소환되어 영예로운 중책을 맡았다.

14. 업무 수행의 3P

'업무 수행의 3P'는 많이 알려져 있다. 그래도 다시 짚고 넘어갈 필요가 있다.

목적Purpose 일에 있어서 목적이란 조종사의 비행계획표, 함장의 항해지도와 같은 것이다. 우리는 목적지로 출발하기 전에 어디로 갈 것인지, 어떻게 갈 것인지에 대해 알고 있어야 한다.

지속력Perseverance 이것의 중요성은 인내를 논하는 장에서 충분히 설명했다.

인내심Patience 인내 없이는 아무것도 이루어지지 못한다. 불행히도, 이 물리적 세계에서 시간과 거리는 우리가 배려해야 할 두 가지 요소다. 손가락만 튕긴다고 바로 이루어지는 일은 없다. 아시아 출장 같은 간단한 일도 한 번에 비행기를 10시간 이상 타야 하기에 인내를 필요로 한다. 인내가 있어야 모든 것이 더 원활히 흘러간다. 그것이 없으면 인생은 엉망진창이 될 것이다.

15. 일은 최고의 예배이며, 최대의 희생이다

너의 의무를 다함으로써 희생을 드렸다면,

너는 달리 아무런 희생도 필요 없다.

네 의무에 헌신하라, 그러면 완벽해지리라.

―《바가바드기타》에서 크리슈나

자기 이익에 초연한 채 의무를 수행하면, 일은 곧 희생이 되며 신에 대한 예배가 된다.

여기서 초연함이란 무엇인가? 우리는 육신의 존재이므로, 살아가기 위해서는 물질적 보상을 받아야 한다. 그러나 금전에만 집착하면 일의 성과는 향상되기는커녕 낮아진다. 궁수가 활을 쏠 때 상금이 아니라 표적에 전념해야 표적에 명중시키고, 상금도 받을 수 있는 이치이다.

희생이란 무엇인가? 희생은 바치는 것이다. 우리의 노동을 행동할 능력을 내려준 분에게 바친다. 우리가 자기 만족에 대한 집착 없이 일을 할 때, 우리의 노력은 신에 대한 희생이 된다. 따라서 희생은 예배가 된다.

맡겨진 일을 희생이자 예배로 한다고 해서 받을 보상이 줄어들지 않는다. 받을 가치가 있는 보상이 우리에게 온다. 사실 이러한 태도는 일상의 업무를 신성한 것으로 바꾼다. 그러면 우리의 업무 실적은 향상되고, 더 큰 보상이 주어진다.

16. 신적인 의지와 인간적인 의지의 조화

나는 매일 아침 마음을 다잡기 위해 다음 구절을 읽는다.

"신적인 것과 일치되는 것은 성공을 끌어들이는 가장 중요한 요소다. 올바르고 주의 깊게 생각하면서 신적인 의지와 조화를 이루는 길을 발견하는 것, 그것이 인간의 가장 큰 의무이다."

인간의 의지가 그릇될 때, 성공조차도 슬픔만 가져올 뿐이다. 한 위대한 존재는 일찍이 이렇게 말했다. "인간은 맹목적으로 동기부여를 추구한다. 맹목적으로 스스로에게 동기를 부여하여 종종 스스로에게 낯선 곳으로 떨어지고 만다."

현대 산업사회에서 우리는 다른 사람들과 보조를 맞춰야 한다는 강박관념에 시달린다. 끊임없이 더 열심히, 더 오래, 더 낫게 일해야 한다는 동기를 부여받는다. 최신 동기부여 서적을 산다. 그래도 불안하면, 잠재의식까지 자극하려 한다. 이 모든 '맹목적인 동기 추구'는 성공을 목표로 하고 있다.

성공을 지향하는 게 잘못은 아니다. 우리는 인생의 목표가 무엇이든 우리가 보는 별들 중에서 가장 멀리 있는 별에 손을 뻗어야 한다. 그러나 모든 주의를 동기부여에 쏟고 성공에 필요하다는 행동에 쏟는다면, 아주 중요한 요소 하나를 빠트리게 된다. 신적인 의지의 가르침이다. 따라서 우리는 성공의 조짐이 나타날 때조차 행복할 수 없으며, 깊은 허무감에 싸이고 만다.

나는 그런 느낌을 직접 경험했다. 오래전에 나는 어떤 사업에 손을 댔는데 한두 해는 아주 잘 돌아갔다. 그러나 그 뒤부터는 모든 게 잘못되어갔다. 심지어 일상적 업무조차도 엉뚱하게 잘못되곤 했다. 마치 뭔가 거대한 힘이 내 사업을 방해하고 있는 것 같았다. 그러나 나는 내 의지로 뭐든지 극복할 수 있다고 여겼다. 단지 더 열심히 일하고, 돈을 더 투자하면 되는 일이라고. 나는 동업자들과 함께 몇 년을 더 분투했다. 사업을 살려야 한다는 압박이 심해질수록, 나는 신의 목소리에 귀를 기울이고 겸허히 기도하는 일을 잊어버렸다. 나는 심지어 동기부여 서적조차 필요 없었는데, 나의 맹목적인 동기는 너무나 절박했기 때문이다. 기필코 성공하자, 회사를 구하자는 나의 결의는 그 사업을 그만두라는 신의 의지만큼 강했다. 그러나 모든 가능성이 닫힌 뒤에야 나는 그의 의지가 내 의지보다 강했을 뿐 아니라 현명했음을 깨달았다. 그리고 앞으로는 반드시 신의 의지와 조화를 이루어야 한다는 것을 알게 되었다.

그 회사를 정리한 후, 나는 우연히 저 심오한 메시지를 읽게 되었다. "인간은 맹목적으로 동기부여를 추구한다." 내가 그 메시지를 일찍 보았더라면, 그런 상심은 겪지 않아도 되었을 것이다. 하지만 내가 그 메시지를 쓰라린 경험을 겪기 전에 읽었더라면, 그 심오한 지혜는 체득하지 못했을 것이다.

핵심 요약

- 일, 인간의 가장 심오한 자기 표현. 일을 하며 우리는 지상의 가장 심오한 꿈의 일부를 성취한다. 그 꿈이 생겨났을 때 우리에게 할당된 부분을.
- 자신과 남들을 위해 일하라.
- 우리는 일을 통해 우리의 정신을 발전시킨다. 일을 통해, 우리는 거울처럼 우리의 정신적 수준을 비춰주는 사람과 사건을 만난다.
- 일, 가장 위대한 선생. 노동의 목적은 배움에 있다. 그것를 알았을 때, 노동은 끝난다. 사과꽃은 사과를 만들기 위해 있으니, 사과가 열릴 때, 꽃은 떨어진다.
- 일이 우리를 필요로 하는 게 아니라, 우리가 일을 필요로 한다.
- 일은 운명을 드러낸다. 우리의 일은 우리의 일을 찾는 것이며, 전심전력으로 그 일을 하는 것이다.
- 인생은 행동을 통해 진화한다. 결국 우리가 육신을 가지고 있는 이상 일에서 벗어날 수 없다.
- 농부의 미덕을 배워라. 파종해야 할 때와 추수해야 할 때는 기다려주지 않는다. 일을 미루다가 파종 시기를 놓치면, 한 해 농사가 틀린 일이 된다. 추수 시기를 놓치면, 낟알들이 논밭에서 썩어버린다. 비료를 줄 시기를 놓치면, 흉작은 필연이다. 풍작은 농부가 근면하게, 제때를 놓치지 않고 일하느냐에 달려 있다. 그는 자신의 게으름을 극복하기 위해 동기부여 서적을 읽을 필요가 없다.
- 볼프강 아마데우스 모차르트의 창조의 비밀. 신의 은총을 따라가는 것. 모차르트는 오리지널리티를 고민한 적이 없다.

- 직관을 비즈니스의 도구로 사용하라. 직관이란 서구에서 너무나 평가 절하되는 경향이 있다. 그러니 특출한 위업을 달성한 사람이면 누구나 직관의 힘에 의존했다. 잘 계발된 직관은 일의 유용한 도구다. 이 직관의 원천은 모차르트가 작곡에 사용한 영감과 같다.

- 은총의 빛 속에서 일하라. 신의 은총은 햇살처럼 우리를 감싼다. 햇볕 아래 있는 사람은 그 따스함과 빛을 흠뻑 누릴 수 있다. 마찬가지로, 모차르트는 신에게서 음악 듣는 법을 배웠다. 그러한 창조성은 인간의 능력만으로 되는 게 아니다. 신의 은총이 아니면 불가능하다.

- 자신의 본성적 리듬을 발견하라. 신의 상상력은 무한하다. 그에 따라 세상은 우리에게 계속해서 놀랄 일을 보여준다. 우리 각자는 독특한 존재들이다. 누군가에게 효과가 있다고 그것이 다른 사람에게도 효과가 있는 것은 아니다.

- 무한한 한계까지 뻗어나가라. 기둥에 쓰이는 목재를 젓가락 만드는 데 써서는 안 된다. 능력이 있다면, 스스로를 헐값에 팔지 마라.

- 업무 수행의 3P: 목적Purpose, 지속력Perseverance, 인내심Patience.

- 일, 최고의 예배이며 최대의 희생. 의무를 다함으로써 희생을 드렸다면, 달리 아무런 희생도 필요없다. 의무에 헌신하라, 그러면 완벽해진다.

- 신적인 의지와 인간적인 의지의 조화. 신적인 것과 일치되는 것은 성공을 끌어들이는 가장 중요한 요소다. 올바르고 주의 깊은 생각을 통해 신적인 의지와 조화를 이루는 길을 발견하는 것, 그것이 인간의 가장 큰 의무이다.

자신의 세력이 강하다면,

약하게 보이도록 하라.

—《손자병법》

10장

◆

바보처럼
보이는 것의 힘

중국 고전 《36계》는 직접적인 대립 없이 승리를 거둘 수 있는 방법을 가르쳐주고 있다. 아시아에서는 많은 비즈니스맨과 정치인이 이 책을 탐구한다. 《36계》에서 말하는 전략들의 핵심은 그 표현만 읽어봐도 쉽게 알 수 있다. "호랑이를 잡기 위해 돼지인 척하라." "현명해지도록 하라. 하지만 바보처럼 보여라." "도망이 최상책이다."

굴복을 통한 승리

아무리 강하고 단호한 사람이라 해도 항상 더 강하고 단호한 누군가가 있게 마련이다. 그렇기에 언제 싸울 것인지, 언제 물러설 것인지를 아는 감각을 키워야 한다. 또한 굴복의 기간을 참는 법을 배우는 것도 중요하다. 자신의 목표를 달성하는 데 굴복이 싸움보다 더 효과적일 때도 많다.

일본의 경제적 성공은 굴복의 힘을 여실히 보여준다. 제2차 세계 대전에서 패배한 후, 일본의 국제적 위상은 한때 세상의 절반을 좌우하던 제국에서 피점령국으로 곤두박질쳤다. 일본은 침략이 항상 그 목표를 달성하지는 않는다는 혹독한 교훈을 배웠다. 거의 45년 동안 조용히 굴복의 자세를 취한 끝에 일본은 다시 번영하고 있다.*

이기는 것이 지는 것이다

"이기는 자는 질지어다." 이 위대한 지혜는 아시시의 성 프란체스코가 남긴 말이다. 바로 이해하기는 힘든 지혜이지만, 다음 이야기를 읽으면 그 요점을 알 수 있을 것이다.

여러 해 전, 나는 60대 초반의 한 남자를 만났다. 그는 희망이라고는 하나 없어 보였고, 컴컴한 구덩이 속에 갇혀 있는 것만 같았다. 3년간 실업 상태였고 저축도 다 까먹은 상태였다.

그 일은 5년 전에 시작되었다고 한다. 그는 수익이 짭짤하다는 해외 부동산 벤처의 거대 금융 거래에 발을 들여놓았다. 그러나 그것

---

* 《후안흑심》은 1992년에 초판이 발간되었고, 이 내용은 그 당시 일본에 대한 저자의 평가임을 알립니다.
_편집자

은 완전한 사기였고, 그는 27만 달러를 잃었다.

그는 그 실패를 도저히 받아들일 수 없어서 법정 싸움에 전념하게 되었다. 그러다 보니 일에는 소홀해졌고, 결국 해고되었다. 3년간의 법정 싸움과 실직 상태를 겪다 보니, 남은 예금도 모두 사라져 버렸다. 마침내 재판에서 이겼을 때는 상대방이 그의 재산을 모두 날린 때였고, 그는 아무 소득도 없는 승리를 거두었다.

인생을 살며 우리는 크고 작은 싸움을 무수히 겪게 된다. 우리는 어떤 싸움에서 싸워야 하고 어떤 싸움에서 우아하게 패배를 선언한 후 그 설움을 견딜 것인지를 현명하게 판단해야 한다. 때로는 궁극적인 승리의 대가가 너무 커서 실제로는 패배가 될 수도 있다. 리 아이아코카의 말처럼, "경쟁이 단순히 '누가 이 물건을 가장 싸게 생산할 수 있느냐'의 수준으로 축소된다면, 최대의 승자는 최대의 패배를 당할 용의가 있는 사람일 것이다."

자신을 해칠 수 있는 상대에게 맞서지 마라

왕 씨는 대만의 재능 있는 예술가다. 그는 한정된 수의 도자기를 제작해서, 별다른 광고 없이 친분이 있는 사람들에게만 판매했다. 그의 생활 수준은 변변치 못했다. 우연히 예술가 프로모터인 류 씨가 왕 씨의 작품을 보고는 그 잠재력을 알아보고 그를 후원하기로 결정했다.

류는 1000명의 후원자를 모았다. 각 후원자는 1000달러에 상당하는 입회비를 냈다. 총 100만 달러를 모은 류는 사설 갤러리 전시회, 언론홍보 등의 프로모션 활동에 들어갔다. 3년 뒤, 왕의 작품은 홍콩의 현역 예술가 작품 중에서 가장 소장 가치가 있는 작품 중 하나로 떠올랐다. 이제 그의 작품은 한 점당 10만 달러에 호가되었다.

그러자 왕 씨는 이렇게 생각하기 시작했다. '왜 류에게 내 수입의 절반을 주어야 하지? 게다가 류는 너무 독선적이란 말이야. 류와 손을 끊고 나 스스로 하는 게 좋을지 몰라.' 왕은 이 문제를 친척이자 성공한 사업가인 람 여사와 의논했다.

람 여사의 진실한 충고는 이랬다.

"거역하면 안 되는 사람이 있단다. 류가 바로 그런 사람이지. 류씨에게 뭘 얼마나 실망했는지 몰라도, 참거라. 류는 대만 예술계에서 아주 힘이 세단다. 너를 그렇게 빨리 키웠으니, 빨리 부숴버릴 수도 있어. 떠오르는 샛별인 너는 절대로 류 씨에게 거슬러서는 안 돼. 류 씨에게 잘 보이는 한 너는 네가 생각하는 이상으로 성공할 수 있어. 예술계란 가치를 지키는 게 전부란다. 류를 네 팀에 꼭 잡아둬야만 해."

그녀의 충고는 확실히 현명했다.

한 야심찬 홍콩 예술가가 샌프란시스코에 도착하여 자기 작품을 전시할 갤러리를 찾기 시작했다. 자기 고향 어부들의 모습을 그린 유화 작품들이었다. 그는 잔뜩 고생만 하다가 그의 재능을 알아보는 사람을 만나게 되었다. 품격 있는 갤러리 주인이던 그는 그의 작품이 마음에 들어서 여러 차례 전시회를 열어 그 화가를 도와주었다. 또한 그의 작품을 수록한 호화 장정의 책을 출판하고, 그의 작품이

각 화랑의 주요 진열 대상이 되도록 많은 돈을 써서 후원했다. 그 갤러리의 노력 덕분에, 그의 첫 작품은 8민 달러에 팔렸다. 화가와 갤러리, 그리고 수집가들 모두 덕을 보았다.

그러나 몇 년 지나지 않아 그 화가는 친구들로부터 직접 해나가는 게 가장 이익이라는 조언을 들었다. 그 결과 화가는 갤러리와 손을 끊고 자기 그림만 파는 작은 상점을 열었는데, 그의 그림은 수집가들에게 가치를 잃어버렸다. 화가는 갤러리가 그를 도와줄 때의 수준 근처에도 갈 수 없었다. 더욱 큰 문제는 그의 그림에 투자했던 사람들 모두가 돈을 잃었다는 사실이다. 나도 그중 하나였다.

바보처럼 보이는 것의 힘

얼마 전, 나의 대만 고객 한 사람이 도쿄의 일본인 사업가인 타로 씨를 만나 보라고 말해주었다. 타로 씨는 도매상품을 취급하며 일을 도와줄 사람을 찾고 있었다. 나는 도쿄로 날아가 그를 만났다.

타로 씨는 선적되어 오는 물건이 원산지에서 잘못 다루어 질이 떨어지거나 훼손된 경우가 너무 많다고 말했다. 이것은 큰 문제였는데, 팔든 못 팔든 간에 그는 일본에 도착하는 상품에 10퍼센트의 관세를 지불해야 했기 때문이다. 더욱이, 그는 선적품을 분류하느라 추가로 인력을 고용해야 했고, 이제 그는 적자 상태에 있었다. 그가 바라는 것은 선적 시점에서 품질 보증을 해줄 누군가였다. 그는 상급품에 대해 현재 가격보다 15퍼센트를 더 낼 용의가 있다고 했다.

나는 내가 맡을 역할을 준비하기 위해 물품 창고를 둘러보면서 그의 설명을 들었다. 그는 점잖고 진실해 보였다. 내가 떠나기 전에, 타로 씨는 자신에게 미국 농업 쪽의 최신 정보를 제공해 달라고 재삼 당부했다.

팩스가 태평양을 빈번하게 오갔지만, 다로 씨로부터 실제 업무 주문은 하나도 없었다. 그는 주문을 자꾸 미루면서 미국 농업 시장의 정보만 요구했다.

정보를 제공하는 자체에는 별 거리낌이 없었다. 정보 제공은 내 비즈니스의 하나이기도 했다. 하지만 그것은 먼저 비즈니스가 이뤄지고 그 옵션으로 정보 제공을 한다는 뜻이었다. 그때까지 나는 타로 씨로부터는 별반 가치를 제공받지 못했는데도, 계속 정보를 담은 팩스를 보내고 있는 상황이었다. 나는 그와의 거래가 정보 제공 비즈니스가 된다면 그에 따른 요금을 받아야 한다고 여겼다.

결국 그에게 항의하면서 일거리를 달라고 직접 요구했다. 그 일본인은 '노no'를 말하기 꺼려했다. 화합을 중시하는 일본의 비즈니스 문화를 따르는 것이었다. 타로 씨가 아직 일을 맡길 준비가 안 되었다고, 적어도 더 많은 정보를 주기 전까지는 힘들겠다고 팩스로 답장을 보내오자, 나는 아무래도 당한 것 같다는 생각이 들었다.

타로 씨가 나를 이용해 정보를 얻는 것은 그리 놀라운 일이 아니었다. 아시아의 사업가들에서 흔히 볼 수 있는 모습이었다. 흥미로운 것은 이용당한 나 자신의 반응이었다. 과거의 나라면 두 가지 옵션을 생각했을 것이다. 경험으로 치부하고 말없이 툭툭 털고 다른 길로 가는 것. 아니면 그에게 당신 의도를 잘 알겠으니 더 이상 당하지 않겠다고 말하는 것. 첫 번째는 끝장을 보는 것이지만 현실적이다. 두 번째 역시 끝장을 보지만 내 기분은 나아질 수 있다.

하지만 이번에는 세 번째 옵션을 택했다. 인내의 정신을 살려, 바보처럼 보이면서, 아무것도 하지 않는 것. 나는 그에게 시간을 투자하고 성의를 다하였기에, 그 상황에서 뭔가라도 얻어야 할 것 같았다. 그의 말을 곧이곧대로 받아들여, 그가 어디까지나 선의로써 나와 거래하려 한다고, 다만 지금은 그가 내 도움을 직접 필요로 하지 않는다고 납득하기로 했다. 타로 씨에게 뒤통수를 맞은 분함을 인내하며 상황과 나의 자존심을 분리한 채, 앞으로 그와 다시 거래할 가능성을 남겨두기로 했다.

표면적으로 세 번째 옵션은 첫 번째 옵션과 같은 결과를 가져올수 있다. 둘 다 일을 그만두면서 상황을 납득한다는 내용이다. 하지만 세 번째 옵션은 그것에 그치지 않는다. 갑자기 통제권이 내게로옮겨온다. 나는 더 이상 부당하게 이용당한 '희생자'가 아니다.

세 번째 옵션을 취하는 순간, 나는 단지 성공할 준비가 되어 있는게 아니라 이미 성공해 있다는 내적 환경을 구축하게 된다. 만약 타로 씨가 돌아온다면, 물질적 보상의 가능성 외에는 더 이상 이뤄야할 게 없는 셈이다.

이렇게 보면, 나는 기다리는 입장도 아니다. '기다린다'는 것은 좋건 나쁘건 '뭔가를 기다린다'는 것이기 때문이다. 나는 단지 뭔가 좋은 일이 일어나면 그냥 수용하면 된다. 반면 안 좋은 일은 수용 자체가 불가능하다. 이미 내 현실에서 사라진 가능성이니까.

1년 뒤, 타로 씨는 미국에 와서 내게 전화를 걸었다. 그리고 마침내 규모가 큰 주문을 맡겼으며, 또 다른 벤처사업으로의 길도 열렸다. 나의 '바보처럼 보이기' 전략이 결실을 거둔 것이다.

핵심 정리

- 지는 것으로 이겨라. 자신의 세력이 강하다면, 약하게 보이도록 하라.
- 아무리 강하고 단호한 사람이라 해도 항상 더 강하고 단호한 누군가가 있게 마련이다.
- 언제 싸울 것인지, 언제 물러설 것인지를 아는 감각을 키울 필요가 있다. 또한 굴복의 시간 동안 참는 법을 배우는 것도 아주 중요하다.
- 자신의 목표를 달성하는 데 굴복이 싸움보다 더 효과적일 때도 많다.
- 이기는 것이 지는 것일 수 있다. 해서는 안 될 싸움을 했다면, 이겨도 진 것이다.
- 우리는 어떤 싸움을 싸우고 어떤 싸움에서 우아하게 패배를 선언한 후 그 설움을 견딜 것인지 현명하게 판단해야 한다.

위대한 정신은

항상 저열한 정신들로부터

격렬한 반대를 당한다.

— 알베르트 아인슈타인Albert Einstein

11장

◆

교활하고 잔인한 자들
사이에서

우리는 보통 자신의 이익과 생존을 위해 노력한다. 삶의 실제는 우리에게 감정이 있고 지갑을 여럿 두는 한 늘 감정이 상하고 지갑을 털릴 각오를 해야 한다는 데 있다. 한 성자가 지갑을 가진 채 거리를 걷고 있었다. 도둑의 눈에는 성자는 없고 지갑만 보였다. 도둑에게 지갑은 생존을 위해 필수적인 것이다. 그 지갑이 누구의 것인지는 관심 밖의 일이다.

이 세상의 현실은 도둑과 강도를 포함한다. 이 세상에서 그들은 그냥 지갑만 뺏어가는 것도 아니다. 인간의 선량함에 대한 믿음도 빼앗으며, 세상의 추한 면을 들이댄다. 그러므로 세상에는 야만이 있음을 알고, '낯 두꺼움'의 방패로 스스로를 지켜야 한다. 그리고 '시커먼 마음'의 창으로 피할 수 없는 싸움을 해가야 한다.

자기 보존의 원칙

미국인들은 1990년대가 되면서 국가 경제와 개인 소비 능력이 전보다 위축되었음을 느꼈다. 세계 최대의 경제 대국에서 세계 최대의 채무국으로 전락하고 말았다. 갈수록 많은 사람들이 경제 문제로 노심초사하고 있다. 고민이 늘면서, 어떤 사람들은 전보다 다루기 힘든 사람으로 변했다. 조지 부시 1세 대통령이 더 부드럽고 친절한 미국의 이미지를 내세우지 않을 수 없었다는 사실이야말로 우리가 사실은 그 반대 방향으로, 우아함과는 거리가 멀어지고 있다는 것을 반증한다.

일상적 관계에서 '너 요즘 내게 어떻게 했지?'라는 생각이 메아리치고 있다. 교활하고 잔인한 사람들에게, 예전의 친절함에 대한 감사는 찾아볼 수 없다. 과거의 선행은 별 의미가 없다. 중요한 것은 이 질문뿐이다. "너 요즘 내게 어떻게 했지?"

조지 부시 1세 대통령은 더 부드러운 미국을 말하며 국민 의식을 바꾸려 했다면, 후흑의 실천자는 교활하고 잔인한 자들 사이에서 자기 보존의 목표를 이루기 위해 다음의 핵심 원칙을 숙지해야 한다.

자기 이익을 지켜라

노스롭Northrop 사의 임원이었다가 퇴직한 짐은 내게 이렇게 말한

적 있다. "뭔가 당하고 있다는 느낌이 든다면, 아마 그럴 것이다." 이 세상에서 대부분의 사람은 '좋은 사람은 늘 손해만 본다'는 경험을 갖고 있다. 우리가 남들을 배려하고 지나치게 상대를 헤아려주는 태도를 보이면, 그것은 남들에게 우리를 이용해먹으라고 웅변하는 격이다. 최근 한 기자회견에서 콜로라도의 하원의원인 패트리셔 슈뢰더는, 클린턴 대통령이 자신에게 대립각을 세우는 의원들에게는 양보를 하고, 자신을 지지하는 사람들은 무시한다고 지적했다.

자신에게 당연히 소속되는, 즉 자신의 것을 스스로 지킬 수 없다면 어느 누구도 그렇게 해줄 수 없다. 설령 우리가 우리 권리를 지키려 해도, 덤비고 위협하는 사람이 많으리라. 그들은 우리가 그들의 진격을 막을까 봐 우리를 강등시키고 무력하게 만들고 싶어한다.

바바라는 네트워크 TV의 뉴스 앵커이다. 그녀는 그 방송국에서 5년 동안 근무했으며, 그녀의 뉴스 프로그램은 지역에서 가장 높은 시청률을 기록하고 있다. 하지만 5년간 최고의 위치에 있기란 결코 쉬운 일이 아니다.

3년 전에 그녀는 방송국과 처음으로 계약 갱신을 하게 되었는데, 몇 가지 중대한 반발에 부딪혔다. 방송국 임원들은 바바라가 자기 몫을 충분히 하지 못하고 있으며, 다시 계약하게 된다면 다행인 줄 알라는 투였다. 그녀는 그런 태도에 감춰진 진짜 메시지를 들었다. "당신은 여자야. 여자가 그렇게 드세서는 안 되지."

그녀가 계약 사항을 고쳐 달라고 요구하자, 임원진의 반응은 격렬했다. 그녀는 자신의 가치를 확신하고 있었기에, 타협을 단호히 거부했다. 매일같이 보도국장은 그녀를 자기 집무실로 불러 꼬치꼬치 트집을 잡았고, 매번 "이 계약서에 서명해요"라는 말로 이야기를 끝냈다. 4개월 뒤, 그녀는 여전히 요지부동이었다. 마침내 임원진은 바바라의 요구를 받아들여 계약 사항을 수정했다.

그러나 그녀는 계약에 막 서명하려다가 변호사에게 그 내용을 보여주었다. 그 변호사는 문구를 약간 더 수정할 것을 제안했다. 방송국으로 돌아간 그녀는 그 이야기를 꺼냈고, 임원진은 다시 충격과 분노에 휩싸였다. 상급자들은 그녀의 행동이 이기적이고 부도덕하다고 노골적으로 비난했다. 그래도 바바라는 굽히지 않았다. 마침내 계약서 문구는 양측의 합의에 따라 다시 수정되었다.

최근 바바라는 다시 3년 계약을 갱신했다. 그런데 이번 계약은 전보다 훨씬 수월했다. 그녀는 이렇게 말했다. "이제 그들은 내가 어떻게 일하는지 알았고, 내가 말하는 게 무슨 의미인지 알았지요. 사실 나와 함께 일하는 사람들은 입을 모아 실제 바라는 것보다 더 많은 것을 요구해야 한다고 했어요. 그들이 내게서 마지못한 양보를 끌어 냈다며 좋아하도록 말이지요. 하지만 나는 그런 일을 하지 않아요. 도저히 받아들일 수 없는 점만 지적하고 고쳐달라고 하죠. 고칠 필요도 없는 내용을 공연히 요구하지는 않아요."

이 이야기의 요점은 바바라의 협상 전술에 있지 않다. 실제로 바라는 것 이상을 요구하는 게 나은지, 자신이 절대로 양보할 수 없는 것만 요구하는 게 나은지를 확실히 판가름해 주는 원칙은 없다. 바바라를 그토록 강하게 만들었던 정신을 인식하고 그 이유를 파악하는 게 보다 중요하다. 그녀는 매일같이 임원진의 으름장을 위협, 모욕, 조롱의 형태로 체험했다. 그러나 그 와중에도 카메라 앞에서는 쾌활한 태도를 보이며 방송에 임해야 했다. 그것이 중견 언론인의 프로다운 자세였으니까. 그녀는 협상 과정에서 겪는 감정이 사기 일에 영향을 주지 못하도록 했다. 바바라는 자기 가치에 대한 확고한 믿음이 있었다. 그녀는 '낯 두꺼움'을 써서 모욕에 흔들리지 않고 자신이 믿는 싸움을 계속할 수 있었다. 또 '시커먼 마음'을 써서 가장 완강한 자세로 자신의 신념을 밀어붙일 수 있었다.

자신의 가치를 알라

마사는 매력적인 부동산 개발업자로, 전에는 영화 제작을 하기도 했다. 그녀는 자신의 부동산 개발 프로젝트를 위해 세계에서 가장 유명한 산업디자이너 중 한 명에게 편지를 썼다. 디자이너는 마사를 만나러 캘리포니아로 와서 프로젝트에 대해 의견을 나누었다.

내가 처음 마사를 전문가 모임에서 만났을 때, 그녀는 그 디자이너를 비롯해 그의 수행원 다섯 명과 함께 있었다. 처음에는 그녀가 그 디자이너의 스태프 중 한 사람으로, 내게 그의 최근 프로젝트에 대한 인상을 인터뷰하려는 줄만 알았다. 그로부터 2년 뒤, 마사는 나와 친한 친구가 되어 있었다. 그리고 그녀는 내게 자신이 얼마나 바보였는지 한심하다면서 그 디자이너에게 이용당하고 모욕당한 내용을 털어놓았다.

마사에 따르면, 그 디자이너는 부동산 프로젝트에 큰 관심을 보이는 척하면서 장기적인 업무관계를 맺고 싶어했다고 한다. 그러고는 얼마 안 있어 자신에 대한 다큐멘터리 영화 제작에 힘을 빌려달라고 하면서 마사가 그와 함께하는 것은 큰 특권이라는 식으로 말했다는 것이다. 그뿐만 아니라, '관계를 더 원만히 하기 위해' 그와 동침까지 해야 했다. 그리고 1년 뒤, 마사는 아무 소득도 없이 그와 결별했다.

그녀는 말했다. "난 내 가치를 제대로 몰랐던 거야. 적어도 매춘부는 그걸 해주고 돈이라도 받지. 더 안 좋은 건 그가 유부남이란 걸 내가 알고 있었다는 거야."

차별의 시선

개는 뭐든지 편견을 가지고 차별해서 본다.

– 중국 속담

중국에서 개는 반려동물로 취급되지 않았으며, 단지 집을 지키는 역할을 맡았다. 그래서 물지 못하는 개는 중국에서는 쓸모가 없었다. 그렇다고 중국 개들이 감시견 훈련을 받은 것도 아니다. 어떤 사람을 공격하고 어떤 사람을 들어오게 허용할 것인지는 오로지 개의 본능이 결정한다. 주인집에 강도가 들어오게 하거나 중요한 손님을 무는 개는 내쫓길 것이다. 개는 다음 몇 가지 간단한 규칙에 따라 방문자를 허락할지 여부를 식별한다.

1. 허름하고 지저분하게 입은 낯선 사람이 집에 들어오려고 하면 물어라. 기껏해야 거지일 것이다.

2. 어딘지 불안해 보이고, 수상하며, 믿음이 안 가는 낯선 사람은 공격하라. 그러면 웬만해서는 큰일이 나지 않을 것이다. 주인에게 네가 확실히 경계하고 있음을 증명할 수 있다.

3. 낯선 사람이 옷도 허름하고 의기소침해 기가 죽어 보이면, 지체 없이 물어뜯어라. 걱정할 필요 없다.

4. 잘 차려입고 멋을 낸 낯선 사람은 공격하지 마라. 환영받는 손님일 가능성이 너무 크다. 그를 물면 주인이 너를 두들겨 팰 것이다.

5. 기운이 넘치고 자신감 있어 보이는 낯선 사람은 공격하지 마라. 그가 직접 너를 때릴 수 있다.

6. 잘 차려입고 기운차며 자신감 있어 보이는 낯선 사람이라면 꼬리를 흔들고 재롱을 피워라.

이 간단한 차별의 규칙은 중국 개들 사이에서뿐 아니라 전 세계의 비즈니스맨과 정치 지도자들 사이에서도 그대로 통용되는 것이다. 누구를 우대할까, 누구에게 비위를 맞출까, 누구를 공격할까를 정하면서 그들은 한결같이 부유하고 힘 있어 보이는 사람들 앞에서는 아부하고, 가난하고 약해 보이는 사람들에게는 퇴짜를 놓는다.

그리고 정치 지도자들과 중국 개들만 그렇게 행동하는 것도 아니다. 기업의 이사회에서 이사들이 합병 타깃에 대해 의논하는 걸 들어보라. 분명 상대 기업의 약점을 집중적으로 논의할 것이다. 또 쉬는 시간에 고등학교 운동장에서 무슨 일이 벌어지는지를 보라. 몸집이 큰 아이가 왜소한 아이를 밀어내고 올라선다. 누가 가르쳐 주지 않아도 아이들은 이 원칙을 직관적으로 체득하고 있다. 왜냐하면 그것은 타고난 본성이기 때문이다.

사냥꾼의 본능

위에서 설명한 행동은 어딜 가도 확인할 수 있다. 근본적으로 교활하고 잔인한 사람들은 항상 이용해 먹을 '착한 사람'들을 찾는다. 동물의 왕국에서 사자는 항상 수천 마리의 무리 중에서 약하고 병든 녀석을 찾아 사냥한다. 우리 인간 역시 약하고 병든 짐승처럼 자신의 내적 상태를 남들에게 널리 광고하고 있다. 남들이 우리가 두려워하고 겁내는 부분을 눈치채는 순간, 우리는 표적이 되고 만다. 이 사냥꾼의 본능은 완전히 직관적이다.

내 친구 케빈은 동업자와 함께 8개월 동안 프로젝트에 임했다. 가진 돈과 시간을 모두 쓰고 나서 비로소 자신이 맡은 연구개발 분야를 완성했는데, 마케팅 분야를 맡았던 동업사는 몰래 더 많은 이익을 약속한 다른 동업자와 관계를 맺고 케빈을 냉혹하게 버렸다. 케빈은 연구개발에 모든 돈을 다 써버렸기에 그 동업자를 고소하기 위한 변호사 비용조차 낼 수가 없는 처지였다.

케빈은 누구에게서나 좋은 면을 보는 사람이다. 조금만 그와 함께 있어 보면 그가 정말 '착한 사람'임을 알 수 있다. 사실 그는 너무 착했다. 그의 맹목적이고 확고한 믿음 때문에, 그는 스스로를 동업자의 올가미에 던진 것이다. 그는 심지어 동업자와 문서 계약조차 맺지 않고 자기 맡은 임무를 힘껏 수행했다.

세상에 케빈만 홀로 바보인 게 아니다. 거의 누구나 믿었던 상대에게 배신을 당해본 경험이 있을 것이다. 그 과정을 통해, 우리는 자신이 추구하는 목표를 이루기 위해서는 과감히 싸우는 전사가 되어야 함을 배운다.

물어뜯는 개를 조심하라

언젠가 일본의 한 위대한 신사가 이렇게 말했다. "모든 것은 신의 사랑이다. 그 사랑에서 만물이 생겨났다. 신은 우주를 다른 재료 없이 스스로로부터 만들어냈다."

그의 설법에 한 제자가 큰 영감을 얻어 마음이 온통 사랑으로 충만해졌다. 그가 집에 가려고 마을을 지나는데, 한 사나운 개가 그의 앞을 막고 이빨을 드러내며 짖기 시작했다. 그 제자는 이렇게 생각했다. "스승님께서 지금 막 우주 만물이 신의 사랑으로 이루어졌다고 하지 않으셨나. 신께서 그 스스로로부터 이 세상을 만드셨으니, 나는 모든 피조물을 사랑하고 존중해야 한다." 그 개 옆을 지나가기로 한 제자는 개에게 진심에서 우러나는 애정을 담아 미소를 지어 보였다. 그러나 그가 개에게 가까이 가자마자, 개는 그를 물었다.

다음 날, 그는 스승에게 가서 그 일에 대해 이야기했다. 그러자 스승은 이렇게 말했다. "너는 네가 신의 형상을 따라 만들어졌고 세상의 실체는 사랑임을 알지만, 개는 그걸 모른다."

그 젊은 제자처럼 우리는 누구에게나 잘 대하려고 하지만, 상황에 대한 우리의 판단이 종종 상당한 무지에서 비롯되기에 부적절한 반응을 유도할 수 있다. 그 젊은 제자는 개를 피하거나 위협해서 도망치게 만들어야 했다. 개에게 물리는 것은 누구에게도 이익이 아니다. 그 개는 길을 지나가는 누구라도 물었을 것이다. 그 개는 소매치기처럼 지나가는 사람의 내면에는 관심이 없다. 소매치기는 성자를 봐도 성자 자신이 아니라 그의 호주머니만 볼 뿐이다.

이익이라면, 중요해도 지키고 덜 중요해도 지켜라

아시아인은 교활한 협상가라고 말하는 미국인이 많다. 국제협상 테이블에서나 자동차 딜러 사무실에서나 그것은 아시아인에 대한 상식처럼 통한다. 대부분의 아시아인은 아주 어릴 때부터 무의식중에 유리한 위치를 애써 확보할 필요가 있다는 가르침을 받는다. 1페니를 쓴다면, 1페니 또는 그 이상을 돌려받아야 한다. 반 페니로 만족하는 경우는 거의 없다.

내 관찰에 따르면 중요하지 않은 데서 자기 이익을 지키려는 사람이 더 중요한 이익에 있어서도 완강히 지키려는 태도를 보이게 되어 있다. 그것은 그가 쫀쫀해서 돈 한 푼에도 벌벌 떤다는 의미가 아니다. 오히려 자발적으로 거액을 기부하는 행태도 보인다. 그러나 어디까지나 그들은 '자발적으로' 그렇게 하려고 한다.

내 친구인 제이제이(J. J.)는 대만의 부유한 여성이다. 그녀는 최근 미국을 방문했다가 미국에서 고등학교를 다니는 17세 된 아들에게 선물할 신형 볼보 자동차를 구입하려 했다. 그녀는 시내의 모든 자동차 딜러에게 전화를 해보고, 마침내 가장 좋은 조건을 제시한 딜러에게 지갑을 열었다. 그녀는 그렇게 아등바등 돈을 절약할 필요가 없었다. 오히려 그것은 그녀의 성격 때문이었다. 그녀와 함께 새 차를 보러 갔을 때, 15년간 그 일을 해온 베테랑 영업자는 이렇게 말했다. "차를 할인 없이 제값 받고 팔기에 가장 쉬운 상대는 오히려 그 차를 사기에 형편이 넉넉하지 못한 사람들이에요."

자동차를 고르고 흥정하는 전 과정에는 제이제이뿐 아니라 그녀의 아들도 빠지지 않고 함께했다. 그녀는 이렇게 말했다. "만족스러운 협상을 하려면 노력이 필요하다는 사실을 어려서부터 가르칠 필요가 있어요."

조지는 평생 일관된 방식으로 살았다. 계속 누군가에게 당하면서 산 것이다. 그는 비범한 경영자였지만 비범한 실패자이기도 했다. 한번은 그가 내게 아주 재미있는 이야기를 들려주었다. 여섯 살 때, 그는 집 앞에 노점을 만들고 집 냉장고에서 음식물을 꺼내다 팔았다고 한다. 채소, 과일, 달걀 등을 늘어놓고 각각에 가격표를 붙였다. 하나당 3센트에 샀던 달걀을 1페니에 팔았다. 한참 밑지는 가격이었기에 달걀과 채소는 금방 동이 났다. 그의 어머니는 그런 그의 행동을 귀엽게만 보았다. 하지만 비즈니스의 목표는 이익을 남기는 데 있다는 점을 가르쳐주지는 않았다.

세월이 지나고 그는 이런 잘못된 거래 방식에 대한 일대 전환을 겪게 된다. 조지는 아내 메리와 함께 벼룩시장을 열었다. 하루는 25달러 가격을 붙인 물건을 다른 사람에게 5달러짜리 물건 대신 넘기기로 했다. 메리는 원래 그 물건을 14달러에 샀다. 메리는 그 결정을 듣고 머릿속에 빨간불이 켜지는 것 같았다. 남편이 또 당했구나.

메리는 조지에게 가격 차이는 큰 문제가 아니라고 했다. 중요한 것은 불리한 거래를 해버리는 조지의 습관을 고치는 일이었다. 그때 조지는 뭔가 이상한 느낌이 들었다. 처음으로 그는 자신의 과거 행적이 얼마나 어이없었는지를 알게 되었다.

그는 메리에게 말했다. "이 패턴을 깨야겠어. 내일 그 사람에게 가서 내가 잘못된 거래를 했다고 하고, 어떻게 해줄 건지 말해보겠어." 메리는 걱정하지 말라고 했다. 거래량이 많지 않았기 때문에, 메리는 조지가 거래를 물리는 데 성공하리란 걸 알고 있었다. 조지는 생애 처음으로 잘못을 고치는 법을 배우기로 작정했다. 조지는 메리에게 말했다. "이젠 잃은 건 없고, 얻을 것밖에 없다는 걸 알아. 기껏해야 그는 안 된다고 하겠지. 하지만 나는 그런 대립 상황을 어떻게 풀어나갈지를 배울 거야." 조지는 다음 날 거래를 물리는 데 성공했다. 가격 차이를 메울 만한 새 물건을 받았던 것이다.

이 이야기들이 그렇게 대단하게 들리지 않을지도 모른다. 하지만 복잡한 기업 협상이든, 일상적인 협상이든 간에 항상 똑같은 근거지, 즉 강하거나 약한 우리 마음에서부터 모든 것이 시작된다. 겉으로 드러나는 것은 다를 수 있으나, 동기부여의 근원은 늘 똑같다.

정신력으로 열 사람을 물리친다

"남들에게 당하지 않으려면 어디까지나 굳세고 냉정해야 한다." 이제까지의 내용을 보고 이런 결론을 얻었다면, 내가 제시하려 했던 미묘한 요점을 놓친 것이다. 앞서 말했듯, 비즈니스의 세계는 동물의 왕국과 같아서 우리는 각자의 마음 상태를 상대에게 알리고 있다. 즉 우리는 "나를 이용해도 좋다"거나, 혹은 "날 건드리지 마시오"라고 말하고 있다.

후흑의 정수에 대해 고찰하다 보면 우리의 정신은 변화될 것이다. 여기서 잊지 말아야 할 것은 말이나 행동이 거친가 부드러운가는 문제가 아니라는 점, 그 말과 행동의 배후에 있는 내적 상태, 정신이 어떠한가가 문제라는 점이다. 미야모토 무사시는 말했다. "무사도 정신을 마음에 새겨라, 그러면 전투에서 눈빛만으로도 상대를 굴

복시킬 수 있다. 수행에 정진하면, 정신력으로 열 사람을 물리칠 수
있다."

초심자를 위한 후흑학 개론

후흑의 초심자에게는 포기하는 힘을 익히는 일이 제일 중요하다.
이에 대해서는 앞서 말했으나, 다시 강조하는 이유는 그것이 서구 문
화에는 익숙하지 않은 기본적인, 그리고 강력한 개념이기 때문이다.

후흑을 배울 때 사람들이 저지르는 실수 중 하나는 그들이 과거
에 교활하고 잔인한 사람들에게 종종 당했음을 깨닫고는 곧바로 그
들에게 분풀이를 하러 달려가는 것이다. 이 책을 읽다 보면, 문제를
일으키고 반격할 수 있는 힘이 우리에게 있음을 알게 될 것이다. 그
러면 당장 싸워 보고 싶어서 몸살이 날지 모른다. 그것은 마치 시계
추가 늘 한쪽으로만 치우쳐 있던 인생처럼 여겨질 것이고, 당연히
그것을 반대로 돌려놓고 싶을 것이다. 그러나 우리가 거친 태도를
실행에 옮기면 우리에게 선의를 가지고 있던 많은 사람들의 마음이
상할 것이다. 그 과정에서 우리는 폭주하여 무차별적 공격을 퍼부을
수도 있다. 그러면 이쪽을 이용할 생각이 없었던 사람들조차 자기방
어를 위해 경계 태세를 취하게 된다. 결국 우리는 다시 한 번 당하는
처지가 될 뿐이다.

후흑을 실천하며 자신을 지키기 위해서는 먼저 포기하는 힘부터
익혀야 한다. 외형적으로는 다소곳하고 얌전해 보이지만, 내적으로

는 절대 목표에서 눈을 돌리지 않는다. 우회전술로 승리할 수 있는데, 왜 굳이 정면 돌파를 감행하는가? 적이 우리를 위협으로 느끼지 않으면, 우리와 협상할 때 최대의 무기를 꺼내지 않을 것이다. 하지만 그에게 경고를 보내며 우리의 힘을 과도히 보여준다면, 그는 최대의 힘으로 맞설 것이다.

상대를 꼭 믿을 필요가 없다면, 언제든지 그를 믿어도 좋다

몇 년 전에 나는 로마에서 베니스로 가는 기차에 타고 있었다. 기차에서 미국 여행객인 로저를 만났다. 로저는 40대 중반의 남자였다. 그는 최근 사업을 하다가 상당한 재산을 잃은 참이었는데, 동업자가 300만 달러를 횡령하고 그에게는 빚만 남긴 채 달아났기 때문이다. 그는 머리 좀 식히며 이제 어떻게 해야 좋을지 생각해보려고 유럽을 여행하고 있었다.

여행이 계속되면서 그는 점점 더 자기 이야기를 많이 하게 되었다. 그는 이렇게 털어놓았다. "20대 초반 때, 샌프란시스코에서의 일인데…, 그러니까 60년대 말이었죠. 그때 조그맣게 마약 거래상을 했어요. 중간책을 맡아서, 거래가 성사될 때마다 커미션을 챙겼죠. 나는 아무도 믿지 않았기 때문에 배신을 안 당했죠. 나 자신의 황금률은 이거였어요. '상대를 꼭 믿을 필요가 없다면, 언제든지 그를 믿어도 좋다.' 내가 동업자에게 방심했던 건 그가 전혀 위협으로 느껴지지 않았기 때문이었고, 그래서 나 자신의 황금률을 잊었던 것이죠." 그러고 나서 그는 이렇게 덧붙였다. "자신의 이익을 지키는 것과 다른 사람의 높고 고귀한 본성을 믿는 것, 그 미묘한 경계를 어디에 그

어야 할지 아는 것은 참 어렵고 막막한 문제입니다."

상대방을 과소평가하지 마라

모든 비즈니스 관계는 상호 이익의 목표를 달성하기 위해 힘을 합치려는 생각에서 비롯된다. 그러나 시간이 지나고 새로운 상황이 전개되면 이익 갈등이 생겨나 처음의 단합이 유명무실해질 수 있다.

새로 벤처기업이 출범할 때는 모든 구성원이 우호적이고 고상하게 행동한다. 이 우호적인 분위기 때문에, 많은 사람이 자신의 내밀한 부분까지 아주 쉽게 드러내 버리는 경향이 있다. 그러나 이 아무 것도 아닌 것 같은 신상정보가 그들의 발목을 잡을 수 있으며, 불리한 입장으로 내몰 수 있다.

바바라와 제리는 같은 분야에서 일하며 전문가로서 존중받고 있었다. 그들은 여유 시간을 이용해 그들의 관련 분야에서 합작 프로젝트를 진행하기로 했다. 저녁 시간에 함께 일하는 일이 많아지면서, 그들은 서로와 서로의 가족에 대해서 잘 알게 되었다.

1년 반이 지나 그 프로젝트가 정점에 가까워졌을 때, 제리는 프로젝트를 독점하고 싶다는 생각이 들었다. 그래서 그는 바바라와의 동업 계약을 파기하려고 했다. 하지만 변호사와 상담한 후 그게 거의 불가능함을 알고 제리는 다른 대안을 찾아나섰다.

가족끼리의 모임에서, 제리는 바바라가 마리화나를 핀다는 사실을 알게 되었다. 또한 그녀의 아들이 그녀에게 마리화나를 대주며, 그는 불법 조직과 통하고 있다는 사실까지 알아냈다. 제리는 바바라에게 자진해서 프로젝트의 지분을 포기하라고 요구했다. 그렇게 하지 않으면 바바라의 비밀을 폭로해 버리겠다고. 바바라는 곧 두 손을 들고 이권을 포기했다. 그녀는 존경받는 정신분석의였기에, 도저히 추문을 감당할 수 없었다.

바바라는 두 가지 큰 실수를 했다. 첫 번째는 누가 봐도 명백하다. 마약에 손을 내시 말았어야 했다. 두 번째 실수는 제리를 과소평가한 것이다. 그녀는 자신에 대한 정보를 조심성 없이 너무 많이 공개했고, 그 대가를 톡톡히 치러야 했다.

평화의 도둑, 안락의 강도

우리의 평화와 안락을 빼앗으려는 사람들로부터 알맞은 거리를 두어야 한다. 우리는 살아가며 곳곳에서 그런 유형의 사람을 만나게 된다. 그런 사람은 반드시 교활하거나 잔인하지는 않으며, 우리 경력이나 목표에 반드시 장애가 되지도 않는다. 하지만 끝없이 짜증나게 한다.

그런 사람들은 자신의 단점으로 남들에게 자꾸만 피해를 준다. 그들의 말과 행동은 심지어 그들에게 친절히 대하는 사람들에게조차 퉁명스럽고 거칠다. 그렇다고 패기가 있는 것도 아니다. 그들은 자신을 쓰레기처럼 대하는 교활하고 잔인한 인간에게는 굽실거리면서 그들에게 잘 대하는 사람에게는 지저분하게 구는 경향이 있다. 이 안락의 강도들은 반드시 기피해야 한다. 그들은 자신에게는 없는 평화와 안락에 분개하고는 한다. 그래서 그들에게 잘해주는 사람에게도 화를 내고 함부로 대한다.

그들은 자제가 안 된다. 자기도 모르게 그렇게 행동하곤 한다. 안락의 강도들은 처음에는 달콤한 외양으로 우리의 마음과 신뢰를 얻는다. 하지만 그들이 다가오게 허락하면, 우리가 괴로워하는 모습을 보기 위해 계속 딴지를 건다. 그들은 잠시나마 내면의 힘을 키워 좋은 기분을 맛보려 하지만, 대개 뒤에는 환멸에 빠진다. 그들 스스로도 어쩔 수가 없기에, 이런 일은 계속 이어진다.

중요한 것은 그들과 똑같은 방식으로 그들을 대하지 말아야 한다는 점이다. 그렇게 한다면 독을 품고 덤빌 것이다. 이런 사람들은 '두고두고 피를 말리는' 데 익숙하다. 그들과 항상 일정 거리를 유지해야 한다. 그러면 우리를 높게 여기고, 우리의 우정을 갈구할 것이다. 그리고 다른 희생자를 물색할 것이다.

모두의 마음에 들 필요는 없다

인간은 매우 복잡한 존재다. 우리의 말과 행동이 언제 적대적인 것으로 여겨지는지 우리는 알지 못한다. 우리의 진의가 공격적이든 우호적이든, 그것은 항상 상대방이 느끼기에 달려 있으며, 우리의 진의는 별 소용이 없다.

메리 앤은 45세의 독신 여성이다. 그녀는 강압적인 어머니와 학대하는 아버지 밑에서 자랐다. 20년 동안 대학에서 공부한 결과, 그녀는 도시개발, 동양학, 경영학에서 석사학위를 받았다. 그러나 그녀는 자신의 학력을 직업 시장에 내놓는 데 애를 먹고 있었다. 그녀는 자신이 공부한 분야의 어디서도 직업을 갖고 싶지 않았다. 그래서 그녀는 어느 변호사 사무실에서 시간당 15달러를 받는 비정규직 타자수가 되었다. 그녀는 볼 때마다 살기 힘들다고 불평을 늘어놓곤

했다. 돈이 더 필요하다, 삶의 질이 너무 열악하다는 소리를 빼놓지 않았다. 그러면 나는 늘 하나도 따기 힘든 석사를 세 개나 딴 그녀의 능력을 칭찬했다. 그리고 모든 게 다 잘될 거라고 해주었다. 내 말에 그녀는 꽤 위로를 얻는 것 같았다.

한번은 친구와 함께 거리를 걷다가 메리 앤과 마주쳤다. 의례적인 소개를 시킨 후, 나는 불현듯 친구의 사무실에 그녀가 필요할지 모른다는 생각이 들었다. 메리 앤은 주 20시간밖에 일하지 않았으므로, 남는 시간을 활용해 수입을 늘리고 얼마간 살림을 윤택하게 할 수 있겠다 싶었다.

메리 앤을 옆에 세워 놓고, 나는 그녀의 능력을 추켜올리며 친구에게 그녀를 한번 고용해보라고 권했다. 그날 저녁 내가 귀가했을 때, 메리 앤이 전화를 걸어왔다. 그녀는 화가 머리끝까지 나 있었다. 그녀는 내가 친구에게 그녀를 유능한 타자수라고 소개한 것을 지독한 모욕으로 받아들인 것이다. 나는 그녀가 10년간이나 타자수 일을 해오면서 그 일을 매우 부끄러워했으며, 다른 사람에게 그 사실을 한사코 숨겼다는 것을 까맣게 모르고 있었다.

그때까지 나는 메리 앤이 직업적 보람이 없는 일을 하며 열등감에 시달리고 있음을 꿰뚫어 보지 못했던 것이다. 그녀는 자신의 상황을 타개할 방법을 몰랐고, 그래서 더욱 힘들게 살아갔다. 메리 앤과 같은 사람에게는 칭찬과 인정만이 삶의 보람을 느끼게 한다. 그러나 뭐든 그의 열등감을 건드리는 말을 하면, 그렇게 말한 사람이 그때까지 보여준 친절과 자상함에는 아랑곳없이 그는 맹목적인 분노만 뿜어낸다.

인간 행동이란 이렇게 복잡하다. 그래서 모든 인간관계에서 성공할 수는 없다. 사실 다 성공할 필요도 없다. 후흑으로 그런 모욕을 견디고 자신의 길을 꾸준히 나아가면 된다.

편향적 차별화

우리는 만나는 모든 사람이 우리를 좋아하고, 칭찬해주고, 도와주고, 우리와 생각이 일치했으면 하고 바란다. 하지만 실제로는 우리의 일과 생각이 아무리 훌륭하고 고상해도, 모든 사람이 우리를 지지하지는 않는다. 비밀은 모든 이의 환심을 사는 게 아니라 자신에 대한 편향된 평가의 구도를 제대로 파악하고 그 구도를 자신에게 유리하게 움직여 가는 것에 있다.

가장 영향력 있고 인기 있는 근본주의적 목사들은 기독교 종파와 소위 이단이라는 다른 종교 사이의 차이점을 편향적으로 제시하는 경우가 많다. 그런 사람들은 자신이 추종자들 사이에 일으킨 논란이 잦아드는 것을 그대로 놔두지 않고, 편향 이론을 이용해 논란을 더욱 부추긴다. 그러다가 자신이 연루된 추문이 폭로당해도 그의 영향력은 건재하다. 그런 사람들이 가진 힘의 비밀은 추종자들이 다른 교회나 종교를 극단적으로 경멸하게 함으로써 자연스레 자신만을 영원히 따르게 만드는 데 있다.

큐 클랙스 클랜(KKK)의 총수를 지낸 데이비드 듀크는 정치 경력의 사다리를 빠르게 올라 루이지애나 주지사의 유력한 후보가 되었다. 그 과정에서 그는 인종적 편향의 힘을 사용했다. 그의 정치철학이 대부분의 미국인에게는 치가 떨리는 것임에도, 그는 전국적인 주목을 받으며 루이지애나 유권자들의 무시 못할 지지를 얻었다.

편견과 편향성이 이 사회에 존재하는 한, 편향적 차별화는 유력한 도구일 수밖에 없다. 인간 정신의 어두운 면을 이용하고 사람들이 서로 적대하도록 함으로써, 자신의 목표를 지지해줄 기반을 마련할 수 있다.

편향적 차별화의 개념은 보통 경멸당하지만, 실제로 그 엄청난 힘은 사회 각계에서 활용되고 있다. 따라서 그 힘을 무시해 버리는 것은 오만이다. 그 힘을 인식하고, 그 힘의 희생자가 되지 않기 위해서라도 편향적 차별화에 대해 배울 필요가 있다. 이 힘에 통달하게 되면 우리의 중요한 목표를 달성할 힘도 생긴다.

우리가 모든 사람의 마음과 지지를 얻을 수 없음은 현실이다. 전체의 절반만 우리 쪽으로 끌어들일 수 있다면, 나머지 절반의 멸시를 받더라도 승리는 확실해진다.

폭력과 비폭력의 통일

비폭력의 위대한 사도 마하트마 간디는 《바가바드기타》를 열심히 연구했다. 그는 하루도 빼지 않고 그 책을 읽었다. 그는 5년간 감옥에 있던 것이 헛되지 않았다. 《바가바드기타》를 연구하고 그것에 대해 명상할 수 있었기 때문이라고 말한 적도 있다.

그는 아르주나에 대한 크리슈나의 조언대로 행동했다. 의무를 다하는 데 있어 자신의 욕망을 개입시키지 않는 것. 그 원칙에 의거해, 그는 절대 부동의 내적 상태를 구축했다. 그리고 간디는 비폭력의 철학을 만들고 막강한 적에 대한 효과적 행동 수단을 확보했다.

영국의 식민지배에 맞서, 그는 연좌시위, 가두시위 등 여러 시민 불복종의 방식으로 비폭력 투쟁을 전개하도록 인도인들을 이끌었다. 이는 영국의 야만적 폭력 행사를 촉발했고, 그것은 다시 전 세계가 제국주의에 분노토록 만들었다.

간디의 초연함과 무욕은 영국이 그와 그의 국민에게 가한 폭력을 인내할 수 있게 해주었고, 비폭력에 대한 자신의 신념이 흔들리지 않도록 지켜주었다. 그가 소극적이라거나 겁쟁이라고 하는 사람들에게, 간디는 이렇게 말했다. "비폭력은 싸우지 않는 거라고 많이들 여깁니다. 하지만 그 반대로, 비폭력은 가장 강력한 힘입니다. 그것은 폭력의 힘을 압도합니다. 나의 비폭력 신조는 극히 능동적입니다. 용기 없음이나 약함과는 전혀 관계가 없습니다. 폭력적인 사람이 언젠가 비폭력적이 되리라는 희망은 가질 수 있으나, 겁쟁이에게는 희망이 없습니다."

간디의 적이 명예를 중시하는 영국이 아니라 히틀러였다면? 간디는 다른 전략을 썼을 것이다. 그는 이렇게 말한 적이 있다. "나는 일관성에 목을 매지 않습니다. 그때그때 최선을 다할 뿐입니다. 나의 행동에 일관성이 없다고 비난을 한다 해도 개의치 않습니다. 현명한 일관성이 있고, 어리석은 일관성이 있는 것입니다. 초지일관한답시고 뜨거운 인도의 태양 아래든 태양이 뜨지 않는 노르웨이의 한겨울이든 맨몸으로 다니는 사람이 있다면 바보 소리만 들을 것이고, 일관성 때문에 생명을 잃을 것입니다."

마하트마 간디는 모든 면에서, 그리고 최고 수준에서 후흑을 실천한 사람이었다.

연인과 전사가 갖는 조화로움

최근에 나는 모든 사람이 완전한 사랑과 공감을 가지게 되는 아름다운 꿈을 꾸기 시작했다. 아무도 누군가를 해칠 악의를 갖고 있지 않으며, 개방적이고 솔직담백하다. 돈과 사회적 지위는 중요한 문제가 아니다. 아무도 학내나 악평을 겁내지 않는데, 그런 개념 자체가 없기 때문이다. 모두가 열린 자세로 자유롭게 살아간다.

한 친구가 내 꿈에 나타났다. 실제 생활에서 그녀는 두 가지 감정으로 가득 차 있다. 질투와 시기. 그녀는 자신보다 적게 가진 사람들의 질투와 자신보다 많이 가진 사람들에 대한 시기를 먹고살았다. 하지만 꿈속의 그녀는 누가 더 많이 가지고 누가 더 나은 처지인지 괘념치 않았다. 그리고 재산에 대해서도 신경 쓰지 않았다. 그녀는 오직 사랑만을 원했다.

그리고 내 꿈속의 유토피아에서, 나는 실제로는 높은 사회적 지위를 누리고 있는 한 친구와도 만났다. 그는 내게 말했다. "나는 사랑 없이는 살 수 없어. 나는 아내와 헤어지고 싶어. 더 이상 사회니 정치니 하는 것에 구속받고 싶지 않아. 지위도 돈도 상관없어. 모든 걸 버리고 싶어. 사랑하고, 사랑받고만 싶어."

내 꿈에서는 모든 사람의 가슴이 열려 있고, 사랑의 불꽃으로 타오르고 있었다. 깨어났을 때, 나는 마음이 부드럽고 훈훈함을 느꼈다. 모든 것과 모든 이에 대한 사랑이 느껴졌다. 나는 전사가 되어 갑옷을 입고 창을 들고 싶지 않았다. 다만 아무런 방비 없이 알몸으로 감정에 충실하고 싶었다. 오직 사랑하는 사람이고 싶었다. 하지만 세상의 현실이란, 간디의 말처럼, "육체의 생존에 있어서 폭력은 필수 조건이다."

이 세상에서는 평화를 원하는 나라는 무장을 해야 한다. 충분한 자체 방어 능력이 없이는 평화란 이룰 수 없는 꿈에 지나지 않게 된다.

마찬가지로, 사랑하는 사람도 그 자신을 먼저 사랑할 수 있을 만큼 안전을 느끼지 않는 한 남을 사랑할 수 없다. 남들에게 마음을 열었다가 분노와 패배를 잔뜩 맛보았다면, 남들에게 긍정적인 감정을 갖기 어렵다. 그 눈에는 모두가 악당과 도둑으로만 보일 것이며, 모든 사람을 증오하게 될 것이다.

이 세상에는 교활하고 잔인한 사람이 떨어질 일이 없는 한편, 우리 모두 확언할 수 있는데, 훌륭하고 가치 있는 것들도 많이 있다. 불필요한 피해로부터 자신을 지킨다면 부드러운 사랑의 정신을 기를 여유가 생긴다. 후흑으로 무장하고 인생행로를 걸으면, 고귀한 감정을 키우고 지켜나갈 수 있다.

교활하고 잔인한 자들 덕분에 강해진다

미식축구 역사에서 가장 위대한 선수 중 한 명인 짐 브라운은 어떤 인터뷰에서 이렇게 말했다. "남들이 나를 해치려 하면, 나는 그 덕분에 강해집니다. 나는 그 부정적인 에너지를 받아서, 내 시스템에 돌리고, 반격의 힘을 낼 수 있지요."

나는 그 말이 사실임을 확신한다. 우리 모두 돌이켜볼 때, 보통 때라면 못 해낼 일을 강력한 반발에 부딪쳤을 때는 오히려 해냈던 경험이 있을 것이다.

우리 자신이 충분히 내면적으로 강하다면, 패배를 받아들이지 않을 것이다. 그 대신 교활하고 잔인한 자들의 힘을 이용하여 내적인 힘과 창조력을 키울 것이다. 그리하여 불가능해 보이는 일을 성취할 것이다.

리처드와 샘은 같은 회사에서 소프트웨어 엔지니어로 일하고 있었다. 리처드의 작업 목표는 적시에 수준급의 업무를 해냄으로써 고용주에게 도움을 주는 것이다. 반면 샘은 업무 시간의 반은 그의 채용 이유인 소프트웨어 개발로 보내고, 나머지 반은 닥치는 대로 소프트웨어 관련 문헌을 읽는 데 썼다. 리처드는 새로운 정보를 얻는 것은 좋지만, 그건 개인 시간에 해야지 근무시간에 할 일은 아니라고 보았다. 샘의 공부는 그 자신과 그의 미래 고용주에게만 득이 되는 것이었다. 그들의 회사는 프로젝트의 완료를 자꾸 미루고 있었기에, 고객들 다수가 납득할 수 있는 시간 안에 결과가 나오지 않으면 계약을 취소하겠다고 위협하던 참이었다. 리처드는 묵묵히 주 50~65시간을 근무했고, 샘은 여기저기 얼굴을 팔고 다녔다. 그는 회사의 모든 대화 자리에 뻔질나게 끼어들며 자신이 얼마나 아는 게 많은지 과시했고, 시기심에서, 리처드에 대해서 좋지 않은 말도 간간이 했다.

최근 리처드의 프로젝트 파트너였던 조가 회사를 떠나며 자신의 남은 일을 리처드에게 다 넘겨버렸다. 설상가상인 것이, 원래 리처드가 맡았던 일은 특수 분야에서 맞춤 서비스를 제공하는 것이었지만, 이제는 전혀 다른 프로젝트의 전혀 다른 업무까지 병행해야 했다. 완전한 재적응이 필요했던 것이다. 새로운 프로젝트는 7주 만에 완료해야 했다. 회사에서 리처드가 기한 내에 해낼 수 있다고 여기는 사람은 아무도 없었다. 리처드 자신조차 의심했다. 협상을 통해 새로운 시한을 설정할 필요가 있어 보였다.

리처드는 묵묵히 조의 작업을 조사했고, 조의 접근 방식이 그의 프로젝트 접근 방식과 맞지 않다는 걸 발견했다. 두 가지 소프트웨어 디자인을 통합할 유일한 희망은 조의 소프트웨어 대부분을 폐기하고 새로 시작하는 것이었다. 그것은 6개월간의 조의 작업을 수포로 돌려야 한다는 의미였다.

리처드의 결의는 확고했다. 그는 샘이 자신의 실패를 보고 희희낙락하는 꼴을 보지 않기 위해 이를 악물었다. 리처드는 불가능한 일을 이루고자 분투했다. 짐 브라운의 말처럼 "부정적인 에너지를 받아서, 내 시스템에 돌리고, 반격의 힘을" 냈다. 불가능한 상황을 극복하려는 리처드의 결의는 그의 내부에서 불꽃처럼 타올랐다. 그는 자신의 창조력을 모조리 쏟아부었으며, 2주 만에 프로젝트의 70퍼센트를 완료했다. 남은 기간은 5주였다. 하지만 리처드는 총 3주 만에 그 '불가능한' 과제를 여유 있게 완료하고는 고객에게 넘겼다.

그 고객은 기뻐하며 회사 사장에게 이렇게 말했다. "7주 만에 가능하리라고는 생각도 못했소. 그 소프트웨어는 정말 복잡한데 말이오. 그래서 시한을 늦출 준비를 하고 있었지요."

참으로 이 말은 진리다. "성공은 가장 달콤한 복수다." 나야말로 내게 가해진 잔인한 짓에 반발하여 성공한 사람 중 하나다. 이제 나는 내 성공이 일으킨 먼지구름 뒤로 그들을 따돌려 버렸기에, 더 이상 그들은 내게 위협이 되지 못한다.

교활하고 잔인한 자들과의 싸움은 외부 세력과의 싸움이 아닐 경우가 많다. 교활하고 잔인한 자들과의 충돌은 우리 내면에 잠재되어 있던 힘을 자극하며, 정상적인 상황에서 발휘할 수 없었던 특별한 능력을 이끌어낸다.

큰 고기와 작은 고기

상어와 함께 헤엄친다면 물릴 수 있다. 살다 보면 안전한 작은 연못에 머물러야 할 때가 있고, 대양으로 나가야 할 때가 있다.

북해에서 유전이 발견되자 석유회사들의 관심이 집중되었다. 독립 석유업체를 운영하는 T. 분 피큰스 2세도 그중 하나였다. 조심스러운 평가 작업 후, 그는 승부를 걸어보기로 했다. 그 이유는, 그가 회고하며 말했듯, "영국 정부가 바람을 잡고 있었고, 내 눈에 전망이 있어 보였기 때문이었다." 영국 에너지부와 합의 각서에 서명한 다음, 피큰스는 많은 비용을 들며 시추 작업에 들어갔다.

2년 뒤, 피큰스는 갱구마다 상당한 작업을 한 상태였다. 한 갱구에는 석유가 없었지만, 다른 갱구에서는 석유가 발견되었다. 하지만 북해 유전 발견 직후 들어선 영국 노동당 정부는 영국의 침체된 경제를 살려보고자 유전에 집착하기 시작했다. 간단히 말해, 그들은 이미 석유 시추권을 얻느라 상당한 비용을 지불한 외국 석유회사들을 내보내고 싶어했다. 영국 정부는 비용이 많이 드는 탐사의 부담을 안았던 회사들에게 이익을 모두 토해내라고 하고 있었다.

영국 정부는 먼저 피큰스와 그 동업자 회사들이 석유개발 수익의

20퍼센트를 영국 국영석유회사BNOC에 양도하는 법안을 제정했다. BNOC는 이익은 치지하지만 개발에 따르는 재정 리스크나 개발 비용은 전혀 부담하지 않았다.

BNOC는 또 다른 규제를 입법화했는데, 해상 시추 플랫폼에서 육지의 저장 탱크까지 석유를 운반한 후, 거기에서 유조선에 다시 석유를 싣도록 한 것이다. 피큰스는 부표를 사용해 플랫폼에서 유조선으로 직접 석유를 싣는 것이 환경적으로 더 안전하며, 물론 비용도 더 저렴할 것이라고 주장했다. 그 비효율적인 운송 시스템은 결국 석유회사에 3억 달러의 비용만 끌어안게 할 것이다.

마침내 피큰스는 자신이 발견한 것 중 가장 큰 유전이었던 북해 유전을 헐값으로 영국에 매각해야 했다. 그는 그나마 돈이라도 건지기 위해 BNOC 회장에게 오기를 부리고 공갈까지 쳐야만 했다. 영국 에너지부는 그가 유전에서 아무것도 챙기지 않고 걸어나가기를 바랐다.

법을 잘 지키는 신사의 나라라는 영국의 가면 뒤에서 피큰스는 강도의 얼굴밖에 발견하지 못했다. 그는 BNOC 회장 키어튼 경에게 이렇게 말했다. "당신네는 꼭 제시 제임스* 같군요."

정직한 사람이 나타나다

순진한 사람들만 사는 마을이 있다. 이곳에 돌연 교활하고 잔인한 사기꾼이 나타난다. 그는 자신이 쉽게 성공하리라 믿어 의심치

---

* 제시 제임스Jesse James: 미국의 전설적인 무법자. 19세기 말 미국 남부에서 열차 강도 등을 하며 악명을 떨쳤다.

않는다. 그는 모두에게 사기를 친다. 많은 사람들이 그의 방법을 본받아 서로를 읽으려고 한다. 그 뒤, 항상 자기 일을 성실하게 하는 정직한 사람이 마을에 나타난다. 그는 마치 오염되고 악취 나는 방에 불어온 신선한 바람과 같다. 사람들은 그의 일을 칭찬하고 그를 환영한다. 그는 모든 교활하고 잔인한 인간들을 굴복시킨다.

탐욕과 이기주의에서 비롯된 악취 속에서 10년을 살았다면, 우리는 이제 신선한 공기를 마실 준비가 되어 있을지 모른다, 성실하고 근면한 일을 통해.

나를 '교활하고 잔인한 사람'이라고 불러라!

로버트 링거의 책 《위협으로 승리한다Winning Through Intimidation》가 15년 전쯤 베스트셀러가 된 적이 있다. 그 책에서 링거는 세 종류의 사람을 조심해야 한다고 했다. 우리를 노리는 입장이고 그렇다고 말하는 사람. 좋은 사람이지만 처신을 적절히 못해서 우리에게 피해를 주는 사람. 좋은 사람인 척하지만 양가죽을 쓴 늑대 같은 사람.

자기 자신이 그중 하나에 속하든 않든, 어디선가 누군가에게 한 번쯤은 그런 사람으로 분류되었을 것이다. 그 사람은 우리와의 인간관계에 비현실적이고 공상적으로 접근했던 것이다. 마침내 우리가 자기 기대에 미치지 못함을 알자, 그동안 우리가 그를 어떻게 대했든, 우리를 '교활하고 잔인한 사람'으로 부르며 자신에게 피해를 입혔다고 주장하는 것이다.

옛날에는 부정적인 낙인이 찍힐 때마다 몹시 기분이 나빴다. 나는 나를 공정한 사람으로 생각하고 있었기 때문이다. 하지만 이제 누가 나를 교활하고 잔인하다고 하면, 그러려니 한다.

인간은 자신의 인식을 통해 현실을 창출한다. 현실은 바뀌지 않지만, 인식은 바뀔 수 있다. 앞서 말했듯, "뭔가 당하고 있다는 느낌이 든다면, 아마 그럴 것이다." 사실 이 말은 조심해서 들을 필요가 있다. 자신의 경험을 제대로 반성하기 위해서는 객관적이 되어야 한다. 거울이 완전히 평면이면, 전혀 왜곡이 없는 형상을 비춰줄 것이다. 그러나 거울 표면이 굽었다면, 왜곡된 형상을 비출 것이다. 우리 대부분은 상당히 왜곡된 거울을 통해 현실을 보고 있다. 따라서 우리는 이따금 부정적인 평가를 겪을 수밖에 없다.

관계를 끊는 연습을 하라

교활하고 잔인한 사람을 다룰 때 쓸 수 있는 가장 강력한 수단 중 하나가 '관계 끊기'다. 그쪽과는 상대를 하지 않는 것이다. 지금 관계하고 있는 사람이 자기 욕망을 채우는 일에 윤리적인 한계가 없어 보이면, 그런 사람과는 더 이상 상종하지 마라. 관계를 끊지 못하는 이유 중 하나는 아마도 많은 이익이 남을 것이라는 기대 때문이리라. 자기 자신의 욕망에서 초연할 수 있다면, 불필요한 마음고생과 손실을 방지할 수 있다.

자기 자신에 근거해서 성공하라

남들과의 관계에서 성공하는 법을 배우기에 앞서 익혀야 할, 한 가지 간단하면서 중요한 요소는 자기 자신, 자신의 육체에 근거해서 성공하는 법이다. 강건한 정신은 강건한 육체에 뒤따른다. 힌두교는 최고의 다르마가 자기 몸을 돌보는 데 있다고 본다. 그것은 영적 추구조차도 앞선다. 육체가 없으면 물질세계에서 아무것도 이룰 수가 없다. 간단히 말해서, 성공하는 인생의 토대는 육체적 건강이다. 운동과 식단 조절을 통해 예리한 정신 역시 가능해진다.

성적 탐닉은 공포를 부른다

인도, 중국, 일본의 고대 문화를 비롯한 동양철학의 여러 학파에서는 성적 액체가 너무나 소중한 것이기에 불필요하게 낭비되어서는 안 된다고 가르친다. 그 액체는 활력의 정수이며, 인간 본연에서 흘러나오는 것이다.

동양 전통에서는 성욕의 절제와 중용 또한 권한다. 성적 액체가 고갈되면, 정신 또한 허약해진다. 창조성, 활력, 생의 에너지가 말라 버리고 그 당사자는 무기력에 빠진다. 그러므로 사람이 인생을 이끌어가는 게 아니라 인생이 사람을 이끌게 된다. 이 이론에 과학적 근거는 없지만 수천 년간 널리 받아들여져 왔다.

나폴레온 힐은 《생각하라 그리고 부자가 되라》에서 많은 사람이 초년에 과도하게 성에 탐닉하는 바람에 성공이 힘들었다는 자료를 제시한다.

이용되지 않은 성 에너지는 전환되어 비즈니스나 여타 중요한 목표를 이루는 데 쓰인다. 동양철학에 따르면 육체적 웰빙과 정신적 웰빙, 그리고 성적 행동 사이에는 긴밀한 관계가 있다. 그들 사이의 관계는 수천 년 동안 연구되어 왔다. 나 역시 20년 동안 지켜본 결과, 그 관계에 대한 이론이 맞다고 여겨진다. 성 에너지의 적절한 전환은 이 약육강식의 세계에서 유리한 조건을 마련해줄 것이다.

**

남들이 우리를 부당하게 이용하려는 시도를 우리는 멈추게 할 수 없다. 따라서 언제라도 교활하고 잔인한 자들에 맞서 자신의 이익을 지킬 만반의 준비가 되어 있어야 한다. 우리가 정의롭고 고상한 사람이 되려면, 자기방어의 기술에 통달할 필요가 있다. 완전한 사랑을 하는 사람은 완벽한 전사이기도 하다.

후흑의 실천자는 다른 사람에게 담대해지기 위해서는 먼저 자신에게 담대해져야 하고 자신의 생각과 행동을 훈련해야 함을 알고 있다. 싫든 좋든, 괴롭든 즐겁든, 쉴 때나 일할 때나, 자신의 목표에서 결코 눈을 떼서는 안 된다.

- 자신의 것을 스스로 지킬 수 없다면, 어느 누구도 그렇게 해줄 수 없다. 설령 우리가 우리 권리를 지키려 해도 덤비고 위협하는 사람이 많다.

- 사람은 경쟁을 통해 발전하며, 경쟁의 원칙은 승자 독식이다.

- 근본적으로 교활하고 잔인한 사람들은 항상 이용해 먹을 '착한 사람'들을 찾는다. 동물의 왕국에서 사자는 항상 수천 마리의 무리 중에서 약하고 병든 녀석을 찾아 사냥한다.

- 중요하든 덜 중요하든, 이익은 지켜라.

- 말이나 행동이 거친가, 부드러운가는 문제가 아니다. 그 말과 행동의 배후에 있는 내적 상태, 정신이 어떠한가가 문제다.

- 후흑의 초심자에게는 포기하는 힘을 익히는 일이 제일 중요하다.

- 우회전술로 승리할 수 있는데, 왜 굳이 정면 돌파를 감행하는가?

- 상대를 꼭 믿을 필요가 없다면, 언제든지 믿어도 좋다.

- 모든 비즈니스 관계는 상호 이익의 목표를 달성하기 위해 힘을 합치려는 생각에서 비롯된다. 그러나 시간이 지나고 새로운 상황이 전개되면 이익 갈등이 생겨나 처음의 단합이 유명무실해질 수 있다.

- 별로 중요해 보이지 않는 신상정보가 자신의 발목을 잡을 수 있으며, 불리한 입장으로 내몰 수 있다.

- 우리의 평화와 안락을 빼앗으려는 사람들로부터 알맞은 거리를 두어야 한다. 이런 사람들은 '두고두고 피를 말리는' 데 익숙하다.

- 비밀은 모든 이들의 환심을 사는 게 아니라 자신에 대한 편향된 평가의 구도를 제대로 파악하고 그 구도를 자신에게 유리하게 움직여 가는

것이다.

- 간디는 말했다. "비폭력은 가장 강력한 힘입니다. 그것은 폭력의 힘을 압도합니다. 나의 비폭력 신조는 극히 능동적입니다. 용기 없음이나 약함과는 전혀 관계가 없습니다. 폭력적인 사람이 언젠가 비폭력적이 되리라는 희망은 가질 수 있으나, 겁쟁이에게는 희망이 없습니다."

- 이 세상에서는 평화를 원하는 나라는 무장을 해야 한다. 충분한 자기방어 능력이 없이는 평화란 이룰 수 없는 꿈에 지나지 않게 된다.

- 사랑하는 사람도 그들 자신을 먼저 사랑할 수 있을 만큼 안전을 느끼지 않는 한 남을 사랑할 수 없다. 남들에게 마음을 열었다가 분노와 패배를 잔뜩 맛보았다면, 남들에게 긍정적인 감정을 갖기 어렵다.

- 위대한 미식축구 선수 짐 브라운은 이렇게 말했다. "남들이 나를 해치려 하면, 나는 그 덕분에 강해집니다. 나는 그 부정적인 에너지를 받아서, 내 시스템에 돌리고, 반격의 힘을 낼 수 있지요."

- 어떤 사람들은 우리와의 인간관계를 비현실적이고 공상적으로 접근하기도 한다. 그러고는 마침내 우리가 자기 기대에 미치지 못함을 알자, 그동안 우리가 그를 어떻게 대했든, 우리를 '교활하고 잔인한 사람'으로 부르며 자신에게 피해를 입혔다고 주장한다.

- 인간은 자신의 인식을 통해 현실을 창출한다. 현실은 바뀌지 않지만, 인식은 바꿀 수 있다.

- 후흑의 실천자는 다른 사람에게 담대해지기 위해서는 먼저 자신에게 담대해지고 자신의 생각과 행동을 훈련해야 함을 알고 있다.

- 싫든 좋든, 괴롭든 즐겁든, 쉴 때나 일할 때나, 자신의 목표에서 결코 눈을 떼서는 안 된다.

살인 본능은 사악하고 교활한 자들의

전유물이 아니다.

그것은 도덕적이고

정의로운 사람들에게도 필요하다.

— 친닝 추

12장

◆

정의로운
살인 본능

오늘날의 세계에서 성공하려면 일을 마무리 짓는 의지와 끈기를 가져야 한다. 투우사 중에는 소의 뿔 가까이 접근하면서 용감함과 화려한 기술을 과시하는 사람이 많다. 하지만 위대한 투우사는 절호의 기회를 놓치지 않고 재빠르고 깨끗이 소를 죽인다.

일을 빠르고 깨끗이 마무리 짓는 용기는 '살인 본능'이며, '시커먼 마음'의 근본이다. 모든 위인과 대악당들이 그것을 갖고 있다. 이 살인 본능은 개인이 인류에게 혜택을 줄 수 있는 대업을 성취하도록 돕고, 또한 개인이 세상에 해악을 끼치도록 돕기도 한다. 한 자루의 칼은 유용한 도구다. 칼이 없다면 여러 가지로 불편하다. 그러나 칼은 무기로 쓰이기도 한다.

살인 본능은 후흑의 또 다른 면이다. 그것은 인류가 동굴에 살던 시절 이래 적대적인 자연과 적들에 맞서 생존하게끔 해왔다. 오늘날 문명화된 사회에서 인간 행동의 비열한 부분은 보다 세련되어지고 정제되었으며, 살인 본능은 외적인 변화 단계를 겪었다. 하지만 세계의 일부에서는 오늘날에도 살인 본능이 아직 동물적 수준으로 남아 있다. 그 활용법은 다양하지만, 본질은 똑같다.

이 장에서, 우리는 살인 본능의 유효성을 도덕적 가치 차원이 아니라 실제 행동 차원에서 살펴볼 것이다. 그러나 내가 결코 폭력을 긍정하는 것은 아님을 주의해야 한다. 여기서 내가 제시하는 살인 본능은 외적 행동을 말하지 않는다. 그보다는 자신의 목표를 이루기 위해 행동을 가지런히 하는 내적인 지침을 말한다. 우리의 유약한 성향을 고칠 희망을 가지려면, 현실의 어두운 면을 외면해서는 절대 안 된다. 우리의 적들이 살인 본능을 띠고 우리를 희생시키려 한다면, 그 사실을 애써 피하는 것은 용납되지 않는다. 위대한 병법가 손자가 말했듯, "지피지기知彼知己면 백전불태百戰不殆이다."

살인 본능에 대한 아시아적 이해

대大를 위해 소小를 희생하는 것은 아시아 문화에서는 자연스럽지만 서양인들에게는 야만적이고 비인간적이라 여겨진다. 아시아인의 시각에서는 자연스러운 행동 준칙인데 말이다. 그래서 일본인들이 제2차 세계대전 말기에 가미카제 자살공격을 수행하는 데 아무 문제도 없었던 것이다. 일본의 진짜 문제는 그런 공격에 필요한 비행기가 충분하지 않았다는 것이나.

중국 5000년 역사에서는 권력과 영광을 끝없이 추구했던 군웅들이 수없이 명멸했다. 중국의 역사책은 살인 본능을 배우고 익히는 교과서로 쓸 수도 있다. 이 책들은 한국과 일본에서 많이 연구되었는데, 그 사료로서의 가치뿐 아니라 인간 행동의 지침도 찾을 수 있기 때문이다. 그들은 고대 중국의 영웅들이 어떻게 미묘한 병법을 썼는지, 그리고 보다 중요하게는, 목표를 달성하기 위해 어떻게 잔혹한 전략을 실행했는지를 배웠다.

아시아의 영웅들은 대부분 완벽한 살인 본능을 가진 사람들이었다. 때로는 그 살인 본능이 정당하게 활용되었고, 때로는 남용되었다. 다음은 고대 중국에서 살인 본능을 사용해 구체적 목표를 달성한 사례들이다.

한고조 유방

중국 역사에 기록된 최대의 라이벌로는 유방劉邦과 항우項羽가 손꼽힌다. 기원전 2세기에 진나라가 망한 후, 이 두 사람은 중국의 패권을 놓고 겨루었다. 처음에는 항우가 모든 면에서 유리했다. 그는 최정예병과 대부분의 중국 영토를 손에 넣고 있었으며, 스스로가 위대한 전사이자 뛰어난 전략가였다.

3년간의 투쟁에서 항우는 수없이 많이 이기고, 단 한 번 졌다. 하지만 그 한 번의 패배로 중국의 패권은 모든 면에서 그보다 뒤떨어지는 자에게 넘어갔는데, 다만 그는 한 가지만은 항우를 앞섰다. 바로 후흑에 있어서만은.

초기의 승전에서 항우는 유방을 손아귀에 넣었다. 이제 패권은 항우가 손만 뻗으면 잡을 수 있었다. 그러나 그는 그만 그 기회를 놓치고 말았다. 유방을 위대한 전사로 높이 평가했기에, 또한 무사의 명예를 생각한 나머지, 항우는 유방을 살려주고 살 곳까지 마련해주었다. 이 잘못된 행동으로 유방은 달아났고, 마침내 군대를 다시 모아 항우에게 대적할 수 있었다.

표면적으로 항우의 인자함은 고상하게 보인다. 그러나 진정한 고상함은 항우가 기회를 잡았을 때 유방을 없앰으로써만 가능했다. 그렇게 했더라면, 그는 중국의 전란을 빨리 끝냈을 것이며 수백만의 백성들을 알려지지 않은 비극에서 구했을 것이다.

항우는 스스로 중국의 지배자가 될 운명을 인식했다. 그래서 피를 뿌리는 내전을 시작했다. 그는 이미 10만여 명의 피를 손에 묻혔다. 유방 한 사람 더 죽인들 큰 잘못은 아니었을 것이다. 그때 자신의 목표에 충실하지 못했던 것은 잘못이었다. 당시 백성들은 둘 중 한 사람이 빨리 없어지기를 빌었다. 둘 중 누가 중국을 다스릴지는 관심 밖이었고, 그저 참혹한 전쟁이 빨리 끝나기만 바랐다.

항우는 유일한 패배 후, 역시 무사의 명예 때문에 자기 본거지로 돌아가 세력을 다시 키우는 일을 포기했다. 그는 그렇게 많은 자식들을 죽여놓고도 차마 고향 사람들의 얼굴은 볼 수 없었다. 그 대신 그는 스스로 목숨을 끊었다.

유방의 군사령관 한신은 '여자의 관대함과 필부의 용맹'이라는 말로 항우의 약함을 비평했다. 항우는 전장에서 사람들을 잔인하게 죽였으나 자신의 적을 거꾸러트린 상황에서 자기 목표를 망각했다. 그 것은 자신의 거짓된 고상한 이미지에 취해 자신의 약함을 위대한 무 사들끼리의 '노블레스 오블리주'로 포장한 것에 지나지 않았다.

유방은 항우의 위업을 따라가지 못했으나, 항우와 같은 헛된 영 웅심도 없었다. 그들의 투쟁 기간 중, 유방은 계속 항우에게 패했다. 하지만 다시 고향으로 돌아가 군사를 모으는 데 아무런 부끄러움도 없었다. 그의 마음은 항우보다 훨씬 '검었다.' 그는 자신의 야망을 달 성하기 위해서라면 남들에게 어떤 영향을 주든지 개의치 않았다.

항우는 마지막 전투에서 패배를 실감하자, 여러 해 동안 포로로 잡아두었던 유방의 아버지를 끌어내 끓는 기름솥 앞에 세웠다. 그리 고 유방에게 아버지가 산 채로 기름에 튀겨지는 꼴을 보고 싶지 않 으면 군대를 물리라고 통고했다. 유방은 자기 군대 앞으로 말을 타 고 나와서 이렇게 외쳤다. "항우여, 당신과 나는 한때 의형제였다. 그 러니 나의 아버지는 그대의 아버지이기도 하다. 아버지를 튀김으로 만들려는가? 그러면 내게도 좀 나눠다오."

유방의 후흑은 그의 적들을 훨씬 능가했다. 그의 가장 가까웠던 동료도 그의 손에서 벗어날 수 없었다. 항우와의 대결 중, 유방은 세 명의 아주 유능한 참모들의 도움을 받았다. 한신, 소하蕭何, 장량張良이 었다. 한왕조가 이후 4세기 동안 중국을 지배하게 된 것은 이 세 사 람의 공이 지대했다.

역사상 최초로 평민 출신으로 천자가 된 유방은 다른 야심가들이 자기도 황제가 되어보자는 마음을 먹지 못하게 만들어야 한다고 생 각했다. 자신의 지위를 지키기 위해, 유방은 자신의 전우들부터 찍어내야 한다고 여겼다.

장량은 인간의 본성을 꿰뚫어 보고 있었다. 항우와의 싸움에서 최종적으로 승리한 후, 그는 현명하게도 황제를 떠나 산속에서 은둔 생활을 했다. 그는 자신이 오랫동안 유방에게 쓸모 있었던 바로 그 재능 때문에 계속 궁에 있다가는 죽을 수밖에 없음을 알았다.

유방의 군사령관 한신은 젊은 시절 불한당의 가랑이 사이를 기어 가는 굴욕을 맛본 바로 그 사람이다. 겁쟁이라는 오명에도 불구하고 유방은 그를 기용했으며 한신은 그를 충심으로 섬겼다. 항우가 죽고 유방이 제위에 오르자, 한신은 중국의 제2인자가 되었다. 그의 군대 가 유방을 옥좌에 앉혔으니, 쉽게 끌어내릴 수도 있을 터였다. 하지 만 한신은 유방이 비참한 처지에 있던 자신을 등용하고 대원수의 책 임을 맡긴 사실을 잊지 못했다. 그는 자신을 그토록 오래 믿어준 사 람과 죽기 아니면 살기로 겨루는 처지에 있음을 받아들이려 하지 않 았다. 그때 어떤 왕족이 함께 손잡고 유방을 제거하자는 비밀 제의 를 해왔다.

유방이 연회에 한신을 초대했을 때, 한신은 의심을 떨쳐버리고 안전한 자신의 막사를 떠났다. 그런 믿음의 결과는 그가 궁에 도착 하자마자 붙잡혀 처형되는 것이었다. 유방은 자신의 오랜 전우를 회 로 떠서 젓갈을 담그게 했다.

전쟁 기간 중 소하는 군대를 따라다니며 정복한 지역의 행정을 맡아보는 일을 했다. 최종 승리를 거둔 후, 유방은 그를 승상에 앉혔 다. 소하는 매우 유능한 행정가였다. 그는 시스템적인 권한과 책임 의 배분을 통해 공무를 집행하는 개념을 창출했다. 그 관료 시스템은 아직도 세계 각국의 정부에서 실행되고 있다.

효율적이고 공정한 관리 능력 더분에 소하는 인기기 높았다. 그래서 유방은 불안을 느꼈다. 그는 핑계를 대서 소하를 투옥시켰으며, 소하가 더 이상 위협이 되지 않는 늙고 병든 사람이 되었을 때 풀어주었다.

일생의 목표와 야망을 달성하려고 할 때, 야망의 크기와 살인 본능에 대한 천착 사이에는 직접적인 관계가 있다. 야망이 클수록 살인 본능을 더 잘 발휘하고 더 기꺼이 발휘할 수 있다. 중국의 황제가 되는 것이 목표라면, 죽거나 죽임을 당할 각오가 충분해야 한다. 중국 역사는 살인 본능을 최대한 발휘한 사람만이 최종적인 승자가 되었음을 증명해준다. 다음 이야기도 그렇다.

명태조 주원장

1368년, 농가 출신의 거지였던 주원장朱元璋은 강력한 원왕조(유럽 원정에서 성공하고 돌아온 몽고인들이 세운)를 무너뜨리는 투쟁에 중국인들의 지도자로 나섰다. 주원장은 명왕조를 세웠고, 이후 300년은 명나라의 시대가 되었다.

주원장을 따라 혁명을 일으킨 농민들은 합당한 보상을 기대했다. 주원장이 그들을 궁으로 불러올리고 관작을 나눠준다면, 오히려 그들은 황제를 존중하지 않고 자기네와 함께 먹고 자던 거지 출신이라고만 여길 것이다. 그러면 황제는 권력에 제한을 받을 수밖에 없을 것이다.

그러나 주원장이 그들에게 보상금을 내리고 관작은 허용하지 않는다면, 그들은 불만에 차서 반정부 세력이 될 것이다. 그래서 주원장은 자신의 제국을 지킨다는 목표에만 충실하기로 했다.

주원장은 농민군 동지들을 명왕조 출범을 축하하는 성대한 연회에 초대했다. 그는 날짜를 잡고 독립된 건물에 그들을 들였다. 그리고 술과 요리를 무한정 내오도록 하고는, 연회 분위기가 절정에 이르렀을 때, 자신만 몰래 빠져나왔다. 그리고 출입문을 모두 걸어 잠그고는 불을 질러 안의 사람들을 모두 태워 죽였다.

제갈공명의 리더십

살인 본능은 교활하고 잔인한 사람들만의 전유물이 아니다. 그것은 도덕적이고 정의로운 사람들에게도 필요하다.

위대한 병법가이며 관대한 지도자였던 제갈공명諸葛孔明은 기원후 200년경의 사람이다. 그는 일부 중국 역사가들에게 중국 역사 5000년 중에서 가장 현명한 인물이라는 평가를 받는다.

제갈공명은 재주 있는 청년장교 중 하나였던 마속馬謖을 매우 아꼈다. 공명은 마속이 위대한 장군이 되리라 보았고, 그를 자신의 후계자로 키우려고 했다. 마속의 재능을 믿었기에, 공명은 너무도 어린 황제를 보필하면서도 막강한 적을 무찔러 한왕조의 영광을 재현하겠다는 자신의 희망을 계속 품을 수 있었다.

한 결정적인 전투에서 공명은 마속에게 선봉을 맡기면서, 한 작은 마을을 점령하여 적군의 시선을 돌리는 미끼를 만들라고 거듭해서 지침을 주었다. 공명은 똑똑하지만 젊고 거만한 마속이 야생마와 같아서 고삐를 죌 필요가 있음을 알고 있었다. 공명은 마속에게 자신의 가장 유능한 참모 두 사람을 붙여 마속이 신속히 승리를 거둘 수 있게 도왔다.

하지만 마속은 적과 격돌했을 때 공명의 지침을 깡그리 잊고 말았다. 참모들의 반대에도 불구하고 마속은 병력을 이끌어 산꼭대기로 올라갔다. 적은 마속 군의 식량과 물 보급로를 끊어버렸다. 그는 곧 패배했으며 공명의 전체 군사 전략은 무너지고 말았다.

마속이 돌아오자 공명은 그의 처형을 지시했다. 한 존경받는 노老장군이 공명에게 마속을 살려달라고 간청했다. "우리나라는 막강한 여러 나라에 둘러싸여 있습니다. 유능한 장수를 아껴야 합니다." 하지만 공명은 이렇게 대답했다. "법과 질서는 반드시 지켜져야 하오. 군의 기강을 세우기 위해서는 본보기를 보일 수밖에 없소."

공명은 눈물을 흘리며 마속의 목을 베었다.

돈벌이가 되는 투자 상품

고대 중국에서 건강한 야심과 함께 살인 본능을 자유롭게 활용할 수 있었던 사람들은 대개 큰 보상을 받았다.

그리 오래되지 않은 이야기를 해보자. 중동 테러리스트들이 러시아인들을 인질로 붙잡았다. 이에 KGB 요원들은 테러 지도자의 친지들을 납치함으로써 신속히 대응했다. KGB는 그들의 신체 일부를 절단하고는 그것을 러시아인들이 곧바로 석방되지 않으면 지도자의 아내와 아이들이 토막 날 거라는 경고 메시지와 함께 그들에게 보냈다. 인질은 곧 풀려났으며, 그 이후로 러시아인이 인질이 되는 일은 없었다.

이 문명사회에서 우리 대부분은 자신의 이익을 위해 사람을 죽이지는 않는다. 각자의 목표를 이루기 위한 수단은 변화하지만, 그 수단들을 이끄는 본질적인 정신은 늘 그대로이다. 그리고 희생자에게 돌아오는 결과도 똑같이 치명적이다.

지난 10년 동안 미국 금융계는 어느 정도 타고난 살인 본능을 가진 사람들을 길러내고 결국 고액 금융계에서 날뛰는 완벽한 킬러로 키워내는 이상적인 인큐베이터가 되어 왔다. 이들 중에는 오직 탐욕으로만 움직이는 사람들도 있었다. 완벽한 살인 본능과 최고의 사회적 지위로 무장한 그들은 거의 무적이었다. 일부는 잡혔으나, 많은 사람이 법망을 피해 달아났다. 월스트리트에 있는 내 친구는 열에 하나 정도만이 잡혔을 뿐이라고 귀띔해 주었다.

이 나라에서 부는 맹목적 존경의 대상이다. 부는 가장 존경받는 경영자와 권력자 집단의 속성이 되었다. 그들이 얼굴 없는 대중에게서 비양심적으로 수백만 달러를 빼앗고 그들을 재정적 죽음으로 내몬다고 해도, 그들이 존경받을 만한 외관을 유지하고 실제 범법 현장을 들키지 않은 이상, 미국인들은 그들을 숭배한다.

살인 본능을 가지고 그것을 활용할 의지가 있는 사람이 과거나, 지금이나, 미래에나 돈벌이가 확실히 보장되는 투자 대상이라는 사실은 슬프지만 진실이다.

돈을 요구할 때의 비결

왕성하고 잘 개발된 살인 본능은 분명 탐욕을 지지한다. 하지만 그것은 또 한편으로 우리가 고귀한 목표를 이루고 인생의 뜻하지 않는 장애물을 극복하는 데도 도움을 준다. 따라서 완벽한 살인 본능의 배후에 있는 요소들과 마음 상태를 탐구해볼 필요가 있다.

이 미묘한 마음의 상태를 탐구하는 최선의 방법은 우리 대부분이 공통으로 가지고 있는 특정 경험을 살펴보는 것이다. 마음이 섬세한 사람은 남에게 돈을 달라는 말을 꺼내기 참 힘들어한다. 그런 말을 할 때마다 복잡한 감정이 생겨난다.

작은 신생업체에 비해 대기업은 쉽게 자금을 융통한다. 꼭 필요한 운영 자금을 빌릴 때도 소기업 경영자들은 막상 기회가 와도 말을 잘 못하는 경우가 많다. 하지만 자금을 끌어모으는 능력은 어떤 경영자에게도 필수적인 조건이다.

T. 분 피큰스는 자신의 회고록에서 자기의 주된 업무는 투자받으러 다니는 것이었다고 했다. 그는 초창기에 토지 대여나 유정 시추를 위한 자금을 모아야 했다. 그는 이 일이 도통 끝나지 않는 일임을 알았다.

"과제에만 집중하란 말이지"

톰은 남에게 돈 달라는 말을 참 잘하는 사람이다. 나는 톰을 직접 만나본 적이 없지만, 내 친구 에드워드를 통해 들은 얘기는 내가 톰이라는 이름을 머리에 새기게 했다.

에드워드는 1960년대 중반에 톰을 만났다. 당시 톰은 사기와 횡령 혐의로 13개 주에서 수배되어 있었다. 톰의 도덕적 결함에도 불구하고, 그의 '돈 끌어모으는' 능력만은 평가하지 않을 수 없었다. 그의 동기와 도덕적 수준을 따지기에 앞서, 우리는 그에게서 돈을 모으기 위해 살인 본능을 적절히 이용한 사례를 배울 수 있다.

공자는 말했다. "두 사람과 더불어 길을 갈 때면, 그 사람들의 사회적 지위와 업적에 관계없이, 적어도 한 사람은 내게 부족한 점을 일깨워준다."

톰은 이따금 있지도 않은 프로젝트를 내세우며 돈을 빌렸다. 그리고 이따금 자기가 한 말을 실현했다. 한 번은 '뒷세계'와 끈이 닿아 있던 집단에게 '끝내주는' 사업을 한다며 5만 달러를 빌려달라고 했다. 그리고 5만 달러를 받기가 무섭게 근처 술집으로 달려갔다. 술집 사람들에게 한 잔씩 돌리며 1000달러 이상을 썼다. 다음 날, 그는 에드워드를 르노로 불러서 남은 돈을 도박으로 날려 버렸다.

톰의 '투자자'들이 그를 잡고는 에드워드의 눈앞에서 권총을 들이대고 돈을 내놓으라고 협박했다. 톰은 아주 태연하고 여유로운 태도로 그 갱단에게 그들의 적대 갱단이 상품을 털어갔다고 해명했다. 그리고 잃어버린 돈을 찾으려면 다시 5000달러를 내놓는 수밖에 없다는 것을 잘도 설득시켰다. 톰은 마치 성난 황소 앞에서 침착하게 서 있다가 능숙한 일격으로 쓰러트리는 노련한 투우사 같았다. 에드워드는 자기 눈을 믿을 수 없었다. 이 험악한 사나이들이 총을 내려놓고는 정말로 5000달러를 내줬던 것이다.

한 번은 에드워드가 톰에게 이렇게 물어보았다. "돈을 요구하는 비결 같은 게 있나?" 톰은 대답했다. "요구하면 되는 거지, 무슨 비결인가?"

에드워드는 "하지만 입을 열기가 힘들단 말일세. 이 생각 저 생각하다 보면 입을 차마 떼기가 어렵더라고."

톰은 에드워드의 눈을 똑바로 보면서 이렇게 말했다. "공연한 걱정 따위는 하지 말게. 자네 마음이 하는 말은 싹 무시해 버리라고. '돈을 요구한다'는 과제에만 집중하란 말이지."

이것이 바로 살인 본능의 배후에 있는 마음 상태다. 미야모토 무사시는 이렇게 말했다. "어떤 마음이 속에서 일든, 무시하라. 단지 상대를 베는 것만 생각하라."

톰은 천성적으로 살인 본능이 발달해 있었다. 그것은 그의 본질의 일부다. 그러나 그의 재능은 크게 삐뚤어져 있었다. 그가 의미 있는 일에 자신의 자금조달 재능을 썼다면, 자신에게나 남들에게나 매우 소중한 사람이 되었을 것이다. 그래도 그의 말은 의미심장하다. 그는 당장의 목표에 집중하는 것 외에는 완전히 초연한 자세를 갖는 마음 상태를 설명했다. 완전히 집중된 마음은 완벽한 살인 본능을 활용하는 필수적 추진력이다. 그것이 없는 말과 행동은 무력하고 아무 효과도 없다.

대가를 받지 못한 매춘부

나는 한때 어느 미국 회사에 고용되어 중국, 홍콩, 대만의 시장 개발에 참여했다. 나와 윌리는 그의 회사에서 내게 매월 일정액의 보수와 영업실적에 비례한 수당을 지급한다는 계약을 맺었다.

월리와 일하기 시작한 지 얼마 안 되어, 나는 정규 근무계약 조건을 그에게 제시했다. 우리는 몇 가지 사소한 용어 선택 문제를 두고 의견이 갈렸으며, 월리는 계약서를 다시 쓰겠다고 약속했다. 월리를 좀 더 알게 되면서, 나는 그의 인격과 전문가 정신에 감탄하게 되었다. 그 때문에, 나는 미처 끝나지 않은 계약을 완료하는 건 잊어버리고 말았다. 아마 마음 놓고 믿을 수 있는 사람 하나만 꼽는다면, 나는 월리를 꼽았을 것이다. 어느새 3년이 지나고, 계약서는 완결되지 않은 채로 있었다. 그래도 나는 걱정하지 않았다.

그러던 중 월리가 회사 지분의 50퍼센트를 독일 동업자에게 매각했다. 그래도 나는 미완료 계약을 걱정하지 않았다. 아무튼 월리의 사위인 피터가 계속 회사 사장으로 재직했으며, 피터는 내가 얼마나 열심히 일했는지 잘 알고 있었다. 게다가 나는 피터의 부인 집안 쪽과 친밀한 사이였다.

피터가 아시아 쪽 프로젝트를 맡은 후, 나는 그 미완료 계약 건에 대해 그에게 말했다. 그는 살펴보겠다고 거듭해서 말했고, 아무 문제 없다고 확언했다.

피터와 1년 정도 일한 후에, 나는 자리에서 물러나 업무 부담을 좀 덜자는 생각을 하게 되었다. 나는 피터에게 계약을 완료하여 계속해서 보장된 수당을 받고 싶다는 말을 꺼냈다. 피터는 말했다. "글쎄요, 이 커미션을 얼마 동안이나 받을 수 있을지 좀 봐야겠군요. 3년, 아니면 5년 정도 될까요." 나는 원래 합의에서는 기한이 없다는 것을 그에게 상기시켰다.

6개월 뒤, 내 계약 건은 종적을 알 수 없게 되어버렸다. 문제는 내게 협상의 근거가 없다는 것이었다. 내가 받게 될 커미션은 그의 재량에 달려 있었고, 그는 내게 '은혜'를 베풀기보다 돈을 아끼기를 원했다. 그는 자신이 새로 가진 힘을 과시하면서 자신이 얼마나 능란한 협상가인지 증명하고 싶어했다.

피터는 부러진 칼을 쥔 투우사 앞에 서 있는 기운찬 황소처럼 행동했다. 나는 무력감, 분노, 모욕감을 느꼈다. 그때 나는 무사시의 말이 생각났다. "어떤 마음이 속에서 일든, 무시하라. 단지 상대를 베는 것만 생각하라." 나는 이렇게 자문자답했다. "피터가 거칠게 나오고 있다. 하지만 그의 경정맥을 발견하기만 하면, 부러진 칼로도 치명상을 입힐 수 있다."

나는 그에게 전화를 해서 그가 적절한 시기에 내 문제를 매듭짓지 않으면 나는 부득이하게 내가 그 회사에 소개했던 아시아쪽 사람들에게 사기를 당했다고 이야기할 수밖에 없다고 말해주었다. 나는 이것이 근거 없는 위협이 아니라 절망적 상황에서의 선택이라고 분명히 말했다. 나는 이렇게 펀치를 날리고는 그의 명예심을 자극하는 이야기를 이어나갔다. 피터는 스스로 독실한 기독교인이라고 여기고 있었기 때문이다.

"피터, 나는 완전히 무력한 상황에 처해 있고 네 처분만 기다리고 있어. 마치 손님과 잠자리에 들기 전에 돈을 받지 못한 매춘부와 같지. 일이 끝난 후 돈을 요구해도, 그 손님이 안면을 몰수하면 방법이 없는 거거든. 손님은 이미 원하는 것을 얻었으니 아쉬울 게 없고. 나는 지금 그런 매춘부처럼 네가 전에 한 약속을 지키기만을 기다리는 처지야. 내가 너를 위협하는 건 대안이 없기 때문이야. 개를 구석으로 몰아넣고 도망갈 구멍을 주지 않으면, 원하든 원치 않든 벽을 뛰어넘으려 하겠지.”

뭐랄까, 그 방법은 효과를 보았다. 피터는 내가 심하게 모욕당했고, 복수를 위해 무슨 짓이든 할 수 있음을 알아차렸다. 그와 그 회사의 평판을 아시아인들 사이에서 깎아내린다는 것은 심각한 위협이었다. 우리는 타협을 보았고, 내게 커미션을 21년간 지급하기로 했다.

우리 대화가 끝날 때쯤, 그는 내게 이렇게 물어보았다. “당신이 쓰고 있다는 책의 주제가 뭐라고 했죠?”

나는 대답했다. “남들에게 뒤통수를 맞지 않는 법에 대한 거야.”

그는 웃고는 이렇게 말했다. “유머 감각은 여전하십니다.” 사실, 그는 내 말이 진담임을 알지 못했다.

나는 잔인해지리라, 친절하기 위해서

이 장의 요지에서는 조금 벗어날 수 있지만 이 이야기가 없이는 이 장을 끝낼 수가 없다. 우리는 살인 본능에 대해 논하면서 대체 어디쯤에서 그 본능을 멈추고 우리의 천부적인 동정심을 표현해야 할까?

셰익스피어는 《햄릿》에서 말했다. “나는 잔인해지리라, 친절하기 위해서.” 그렇다, 동정심을 멈춰서는 안 된다. 가슴에는 사랑을 담아야 한다. 그러나 명철함을 잃지 말아야 하며, 극기와 초연함을 갖추고 동정심을 드러내야 한다.

모든 사람은 무한히 관대해지고 대가 없이 주고 싶은 욕구를 지니고 있다. 그 주고 싶은 것에는 사랑, 동정, 존경, 물질적 재산이 포함된다. 더 심층적으로, 우리 신의 지녀는 대가 없이 일을 하고, 단지 사랑을 위해서만 땀을 흘리고 싶어한다. 동시에 다른 사람에게 현실에서 가능한 것 이상으로 주고 싶어한다. 하지만 하루하루 생존경쟁을 벌여야 하는 현실은 너무 많은 사람을 타인에 대한 공포로 움츠러들게 한다. 그래도 가끔은, 합리적인 계산을 넘어서 불행한 사람들에게 도움을 베풀 때도 있다.

시간이 지나면서, 우리는 우리에게 '특별한 사람'보다 익명의 낯선 사람에게 베푸는 게 더 쉽다는 걸 알게 된다. 그것은 우리의 대가 없는 관대함이 오히려 남용되는 경우를 많이 겪었기 때문이다. 어떤 경우에는 줄수록 더 많이 줘야 한다는 압박에 시달리게 된다. 마치 대가 없이 받는 게 당연한 권리인 것처럼 구는 사람도 있다. 단지 친절하려고만 했던 것인데, 자신을 공격에 노출시키는 꼴이 될 수도 있다.

이상하게 들릴 수 있지만 이는 진실이다. 우리도 종종 자신을 가장 지지하고 사랑하는 사람들을 괴롭히지 않는가.

베스와 리사는 20년간 알고 지낸 친구 사이이다. 리사는 이혼 후 10년을 혼자 살았다. 최근 베스는 남편에게 그만 헤어지고 싶다는 말을 들었다. 베스는 자신의 집이 팔리는 동안 리사의 집에서 함께 지내기로 했다.

리사는 베스가 너무 안 돼 보여 최선을 다해 그녀를 도우려고 했다. 그녀는 베스의 생활비 부담을 덜어주려고 자기 집에 대가 없이 머물게 했다. 리사는 열과 성을 다하여 상처 입은 친구를 살폈고, 베스가 말하는 것은 뭐든 들어주려고 했다. 베스는 6개월 뒤 리사의 집에서 나왔는데, 둘은 그때 이후로 서로 말을 하지 않고 지낸다. 리사는 이 일로 마음에 큰 상처를 받았다. 그녀는 내게 이렇게 말했다. "난 내 가슴과 지갑을 너무 쉽게, 아무런 대비도 없이 열었어요. 그 친구가 원하는 건 뭐든 주었죠. 나 자신의 행동을 주체할 수 없었어요. 하지만 베스는 가면 갈수록 더 많은 걸 요구하기만 했죠."

친절해지기 위해, 우리는 잔인해질 필요가 있다. 후흑의 실천자는 지나친 동정의 표현에 대해 절제의 필요성을 인식한다. 동정이란 마음의 상태이며, 어떻게 남들을 더 많이 도와줄까 하는 맹목적 경쟁 같은 것이 아니다. 종종 우리는 친절해지기 위해 우리의 욕구를 자제해야 한다. 같은 식으로, 좋은 부모는 자식들에게 마냥 '오냐오냐'해주고 싶은 욕구를 자제한다. 그들은 친절해지기 위해 잔인해져야 함을 안다.

살인 본능의 습득

살인 본능은 후흑의 한 측면이다. 이것 없는 후흑은 행동력 없는 이상처럼 맥없는 이론에 불과하게 된다.

살인 본능은 우리가 자신의 마음에 반해 적절한 행동을 취하게 만들고, 우리를 목표에 충실하도록 바로잡아 준다. 살인 본능은 우리의 유전자 코드에 깃들어 있다. 사회적 프로그래밍으로 인해, 인간은 천성적으로 살인 본능을 지녔다는 생각은 기피되고 억압된다. 그러나 이 본능이 우리 내면에 실재하기에 우리는 그것을 재인식할 수 있다.

혹시 프라이팬으로 팬케이크를 처음 뒤집었던 내를 기억하는가? 먼저 프라이팬을 흔들어 팬케이크가 그 안에서 이리저리 움직이게 하면서 적당한 기회를 찾는다. 그러다가 과감히 팬케이크를 공중으로 던져올리고, 공중에서 뒤집힌 팬케이크를 다시 프라이팬으로 받는다.

겁을 먹고 너무 높이 올려 팬케이크를 못 받을까 봐 신경 쓰다 보면 오히려 팬케이크가 뒤집힐 만큼 높이 올리지 못하게 된다. 그러면 팬케이크는 엉망이 되고 만다. 이와는 반대로, 팬케이크를 뒤집는 데 너무 신경을 쓰게 되면, 이번엔 너무 힘껏 올리게 되어 팬케이크는 어디 멀리 딴 곳으로 날아가고 만다.

팬케이크 뒤집기를 배우기 위해서는 자신의 내적 영역을 탐구하면서, 완전한 힘과 통제력, 그리고 초연한 용기를 얻을 수 있는 마음 상태에 이르러야 한다. 완벽하게 팬케이크를 날릴 순간을 기다리다가 적절한 마음 상태를 발견하게 되면, 그 상태에 이르는 것을 반복해보라. 완벽한 살인 본능을 연마하는 데 많은 도움이 될 것이다.

팬케이크 뒤집기는 사실 쉽고 그리 큰 의미가 없어 보인다. 하지만 삶의 진실은 어디에나 숨어 있다. 완벽한 살인 본능을 습득하는 방법은 투우나 고액 금융의 세계에서만 찾아볼 수 있는 게 아니다. 팬케이크를 뒤집는 일을 통해서도 살인 본능을 키울 수 있다.

팬케이크를 뒤집는 평범한 작업을 수행하는 데 도움을 주는 마음 상태는 완벽한 살인 본능을 발휘하게 해주는 상태와 같다. 여기서 팬케이크를 거론하는 것은 팬케이크 자체가 중요해서가 아니며, 약한 마음과 쓸데없는 생각을 극복하는 데 용기를 주는 내적인 뭔가를 찾기 위함이다. 그것은 완벽한 힘, 완벽한 통제력, 완벽한 초연함을 가지고 목표 추구에 매진하게 해준다.

외과의사의 힘

베트남에서 근무했다는 한 외과의사를 만난 적 있다. 그는 이렇게 말했다. "의과대학에서는 전쟁의 참혹함에 대해, 인간이 서로에게 가하는 잔인한 행동에 대해 배울 수가 없었지요. 베트남에서 내가 일을 할 수 있었던 건 동료들에 대한 헌신과 책임감이 공포보다 강했기 때문이에요. 그 책임 의식이 내 공포심을 용기와 힘으로 바꿔 놓았습니다."

최근에 나는 양성 종양을 가슴에서 제거하는 간단한 수술을 받았다. 담당 의사는 국소마취만 했고, 나는 수술 내내 의식을 가지고 있었다. 고통은 느끼지 않았지만, 내 가슴이 전 방향으로 아주 세게 잡아당겨지는 느낌은 있었다. 담당 외과의사는 마치 고무 인형을 자르고 있는 것 같았다. 그녀는 냉정하고 침착하게 자기 일을 했으며, 그 태도는 기분에 거슬리지 않았다.

오히려 그런 냉정함에 나는 안도감을 느꼈다. 수술하고 있는 동안 그녀의 손에서 뜨거운 열정이 뿜어져 나오는 것을 느낄 수 있었다. 자기 목표를 초연하게, 성심을 다해 수행하는 사람이 뿜어내는 열정이었다. 그녀가 어린아이의 몸을 수술하고 있다고 생각해보라. 짼 부위를 열고 필요한 치료나 제거 작업을 하면서 그 어린아이가 약간의 고통도 느끼지 않게 한다. 얼마나 놀라운 친절함인가?

두 외과의사가 보여준 내적인 힘은 매우 다른 종류였으나, 둘 다 자신의 지업적 목표에 충실한 것이었다. 그 초연한 힘에는 살인 본능의 신비가 숨어 있다. 그것은 곧 후흑의 근거이기도 하다.

- 오늘날 세계에서 성공하려면 일을 마무리 짓는 의지와 끈기를 가져야
  한다.

- 일을 빠르고 깨끗이 마무리 짓는 용기는 살인 본능이며, '시커먼 마음'
  의 근본이다. 모든 위인과 대악당은 그것을 가지고 있다.

- 살인 본능은 개인이 인류에게 혜택을 줄 수 있는 대업을 성취하도록
  돕는다. 하지만 개인이 세상에 해악을 끼치도록 돕기도 한다.

- 한 자루의 칼은 유용한 도구다. 칼이 없다면 여러 가지로 불편할 것이
  다. 그러나 칼은 무기로도 쓰인다.

- 살인 본능은 후흑의 또 다른 면이다. 그것은 인류가 동굴에 살던 시절
  이래로 적대적인 자연과 적들에 맞서 생존하게끔 해왔다.

- 우리의 유약한 성향을 고칠 희망을 가지려면, 현실의 어두운 면을 외
  면해서는 절대 안 된다.

- 우리의 적들이 살인 본능을 띠고 우리를 희생시키려 한다면, 그 사실
  을 애써 피하는 것은 용납되지 않는다. 위대한 병법가 손자가 말했듯,
  "지피지기면 백전불태이다."

- 살인 본능을 가지고 그것을 활용할 의지가 있는 사람이 과거나, 지금
  이나, 미래에나 돈벌이가 보장되는 투자 대상이라는 사실은 슬프지만
  진실이다.

- 나는 잔인해지리라, 친절하기 위해서. 동정심을 멈춰서는 안 된다. 가
  슴에는 사랑을 담아야 한다. 그러나 명철함을 잃지 말아야 하며, 극기
  와 초연함을 갖추어 동정심을 나타내야 한다.

- 살인 본능은 후흑의 한 측면이다. 그것 없는 후흑은 행동력 없는 이상 처럼 맥없는 이론에 불과하다.
- 살인 본능은 우리 자신의 마음에 반해 적절한 행동을 취하게 만들고, 우리를 목표에 충실하도록 바로잡아 준다. 살인 본능은 우리의 유전자 코드에 깃들어 있다.
- 삶의 진실은 어디에나 숨겨져 있다. 완벽한 살인 본능의 습득은 투우나 고액 금융의 세계를 통해서만 할 수 있는 게 아니다. 팬케이크를 뒤집 는 일을 통해서도 살인 본능을 키울 수 있다.
- 팬케이크 뒤집기라는 평범한 작업을 수행하는 데 도움을 주는 마음 상 태는 완벽한 살인 본능을 발휘하게 하는 상태와 같다.
- 팬케이크를 거론하는 것은 팬케이크 자체가 중요해서가 아니며, 약한 마음과 쓸데없는 생각을 극복하는 용기를 주는 내적인 뭔가를 찾기 위 함이다. 그것은 완벽한 힘, 완벽한 통제력, 완벽한 초연함을 가지고 목 표 추구에 매진하게 해준다.

우리는 사람을 관리하지manage 않는다.

우리는 사물을 관리하고, 사람은 이끈다lead.

— 그레이스 호퍼Grace Hopper 전 미 해군 제독

13장

◆

제갈공명의 후흑
리더십

우리 모두는 규모가 크든 작든 리더다. 어떤 사람은 리더로서 공식 직함을 가지고 있고, 어떤 사람은 놀이터에서 형제자매나 친구들을 이끈다. 리더십은 일종의 마음 상태이며, 남에게 무엇을 하느냐가 아니라 자신에게 무엇을 하느냐의 문제이다.

요즘 정치체제에 대해 불만의 목소리를 내는 미국인이 많아졌다. 문제는 그 체제의 개혁보다는(그렇다고 문제가 없다는 것은 아니지만) 정치 지도자들의 깨끗함에 있다. 한 나라, 기업, 상점, 가족의 복지는 그 리더의 수준과 긴밀히 연관되어 있다.

리더십은 생존의 필수 요소다

고대 중국인들은 리더의 수준이 국가 생존에 직결된다는 사실을 확신했다. 많은 고대 병법서에는 리더십 관련 내용들이 포함되어 있는데, 그중에서도 《제갈공명 병법》은 리더십 문제를 본격적으로 다루고 있다. 앞 장에서 소개했듯 제갈공명은 중국 역사에서 가장 위대한 리더였다는 평가를 받는다. 상대적으로 잘 안 알려진 그의 책은 위대한 리더와 저열한 리더의 구분 조건을 상세하게 설명하고 있다.

공명이 설명하는 위대한 리더는 후흑의 실천자와 매우 흡사하다. 고대 중국인은 항상 리더의 정신적, 사상적 수준을 중시했다. 심지어 오늘날에도 중국인은 기업체 직원이나 국가 공무원에 대한 평가에서 기술적 능력보다 품행을 우선시한다.

재능은 뛰어나지만 덕이 부족한 사람은 소속 조직에 이로운 존재가 아니며, 자신에게나 남들에게나 위험한 존재다. 사람은 직업적 능력 외에도 덕이 높은 사람을 자연히 따른다. 중국인이 즐겨하는 말처럼, "훌륭한 지도자를 위해서라면 불을 지고 기름 속에라도 뛰어든다."

제갈공명의 병법

《제갈공명 병법》은 군사적 목적으로 집필된 책이다. 그러나 고대 병법가들이 의존했던 원칙은 오늘날 정치, 경제 리더들을 위한 지침으로도 손색이 없다. 이제부터 《제갈공명 병법》에서 일부 내용을 있는 그대로 번역해 소개하기로 한다. 그의 문체를 생생하게 느낄 수 있을 것이다. 제갈공명은 이렇게 말했다.

권력과 책임

권력과 책임은 한 몸뚱이의 두 개의 얼굴이며, 나눌 수 없는 것이다. 한 나라의 최고 권력을 가진 사람은 또한 그 나라의 성패를 책임지고 있다. 권력은 명령하고 이끄는 지위를 뒷받침한다. 이 힘은 사람이 자기 몸을 가누는 방식으로 조직을 움직인다. 명령에 뛰어난 사람은 날개 달린 호랑이와 같다. 그는 자신을 자유롭게 표현할 수 있으며, 거칠 것 없이 행동한다. 명령에 능숙치 못한 리더는 물 밖에 던져진 물고기와 같다. 물살을 타고 오르고 싶어도 그럴 수 없다.

사악한 무리를 제거하라

다음과 같은 사람들이 활개 치는 조직은 실패한다.

1. 변변치 못하고 졸렬한 사람들의 도당을 만들어 유능한 사람들을 쫓아내는 데 조직의 힘을 사용하게 하는 자
2. 사치, 낭비벽이 심한 자
3. 사소한 잘못을 들추는 데만 급급하며, 자기 이익을 위해 집단에 위화감을 증폭시키는 자
4. 자기 개인의 득실에만 유념하면서 무슨 수를 써서라도 이익을 챙기려고만 하는 자

이상의 사람은 사악하고, 위선적이며, 비열한 사람이다. 이런 자들을 축출해야 한다.

사람의 본성을 꿰뚫어 보는 법

어떤 사람의 진면목을 알아내는 일은 아주 어렵다. 겉으로는 친절하면서 속으로는 사악한 자들이 있다. 또 성실한 체하면서 요령만 피우는 자들이 있다. 말로는 누구보다도 용감하지만 실은 겁쟁이일 수 있다. 그리고 열심히 일하지만 믿을 수가 없는 사람도 있다. 다음 일곱 가지는 사람의 본성을 꿰뚫어 보는 방법이다.

1. 인생관을 알기 위해 토론을 해보라.
2. 마음의 변화를 보기 위해 말로 시비를 걸어보라.
3. 지혜를 측량하기 위해 병법을 논해보라.
4. 어려움과 위험이 있음을 일깨움으로써 용기를 시험하라.
5. 술에 취하게 하라. 그러면 진짜 본성이 나온다.
6. 돈을 쓰는 모양을 지켜보라. 그의 품성을 알 수 있다.
7. 일을 맡겨보라. 그 역량을 잴 수 있다.

이상의 방법과 함께 다음 방법들을 써보라. 다른 고대 병법서에서 발췌한 것들이다.

1. 어려운 시기에 그가 누구와 친하게 지내는지를 보라.
2. 잘나갈 때 누구에게 은혜를 베푸는지를 보라.

3. 고위직에 있을 때 누구를 기용하는지 보라.

4. 난국을 만나서 그는 도덕적으로 행동했는가?

5. 빈곤에 처했을 때 뇌물을 받지 않았는가?

6. 난잡한 관계를 갖도록 유혹하여, 그의 견실함을 시험하라.

여섯 가지 리더십 유형

1. **인자한 리더**仁將. 덕으로써 휘하 병사들을 이끌고 엄격한 기준을 세워 감독한다. 병사들의 고충을 알고 그 노력을 높이 평가한다.

2. **의로운 리더**義將. 자기의 책임을 회피하지 않는다. 자신의 이익을 구하지 않는다. 수치스럽게 사느니 영광된 죽음을 택한다.

3. **현명한 리더**禮將. 상황이 좋을 때 자제한다. 승리를 거두고 자만하지 않는다. 현명하지만 겸손하게 처신한다. 강하지만 뽐내지 않는다.

4. **전략적 리더**智將. 창조적이고 독창적인 계략을 짜낸다. 상상력과 재치를 발휘해 전투에 임한다. 불리함을 유리함으로, 패배를 승리로 바꿀 수 있다.

5. **용감한 리더**勇將. 일상 업무에서는 두드러짐이 없다. 그러나 위기가 클수록 더 용감해진다.

6. **위대한 리더**大將. 재주 있는 사람을 최대한 대접한다. 비판과 제안을 용납한다. 사람에는 관대하지만 원칙에는 엄격하다. 용맹하지만 계략을 치밀하게 세운다.

리더의 여덟 가지 인격적 결함

1. 탐욕

2. 다른 사람의 능력에 대한 질투

3. 다른 사람들의 말에 쉽게 휘둘리고 아첨을 좋아함

4. 남들을 이해하려고는 하지만 자기 자신에 대해서는 모름

5. 우유부단함

6. 관능적 쾌락을 탐닉함

7. 악의와 비겁함

8. 책임을 회피하고 산꾀만 부림, 말과 행동이 다름, 신의가 없음

다음 내용은 다른 병법서에서 발췌한 것들이다.

1. 무능하지만 자만심이 강함

2. 성급함

3. 무기력과 게으름

4. 기백이 없음

5. 유능하지만 병약하여 생각을 행동으로 옮기기 어려움

6. 잔인함

7. 카리스마의 부족

리더의 아홉 가지 필수 능력

1. 적의 상황을 파악하는 능력

2. 전진과 후퇴의 방법을 파악하는 능력

3. 쓸 수 있는 자원의 한계를 파악하는 능력

4. 공세를 취할 적절한 시기를 파악하는 능력

5. 지형을 활용하고 어떤 상황에서든 유리함과 불리함을 이해하는 능력

6. 자신만의 병법을 고안하고 적에게 완벽한 습격을 가하는 능력

7. 자기 계획을 철저히 비밀로 하는 능력

8. 휘하 병력의 조화를 유지하는 능력

9. 휘하 병력이 공통의 목표 의식을 갖도록 하는 능력

굴복과 극복

훌륭한 리더는 강하지만, 너무 경직된 나머지 쉽게 깨어지지는 않는다. 그는 유연하며, 융통성이 많다. 그는 부드러운 것으로 강한 것을 제압하는 법, 섬세함으로 강함을 극복하는 법을 알고 있다. 그는 근본적으로 나약한 기질의 사람은 오래 견디지 못함을 안다. 반대로 지나치게 강한 성격의 사람은 파멸을 자초한다. 훌륭한 리더는 지나치게 강하지도 약하지도 않다. 이것이 리더십의 도道이다.

훌륭한 리더십의 두 가지 기준

1. 훌륭한 리더는 자만해서는 안 된다. 자만은 절도를 잊어버리게 한다. 절도가 없으면 병사들의 존경을 잃는다. 그리고 병사들은 그를 떠나며, 군대는 흩어져 버린다.

2. 훌륭한 리더는 인색하지 않다. 인색하면 공을 세운 부하에게 적절한 포상을 꺼리게 된다. 공에 따라 적절한 보상을 받지 못

하는 병사들은 성심을 다해 싸우지 않는다. 그것은 결국 국가의 안전을 위협한다(고대 중국에서는 한 나라에서 다른 나라로 충성의 대상을 바꾸는 것이 오늘날 직장을 바꾸는 것처럼 간단했다).

패배에 능숙하면 파멸을 면한다

이 점은 앞 장에서 충분히 설명했다.

방비가 잘 되어 있는 나라는 타국의 침공을 두려워할 필요가 없다

자체 방어 능력은 국가 생존에 필수적이다. 꿀벌과 전갈이 생존을 위해 몸에 독을 지니고 있는 것과 같다.

리더가 가져야 할 다섯 가지 덕목과 피해야 할 여덟 가지 금기

다섯 가지 덕목

1. 다른 사람에게 동기를 부여할 수 있는 위풍당당함과 능력이 있다.
2. 연장자를 존경하며 동료에게 관대하다.
3. 친구에게 신실하며 충실하다.
4. 일반 병사들에게 관용을 베푼다.
5. 목표 달성을 위한 임무 수행에 부지런하다.

여덟 가지 금기

1. 옳은 것과 그른 것을 혼동해서는 안 된다.
2. 유능한 인재를 내버려 두어서는 안 된다.

3. 법을 너무 융통성 없이 집행해서는 안 된다.

4. 어려운 사람에게 베풀기를 꺼려서는 안 된다.

5. 미래의 결과를 계획하지 않으면 안 된다.

6. 일급 정보의 누설을 허용해서는 안 된다.

7. 인재를 적재적소에 추천하기를 게을리하거나 그럴 능력이 없어서는 안 된다.

8. 패전의 책임을 회피해서는 안 된다.

유능한 리더의 세 가지 필수 조건

1. 가슴과 배. 가슴과 배는 육체의 가장 필수적인 부분이다. 이 두 부분은 생존과 직결되어 있다. 유능한 리더는 현명하고 믿음직한 참모들을 주변에 두어야 한다. 마치 자신의 가슴과 배를 아끼듯 그들을 아껴야 한다. 그런 참모들이 없이는 방향도 모른 채 어두운 밤길을 걷는 것처럼 된다.

2. 눈과 귀. 유능한 리더는 자신에게 충실한 눈과 귀를 여유 있게 가지고 있어야 한다. 그런 사람들이 없이는 앞을 볼 수 없고, 고립되고 만다. 아는 것이 힘이다.

3. 이와 발톱. 이와 발톱은 상대를 깨물고 할퀼 때 필요하다. 유능한 리더에게는 살인 본능을 활용하는 데 능숙한 사람들이 필요하다. 때로는 자신의 올바른 목표 달성을 위해 상대를 깨물고 할퀼 필요가 있으며, 또한 자기방어에도 이와 발톱은 필요하다. 그런 사람들이 곁에 없다면 배가 고픈 나머지 독을 먹은 사람과 같게 된다. 확실히 죽고 말 것이다.

병사 개개인의 타고난 능력에 맞게 조직된 군대

병사 개개인은 그 재능에 맞는 자리에 배치되어 최대한 재능을 발휘해야 한다. 동작이 기민한 병사는 급습을 담당하는 부대에 배속하고, 동작은 느리지만 힘이 센 병사는 궁병대에 배속해야 한다.

리더십의 열다섯 가지 신조

1. 첩보 활동의 중요성을 이해하라.
2. 적의 정보를 얻는 데 노력을 아끼지 마라.
3. 더 강력한 적을 만나도 두려워하지 마라.
4. 뇌물에 흔들리지 마라.
5. 완벽한 공정함을 보여라.
6. 인내력을 보여라.
7. 관대함을 보여라.
8. 약속은 반드시 지켜라.
9. 유능한 인재를 존중하라.
10. 남들의 비평이나 소문으로 사람을 평가하지 마라.
11. 진실하고 성실하라.
12. 병사들에게 인자하라.
13. 충성되고 신실하라.
14. 각 개인의 역량의 한계를 파악하라.
15. "지피지기하라."

리더십의 4대 법칙

1. 자신의 병사들이 그들에 대한 자신의 기대를 숙지하고 있는지 확실히 하라. 그들에게 전진하라고 할 때 무엇을 바라는지, 후퇴하라고 할 때 무엇을 바라는지, 그리고 과연 무엇이 명령을 제대로 따르는 것인지 확실히 알도록 하라.

2. 인자함과 덕으로 그들을 이끌라. 그리고 무엇이 올바른 행동인지 주지시켜라.

3. 유능한 자를 승진시키고 개인의 능력을 일깨워주라. 그리하여 병사들 모두의 사기를 끌어올려 최대의 능력을 발휘하게 하라.

4. 처벌과 포상에 대한 원칙을 철저히 지켜라. 지휘관이 하는 말의 의미를 병사들이 확실히 이해할 수 있게 하라. 자신이 한 말에 대해서 절대적으로 신뢰를 지켜라.

승리와 패배의 징조

승리의 징조

1. 유능한 자는 중용되고, 무능한 자는 퇴출된다.
2. 병사들이 열성적으로 명령을 수행한다.
3. 병사들의 사기가 드높다.
4. 처벌과 포상이 엄격하게 이루어진다.

패배의 징조

1. 병사들의 사기가 낮다. 그들은 자기 개인 업무에 더 바쁘다.
2. 병사들이 자기 위치에 대해 불안하게 여긴다. 작은 소문도 큰

불안으로 확대된다.

3. 리더가 적의 전력을 과대평가하거나 과소평가한다.

4. 병사들이 개인적인 안락만 추구한다.

5. 리더가 뇌물을 받고 배임을 저지른다.

병사들에 대한 리더의 바람직한 태도

고대에는 자기 병사들을 마치 자식처럼 대하는 리더가 위대한 리더였다. 어려운 상황이 닥치면, 리더는 문제를 해결하기 위해 대열의 맨앞에 나섰다.

위에서 보상이 주어지면, 리더는 옆으로 비키며 자기 병사들에게 그 공을 돌렸다. 그는 부상자를 위로하고 최대한의 경의를 표하며 전사자를 매장했다. 그는 자기 먹을 것을 굶주린 자에게 주고, 자기 입을 것을 헐벗은 자에게 주었다. 그는 최대한의 경의를 표하며 현명한 사람의 조언을 구했고, 찬사와 상급을 다하여 용감한 자를 기렸다.

휘하 병사들의 동기를 부여하는 다섯 가지 방법

1. 권위 있는 직책과 후한 봉록을 약속하며 비범한 재능을 가진 자들의 마음을 잡는다.

2. 존경하는 자세로 병사들을 대하며 그들의 능력을 신뢰한다.

3. 공로에 대한 보상 기준을 뚜렷이 제시하며, 그에 따라 상벌을 분명히 한다.

4. 공과의 평가 기준을 세워 병사들을 고무시킨다.

5. 병사들의 '사소한 공로'를 일일이 알아주고 칭찬해준다. 혁혁한 공로에는 승진과 특별 수당으로 치하한다.

그러면 그의 병사들은 리더의 목표를 달성하기 위해 신명을 다해 싸울 것이다.

현명한 사람이 도道를 들으면

그대로 실천하기에 부지런하다.

평범한 사람이 도를 들으면

이따금씩 그것에 대해 생각한다.

어리석은 사람이 도를 들으면

크게 웃기만 한다.

만약 그가 웃지 않는다면,

그 도는 진정한 도가 아니다.

—《도덕경》

14장

◆

내 안의 후흑을
재발견하는 법

이미 가진 것을 다시 얻을 수는 없다

후흑의 상태에 도달하는 비결은 후흑이 우리 본연의 모습이므로 특별히 새로 얻을 것은 없음을 깨닫는 것이다. 이미 가진 것을 다시 얻을 수는 없다. 단지 그것을 숨기고 있는 장막을 걷어내고 이미 가지고 있던 것을 직시할 뿐이다.

호랑이는 사나움을 배울 필요가 없다. 바다는 넓어지려고 노력할 필요가 없다. 불은 숲을 태울 때 "어떻게 태워야 하지?" 하고 묻는 일이 없다. 따라서 인간도 그 본연의 상태에 이르기 위해 애써 배울 필요는 없다. 창조주는 우리에게 그 속성과 함께 그것을 깨우칠 지성도 부여했다.

우리의 '적절한' 사회화 교육 덕분에, 우리는 자기 내면에 있는 자연법칙을 직관적으로 인식하기가 어려워졌다. 우리는 후흑의 자연스러운 본성을 왜곡했고, 그 때문에 우리의 정신적, 물질적 성장이 힘들어졌다. 이제 이미 우리가 가진 것을 재발견하고 회복하는 것이 우리의 과제다.

자유의지의 축복과 저주

나는 신을 사랑할 수 있느니,

그가 내게 그를 부인할 자유를 주셨음이라.

— 라빈드라나트 타고르

모든 인간은 자유의지를 갖고 있다. 그것은 우리가 각자의 최고선을 지향할 수 있도록 하늘이 부여해준 완전히 신성한 지성이다. 우리는 종종 무지와 혼란에 뒤덮힌 자유의지를 통해 마치 눈먼 자가 차를 몰 듯 인생을 헤쳐나간다. 멈출 수 있는 유일한 방법은 충돌뿐이다.

하늘이 부여한 자유의지, 그것은 더없는 축복인 동시에 최대의 저주이기도 하다.

후흑을 재발견하는 일곱 단계

우리가 살아가는 세계를 이해하는 정도는 우리의 진정한 자신을 이해하는 정도와 비례한다. 또한, 인생 항로에 놓인 장애물을 극복할 수 있는 능력은 우리의 성취 정도와 직결된다.

우리 본연의 상태를 발견하기 위해, 우리는 태어난 이후 우리에게 부과된 잘못들을 풀어내야 한다. 제1단계는 자기 성찰과 자기 발견이다. 다음 일곱 단계를 통해 내면의 후흑을 재발견하자.

1. 옳은 일을 하려는 욕구

우리는 선을 행하려는, 옳은 일을 하려는 강한 욕구를 가지고 있다. 이 단계에서는 또한 무력감도 느끼게 된다. 우리 삶은 안팎의 갈등으로 가득 차 있다. 우리의 경험으로 볼 때, 선한 사람과 선행은 영적인 보상은 받을 수 있겠지만, 현실 세계에서는 그리 좋은 결과를 낳지 못하는 것 같다. 우리는 선행의 유일한 보상은 선행 그 자체임을 알게 된다. 그 때문에, 우리는 절망감과 소외감을 느끼고 열정이 식는다.

이 단계에서, 우리는 후흑을 견딜 자세가 전혀 되어 있지 않다. 우리는 후흑이 사악한 마음을 가진 사람들만을 위한 것이라고 생각하게 된다.

2. 혼란과 부정

결국, 우리는 내적 통찰력을 얻기 시작한다. 이때가 되면, 우리는 자신이 고귀한 희생을 해왔다고 여긴다. 하지만 실제로는 전혀 희생하지 않았다. 그보다는 자신의 욕구를 인정하기 싫어서 부정과 외면만 하고 있을 뿐이다.

우리는 아들, 딸, 남편, 아내, 종업원, 임원, 정치인, 경영자, 변호사, 경찰이기 전에, 자연적이고 기본적인 욕구를 가진 인간이다. 자신의 개인적 욕구를 부정하고 맡은 역할에만 충실하여 남들의 욕구만 채워주려 한다면, 우리는 자신의 본질을 부인하고 스스로의 행복을 포기하는 것이다. 사실, 우리는 자기부정을 통해 스스로를 제물로 바쳐왔다. 그것은 자기희생이라는 고귀한 탈을 쓰고 이루어진다.

그래서 우리는 분노와 억울함을 느끼기 시작한다. 그리고 그 꺼림칙한 감정에 대한 죄의식도 동시에 느낀다. 그것은 자신의 인격과 맞지 않는다고 여겨지기 때문이다.

이 단계에서 우리는 혼란에 빠진다. 그리고 앞서 후흑을 거부하며 가졌던 모든 개념을 재평가하기 시작한다.

3. 행복을 위한 싸움

마침내 우리는 자기표현self-expression과 자기양육self-nurturing의 자유 없이 인생을 사는 것은 너무 고통스럽다는 결론에 도달한다. 자신에게 기여하지 못하는 사람은 누구에게도 기여하지 못한다. 다른 사람의 기준에 맞추어 사는 삶은 견딜 수 없는 것이 된다.

이제 우리는 자신의 '야비한' 감정을 받아들이라고 스스로를 설득한다. 분노와 죄책감이 일어나며 그 감정들은 한동안 자신의 일부처럼 된다. 인생이란 남들의 기대에 맞춰 자기를 부정하든, 자기를 표현해서 죄책감을 느끼든 고통스러운 것이라는 결론에 다다른다. 하지만 적어도 후자의 선택은 내적인 움직임의 기회를 주지 않느냐는 생각이 뒤따른다.

4. 자신의 인식이 불완전함을 인정한다

우리는 자신의 분노와 억울함에 대해 덜 판단하게 되는 단계에 이른다. 자신을 '불완전한 완전한 존재'로 보기 시작한다. 자신의 완전함과 불완전함을 사랑하게 된다. 우리 안에 위대한 용기가 있음을 인식하기 시작한다. 그 용기는 자신의 존재와 자신의 욕구를 인정할 수 있게 해주는 힘이다. 자기양육에 대한 욕구는 다른 사람들이 설정한 기대보다 더 중요하다.

새로운 지평을 개척하고, 새로운 기준으로 자신을 평가하기 시작한다. 이 시점에서 우리를 아는 모든 사람은 우리가 변하고 있음을 알아차리는데, 부정적으로 바뀌고 있다고 느낀다. 완전히 자기중심적이며 남들을 배려하지 않는다고 생각한다. 예전의 기대와는 완전히 다른 행동을 하는 우리는 내면의 목소리에 충실할 뿐이다. "한 번뿐인 인생을 산다면, 나 자신으로 살고 싶다."

우리는 우리를 기다리는 새로운 영역의 가능성에 흥분하지만, 옛 영역을 버리는 것에 갈등을 느낀다. 낙하산을 메고 비행기에서 뛰어내리기 직전에는, 공포와 흥분이 교차하기 마련이다.

하지만 이 전환기는 이따금 매우 고통스럽다. 아르주나가 사랑하는 사람들과 전쟁을 하는 데 대해 혼란과 슬픔을 느꼈던 때가 바로 그랬다. 무엇보다도, 그는 자신의 협소한 선 개념을 버리고 더 큰 도덕을 끌어안아야만 했다.

5. 새로운 가능성

마침내 낡고 부적절했던 것들이 옆으로 밀려난다. 우리 인생에서 떨어져 나간다. 마치 자석처럼, 우리는 새롭고 흥미로운 사건과 사람들을 끌어들이게 된다. 유유상종이라는 말 그대로다.

이 단계에서 우리는 후흑의 자연적인 힘을 개발하게 된다. 이 힘은 타성적이고 습관적인 행동과 생각의 틀을 깨고 새로운 경지로 과감히 나아가게 하는 원동력이다. 가는 길 앞에 새로운 사건이 닥칠 때마다, 우리는 잠시 멈추고 내적 성찰을 통해 최선의 길을 찾아낸다.

처음에는 그것이 느리게 진행된다. 또 의식적인 노력보다 (기존의) 습관적인 대응이 앞선다. 하지만 계속하다 보면 내면의 후흑에 보다 민감해진다. 비즈니스와 일상에서 더 안정적이고 집중적이게 된다.

6. 내적인 조화

남들의 기준과 기대에 얽매이지 않음으로써, 새로운 내적 조화가 생겨나게 된다. 예전에는 느끼지 못했던 평화와 안정이라는 낯선 감정이 느껴진다.

그리고 타인에 대한 진정한 연민을 경험하기 시작한다. 의무이기 때문도 아니고 그렇지 않으면 죄책감을 느끼기 때문도 아니다. 오히려 우리 자신에 대한 사랑을 통해서 나타난다. 자신의 내면에서 타오르는 사랑의 불꽃이 남들에게도 존재함을 알게 된다. 비록 그 당사자들은 그 사실을 모를지라도.

이 단계에서는, 만약 남이 우리의 한쪽 뺨을 치면 더 이상 도덕 관념 때문에 주저하지 않게 된다. 선택은 둘 중 하나다. 뺨 두 대를 갈기거나, 다른 쪽 뺨을 돌리거나. 어떻게 대응하느냐의 결정은 자신이 지향하는 결과에 따른다. 후흑은 이런 사고 과정의 지속적인 동반자가 된다. 반복과 사색, 혹은 명상을 통해 후흑은 불명확한 개념에서 자신의 본질을 구성하는 전체적 요소로 탈바꿈한다.

7. 초연함, 자력磁力의 원천

최고 수준의 인생의 법칙은 초연함이다. 초연함이 갖는 힘을 뛰어넘는 건 없다. 초연함의 경지에 이른 사람은 아쉬운 것도 두려운 것도 없어진다. 이 단계가 되면 우리는 우리가 소유하고 있는 어떤 것에도 얽매이지 않는다. 우리는 우리 소유물의 진정한 주인이 되며, 소유물에게 소유당하지 않는다. 우리는 우리 세계의 참 주인이 된다.

초연함은 자신이 '원하는' 모든 것을 얻는 비밀 열쇠다. 뭔가를 가지려 애쓰기를 '포기'했을 때, 그것이 저절로 손에 들어오는 경험을 한 적 없는가? 그것은 세상의 신비한 움직임이다. 이 신비한 법칙은 사람에게나 물질에게나 웬만큼 통하는 것 같다.

이 단계에 이른 우리는 세상에 대하여 진흙 속에서 피어나는 연꽃과 같은 존재다. 진흙 속에서 피어났으나, 진흙의 더러움은 전혀 묻어 있지 않다. 물질적 소유에 있어서는, 가지고 못 가지고가 더 이상 별 문제가 되지 않는다. 두 가지는 아무 차이가 없게 느껴진다. 우리는 세상 속에 있으나, 또한 세상 밖에 있는 존재다. 이 단계에서 우리의 마음 상태는 물질적 성공을 '만족된 불만족'으로 본다. 순수한 도전의 기쁨을 위해 한계에 도전하며, 자신의 신성한 본질을 자연스럽게 표현하는 영역을 넓혀간다.

인간의 세 가지 형질

동양사상에 따르면 인간의 본성은 세 가지 형질로 구분된다. 비율은 조금씩 달라도, 모두가 이 세 가지 형질을 가졌다. 하지만 셋 중 하나의 형질에 의해 성격과 행동방식이 가장 큰 영향을 받는다.

이 세 가지 형질은 산스크리트어로 '구나guna'라고 부른다. 모든 인간은 평등하게 태어났으나, 그 인생의 성취는 제각각이다. 그 이유는 그들의 천성적 기질과 노력이 세 가지 구나, 즉 타마스(tamas, 타성), 라자스(rajas, 활동), 사트바(sattva, 지혜)에 연계되며 이에 따라 여러 가지로 달라지기 때문이다. 이 세 가지 구나의 원천은 업業의 인과(因果, 과거의 행동이 남긴 영향), 그리고 인생을 살며 얻은 갖가지 지식과 가치관이다.

타마스

타마스의 형질은 타성, 차단, 무시 등을 포함한다. 이 상태에 놓이면 우리는 진이 빠지고, 무력해지고, 움직이기가 싫어진다. 또 정신이 흐릿하고, 열의가 없고, 일을 자꾸만 미루고, 정신적으로 침체되고, 둔감해지고, 따분해지는 것도 타마스의 영향이다. 이 상태의 우리는 만사 귀찮다는 자세로 행동하는 경우가 대부분이다.

13세기의 예언자 즈나네슈와르Jnaneshwa는 타마스 구나가 지배적일 때의 상태를 이렇게 설명했다.

몸에는 힘이 빠지고, 일할 마음은 전혀 없다.

하품이 끊임없이 나온다.

굴러떨어지는 돌이 스스로 방향을 바꿀 수 없듯,

그러한 상태를 되돌릴 수가 없다.

땅이 꺼져 아래로 떨어지거나

하늘이 무너져 자신을 덮친다 하더라도

그는 일어나지 않을 것이다.

단지 세상 끝날까지 잠만 자고자 할 뿐,

그 외에 다른 욕망은 하나도 없다.

이 상태는 18세기 그리스 정교회의 금언집인 《필로칼리아The Philokalia》에도 묘사되어 있다. "육체의 나약함과 버거움이 영혼을 게으르게 하고, 무력하게 하여, 영혼은 현기증을 느낀다." 이런 상태에 빠진 사람은 '살아 있는 시체'와 같다.

라자스

라자스는 자아ego에 의해 추동되는 활동과 투쟁을 나타낸다. 이 상태에 든 사람은 능동적으로 자기 과제를 수행한다. 그의 정신은 흥분되고 투쟁심이 복받친다. 때로는 고통스럽기도 하다. 이때의 영혼은 보통 안정되지 못한다. 행동은 순간적인 쾌락을 주지만, 이런 종류의 쾌락은 금방 사라진다.

라자스의 지배 아래 있는 사람들은 저돌적이다. 그들은 공격적으로 돈벌이에 나선다. 활동하면서 느끼는 흥분이 그들을 더욱 활기차게 만든다. 그들의 행동은 바라는 결과를 낳을 수도 있다. 그러나 성공의 기쁨은 오래가지 않는다. 행동의 동기가 이기적이고 자기중심적이기 때문이다. 오늘날 대부분의 비즈니스 활동이 라자스 구나에 지배받고 있다.

라자스 구나의 활농을 통해, 논은 흐르고 쾌락이 매매된다. 하시만 라자스는 내적 만족까지 가져오지는 않는다. 라자스의 본질은 만족이 아니라 고통과 투쟁이기 때문이다. 만족을 얻지 못하지만, 만족을 얻으려면 더 많은 돈을 벌어야 한다는 강박관념이 크다. 이 사이클은 계속된다. 삶을 유지하기 위한 활동에 스스로 노예가 되고만다. 라자스 구나의 추진력은 우리가 낯선 땅으로 출발하도록 하는 힘과 같다.

그래서 예나 지금이나 진정한 스승들은 자신의 열정을 과시하는 식의 빠른 방식을 인간 계발의 방법으로 가르치지 않는다. 그들은 우리를 이끌어줄 탄탄한 길을 제시하며, 우리의 성스러운 열정의 근원을 깨우치도록 한다. 여러 동기유발 서적, 테이프, 세미나 등의 목표는 참여자들이 삶에 열정을 느끼고 타성에 젖은 상태에서 활동적인 상태로 옮아가도록 독려하는 것이다. 그것은 유용하지만 불완전하다.

병든 영혼은 정신을 지치게 하며, 그것은 다시 형편없는 성과를 낳는다. 이 동기부여 기법은 성스러운 만족, 사트바(지혜)의 수준까지 우리를 이끌어주기에는 부적절하다. 그것은 타마스(타성)의 상태에서 라자스(활동)의 상태로 이행시킬 뿐이다. 그러나 활동의 성과는 목마름을 해소하지 못한다. 어떤 영역에서 타성에서 활동으로 전환할 때, 삶의 질은 눈에 띄게 향상된다. 많은 사람이 '살아 있는 시체'에서 활동적인 삶을 살게 된 것만으로도 충분하다고 여길 것이다. 그러나 이런 활동은 부분적으로 무지한 자아에 의해 비롯되기에, 그 성공은 보통 단기적이거나 고통과 투쟁으로 점철된다. 힘든 노력과 바쁜 활동은 결국 불행만 자초할 뿐이다.

설령 성직에 종사하는 사람이라 해도 일에 임해 '초연함의 기술'을 익히지 못했다면 일의 노예가 될 뿐이며, 성직에 값하지 못하는 노력만 할 뿐이다.

최근 이루어진 몇 가지 위대한 성공 사례는 오직 행동만으로도 성공과 쾌락을 가져올 수 있지만, 그 궁극적인 성과는 종종 환멸과 불만을 낳는다는 사실을 보여준다.

린든 존슨 대통령은 가난하고 어려운 사람들을 위해 일생을 공직에서 헌신하겠다는 선언을 했으나, 결국 '자발적으로' 백악관에서 물러났다. 친구들의 말에 따르면, 퇴임 후 존슨은 낙심에서 벗어나지 못하고 결국 술만 마시다가 죽음을 맞았다.

닉슨 대통령의 이기적인 행동은 정치 인생의 정점에서 추락하게 만들었다. 전 영국 수상 마거릿 대처는 투쟁으로 점철된 정치 인생을 보냈으며, 영국 역사상 누구보다도 오래 수상직에 있었다. 그러나 아직 임기가 끝나지 않았음에도 그녀 자신의 당에 의해 수상직에서 밀려났다.

라자스의 힘은 역동적이다. 그것은 부와 영광을 가져온다. 그러나 그 열매는 안정적이지 못하며 고통과 환멸이 뒤따른다.

사트바

사트바의 본질은 승화, 기쁨, 지식, 지혜이다. 사트바의 지배를 받는 사람은 자신의 내적 지혜에 따라 움직인다. 공동의 일에는 정력적이고 뚜렷한 목적의식을 가진 사람이며, 자기 자신의 일에는 겸손하고 조심스러운 사람이다. 그는 자신의 행동이 다르마에 합치되는지를 자문한다. 그 행동의 결과는 자신의 운명에 합치될 뿐 아니라 더 큰 선에 부합된다.

사트바의 상태는 지혜와 지식에 따라 행동하는 기쁨이다. 사트바의 사람은 목적의식과 초연함을 특징으로 한다. 그는 행동의 본질적 보상이 행동 자체의 기쁨임을 안다. 물질적인 보상은 케이크에 입히는 장식 같은 것이다.

비록 그가 세상이 제공하는 모든 영광을 환영한다 하더라도, 그는 자의식에 사로잡힌 집착에서 벗어나 있다. 실패의 가능성은 그에게 조바심을 일으키지 않는다. 그는 고통과 투쟁에 무관심하다. 절망적인 상황에 처할 수도 있으나 그는 절망하지 않는다. 그는 영광과 굴욕의 인생 파도를 우아하게 타고 넘는다.

셰익스피어의 《햄릿》은 인간적 비극이라고들 말한다. 하지만 나는 그것이 인간 정신의 자기 극복을 보여주는 찬가이며, 인간의 고매한 본성과 저열한 본성 사이의 다툼에서 전자가 승리하는 이야기라고 여긴다. 햄릿은 타마스(무지) 인간에서 라자스(참여) 인간으로 바뀌었고, 사트바(승화)의 상태에서 죽음을 맞았다.

후흑의 실천자는 각자의 타고난 기질에 따라 라자스, 또는 사트바의 자질에 의해 지배된다. 하지만 사트바 상태는 각자가 무엇을 열망하느냐에 따른다.

자연의 네 가지 힘의 미덕을 본받아라

"아무것도 없다."

그리고 우리는 아무것도 없다고 생각한다.

하지만 들어라, 그 외침에는 반드시 응답이 있다.

— 일본의 선어禪語

사트바 상태는 본질이 있는 그대로 드러나는 완전함에 있으며, 그것이야말로 후흑의 완전한 경지다. 우리는 자연을 관찰하고 사색함으로써 그런 상태를 살짝 엿볼 수 있다. 위대한 가톨릭 성자, 아시시의 성 프란체스코처럼. 그는 《피조물의 찬가The Canticle of the Creature》에서 신의 세계가 보여주는 자연의 흐름을 찬미했다.

나의 형제 바람을 지으신 분을 찬양할지어다. 바람과 구름, 맑은 하늘과 온갖 날씨의 변화로, 주께서 주의 창조물들을 도우시도다.

나의 자매 물을 지으신 분을 찬양할지어다. 그 쓸모 있음과 겸손함, 귀함과 순수함이여.

나의 형제 불을 지으신 분을 찬양할지어다. 그 덕분에 밤은 밝아지도다. 그 공정함과 따사로움, 용맹함과 강력함이여.

나의 어머니 땅을 지으신 분을 찬양할지어다. 우리 모두를 먹이고 기르며, 온갖 과실을, 다채로운 꽃들을, 풀들을 생산하는도다.

자연은 완벽한 법칙에 따라 움직인다. 이 법칙은 그 자체가 완벽한 질서, 완벽한 정의, 완벽한 힘, 완벽한 복종, 완벽한 초연함, 완벽한 기부, 완벽한 희생, 완벽한 승리, 완벽한 조화, 완벽한 잔혹함을 표현한다. 자연은 후흑이 현실화된 실체다.

자연의 법칙은 사트바 상태에 있고, 후흑을 완벽하게 표현한다. 우리는 자연의 힘에 대해 깊이 사색함으로써 후흑의 상태에 도달할 수 있다.

자연의 요소들은 인간의 판단에 구애받지 않는다. 인간의 기준을 배려하지 않는다. 자유와 행동의 대담함을 포함한다. 그 행동은 소극적이기도 적극적이기도 하며, 잔혹하기도 부드럽기도 하며, 동정적이기도 무정하기도 하다. 그러나 언제나 힘차고 활동적이며, 원칙에서 벗어나지 않는다. 항상 그 다르마에 진실하며, 언제나 초연하다.

신적인 자아와 신적인 겸허

동양철학에서 자아ego는 인간의 사악한 적으로 간주된다. 서구 심리학자들은 자아를 인류의 모든 업적을 이룩한 근거로 여긴다. 동양인들은 자아를 부정하려 하고 서양인들은 더 키우려고 한다.

신적인 자아

최근 내 지인 중 한 사람이 내게 이렇게 물었다. "자넨 남들 앞에서 그렇게 이야기를 많이 하는데, 겁을 먹지 않으려면 어떻게 하나?"

나는 대답했다. "겁을 먹는 일은 없어요, 이유는 모르겠지만. 어쩌면 내가 아주 오만한 사람이라서 그럴지도 모르죠."

자아의 문제는 그것을 죽이느냐 살리느냐, 우리에게 유익한가 유해한가 하는 것이 아니다. 자아의 진정한 문제는 우리가 긍정적인 자아를 갖고 있지 않다는 데 있다. 우리가 되돌아볼 만큼 좋은 자아란 신의 자아밖에 없다. 그것은 절대적이고, 궁극적이며, 거대하고, 광활하다. 신적인 자아가 일단 우리의 의식에 들어오면, 그것은 자연스럽게 좁은 마음을 없애고 지각의 범위를 넓힌다. 후흑의 상태에 도달하는 능력은 이 신적인 자아 상태를 우리 인식에 통합하는 능력과 직접적인 관계가 있다.

신적인 자아는 여기서 설명하기가 어렵다. 태국에서 한번 먹어본 이국적인 과일의 맛을 제대로 설명하기 어려운 것과 같다. 오직 직접 체험함으로써만 그것을 이해할 수 있다. 신적인 자아를 가지려면 우리의 왜소한 인간적 자아로 신적인 것에 닿아야 한다.

신적인 겸허

저번에 친구들과 만났을 때, '치워버려'라는 말이 여러 상황에서 자꾸만 튀어나왔다. 친구들은 공통적으로 그들의 왜소한 자아를 없애서 삶이 제대로 돌아가게 할 때 그 말을 사용했다. 자아에 대해 초연해지고 '작은 자아'에서 손을 뗄 수 있다면, 그리고 그 대신 신과의 관계의 본질을 이해할 수 있다면, 자신의 삶이 자연스레 개화되도록 할 수 있을 것이다. 우리는 자잘한 고민에서 해방되고, '큰 그림' 속에서 평화를 찾을 수 있을 것이다.

신적인 자아의 다른 면은 신적인 겸허함이다. 이는 또한 후흑 실천자들의 목표이기도 하다. 좁은 마음을 치워버리고 동시에 궁극적인 겸허함과 약함에 통달하는 것이다. 강할 때 무너뜨릴 수 없고, 약할 때 꺾을 수 없다.

나는 종종 실제로 신은 얼마나 겸허한지 생각하곤 한다. 늦은 식사 후에 잠자리에 들 때, 또는 과식을 하고 내 위상이 괜찮을지 석성할 때면 특히 그 점이 뚜렷이 다가온다. 내 위는 고통과 불편을 느낄 것이다. 하지만 최선을 다해 그 소임을 다하기를 거부하는 일은 없다. 창조주께서 우리의 장기에 겸허함을 심어주지 않았다면, 장기들은 무조건적인 봉사를 거부하고 적절한 대우를 요구하며 파업에 돌입할 것이다.

동양과 서양이 '자아'라는 용어와 그 개념에 대해서는 의견이 갈릴지 몰라도, 신과의 교감을 지지하는 인식을 계발하고 진정한 우리가 누구인지를 확실히 밝히는 일이 최고의 목표 달성에 중요하다는 사실에는 의견이 일치한다. 또한, 우리 영혼의 심층에서 저열하고 가치 없는 성질을 치워버려야 한다는 점에서도 동서양은 의견이 같다.

후흑의 보편성

후흑은 우리의 내적인 힘의 숨겨진 무기이다. 이 힘은 우리가 비즈니스와 일상생활을 할 때 우리를 지키고, 지지하고, 보호하는 수단이다. 후흑의 힘과 강인함의 원천은 우리 영혼의 흔들리지 않는 중심에 깃들어 있다.

그래서 후흑의 추구는 영적인 문제이다. 일단 후흑의 근원을 찾아내면 그 개념을 생활의 모든 영역에 자유롭게 적용할 수 있다.

나는 후흑 연구를 통해 동서양의 가르침 사이에서 차이보다는 일치를 보았다. 동양과 서양은 다른 메타포와 상징을 쓸지는 몰라도, 그 차이는 포장지에 있을 뿐, 내용물에 있지 않다.

16세기 스페인의 신비주의자들인 십자가의 성 후안과 아빌라의 성 테레사, 그리고 13세기 아시시의 성 프란체스코 등은 힌두교와 불교 경전에 나오는 것과 똑같은 성스러운 체험을 기록하고 있다. 아빌라의 성 테레사가 그녀의 책 《영혼의 성Interior Castle》에서 묘사한 일곱 단계의 영적 발전은 힌두교 경전에 묘사된 일곱 차크라(몸에 있는 영적 중심부)를 따라 성스러운 통일에 다다르는 영혼의 여행과 놀랄 만큼 똑같다.

나는 실제적이고 일상적인 수준에서 후흑의 보편성에 대해 반복적으로 보여주었다. 노자, 에이브러햄 링컨, 마하트마 간디는 모두 후흑을 말했다. 그들은 문화, 시대, 장소, 국적이 모두 달랐지만 그들의 마음 상태는 하나였다. 세상은 무한한 형태로 스스로를 드러낸다. 그러나 우리는 근본적으로 하나다. 신의 자녀이다.

핵심 정리

- '낯 두꺼움'도 내면에 있고, '시커먼 마음'도 내면에 있다. 이미 가진 것을 다시 얻을 수는 없다.
- 우리의 '적절한' 사회화 교육 덕분에, 우리 내면에 있는 자연법칙을 식관적으로 인식하기가 어렵다. 우리는 후흑의 자연스러운 본성을 왜곡했고, 그 때문에 우리의 정신적, 물질적 성장이 힘들어졌다. 이제 이미 우리가 가진 것을 재발견하고 회복하는 것이 우리의 과제다.

- 후흑을 재발견하는 일곱 단계
    1. 옳은 일을 하려는 욕구. 옳은 일, 선한 일을 하려는 강한 욕구. 이 단계에서는 후흑을 용납할 수 없다.
    2. 혼란과 부정. 이때가 되면 우리는 자신이 자기부정으로 희생을 해왔다고 여긴다. 희생의 인식은 분노와 억울함을 불러일으킨다. 하지만 동시에 이 꺼림칙한 감정은 우리를 혼란에 빠트린다.
    3. 항복을 위한 싸움. 이제 우리는 스스로의 '야비한' 감정을 받아들이라고 스스로를 설득한다.
    4. 자신의 인식이 불완전함을 인정한다. 자신을 '불완전한 완전한 존재'로 보기 시작한다. 새로운 지평을 개척하고 새로운 기준으로 자신을 평가하기 시작한다.
    5. 새로운 가능성. 이 단계에서 우리는 후흑의 자연적인 힘을 개발하게 된다. 이 힘은 타성적이고 습관적인 행동과 생각의 틀을 깨고 새로운 경지로 과감히 나아가게 하는 원동력이다.

6. 내적인 조화. 남들의 기준과 기대에 얽매이지 않음으로써, 새로운 내적 조화가 생겨나게 된다. 예진에는 느끼지 못했던 평화와 인정이라는 낯선 감정이 느껴진다.

7. 초연함, 자력의 원천. 삶의 가장 높은 수준의 법칙은 초연함이다. 이 단계가 되면 우리는 우리가 소유하고 있는 어떤 것에도 얽매이지 않는다. 우리는 우리 소유물의 진정한 주인이 되며, 소유물에게 소유당하지 않는다. 우리는 우리 세계의 참 주인이 된다.

초연함은 자신이 '원하는' 모든 것을 얻는 비밀의 열쇠다. 뭔가를 가지려 애쓰기를 '포기'했을 때, 그것이 저절로 손에 들어오는 경험을 한 적이 없는가?

이 단계에 온 우리는 세상에 대하여 진흙 속에서 피어나는 연꽃과 같은 존재다. 진흙 속에서 피어났으나, 진흙의 더러움은 전혀 묻지 않았다.

• 인간의 세 가지 형질

1. 타마스: 타성, 차단, 무시. 이 상태에 놓이면 우리는 진이 빠지고, 무력해지고, 움직이기가 싫어진다. 또 정신이 흐릿하고, 열의가 없고, 일을 자꾸만 미루고, 정신적으로 침체되고, 둔감해지고, 따분해지는 것도 타마스의 영향이다. 이 상태에서 우리는 만사 귀찮다는 자세로 행동하는 경우가 대부분이다.

2. 라자스: 활동, 투쟁. 이 상태에 든 사람은 능동적으로 자기 과제를 수행한다. 그의 정신은 흥분되고 투쟁심이 복받친다. 때로는 고통스럽기도 하다. 이때의 영혼은 보통 안정되지 못한다. 행동은 순간적인 쾌락을 주지만, 이런 종류의 쾌락은 금방 사라진다.

3. 사트바: 승화, 기쁨, 지식, 지혜. 사트바의 지배를 받는 사람은 자신의
   내적 지혜에 따라 움직인다. 공동의 일에는 정력적이고 뚜렷한 목적의
   식을 가진 사람이며, 자기 일에는 겸손하고 조심스러운 사람이다. 그
   는 자신의 행동이 다르마에 합치되는지를 자문한다. 그리고 그 행동의
   결과는 자신의 운명에 합치될 뿐 아니라 더 큰 선에 부합된다.

• 자연의 네 가지 힘의 미덕을 본받아라. 자연은 완벽한 법칙을 따라 움
  직인다. 자연은 후흑이 현실화된 실체다. 자연의 힘에 대해 깊이 사색
  함으로써 후흑의 상태에 도달할 수 있다.

  1. 자매인 물: 부드러움, 겸손함, 검소함, 잔인함
  2. 형제인 불: 유용함, 강함, 맹렬함, 파괴적임, 정화함
  3. 형제인 바람: 무형임, 강함, 맹렬함
  4. 어머니인 대지: 주고 희생하고 양육함

• 신적인 자아. 우리가 되돌아볼 만큼 좋은 자아란 신의 자아밖에 없다.
  그것은 절대적이고, 궁극적이며, 거대하고, 광활하다. 신적인 자아가
  일단 우리의 의식에 들어오면, 그것은 자연스럽게 좁은 마음을 없애고
  지각의 범위를 넓힌다.
• 신적인 겸허. 자아에 대해 초연해지고 '작은 자아'에서 손을 뗄 수 있다
  면, 그리고 그 대신 신과의 관계의 본질을 이해할 수 있다면, 자신의 삶
  이 자연스레 개화되도록 할 수 있다. 신적인 자아의 다른 면은 신적인
  겸허함이다. 이는 또한 후흑 실천자들의 목표이기도 하다. 좁은 마음을

치워버리고 동시에 궁극적인 겸허함과 약함에 통달하는 것이다.

• 동양과 서양이 '자아'라는 용어와 그 개념에 대해서는 의견이 갈릴지 몰라도, 신과의 교감을 지지하는 인식을 계발하고 진정한 우리가 누구인지를 확실히 밝히는 일이 최고의 목표 달성에 중요하다는 사실에는 의견이 일치한다. 또한, 우리 영혼의 심층에서 저열하고 가치 없는 성질을 치워버려야 한다는 점에서도 동서양은 의견이 같다.

• 나는 후흑 연구를 통해 동서양의 가르침 사이에서 차이보다는 일치를 보았다. 동양과 서양은 다른 메타포와 상징을 쓸지는 몰라도, 그 차이는 포장지에 있을 뿐, 내용물에 있지 않다.

인생의 채워질 수 없는 갈증을

해소하려고 한다면,

우리의 모든 노력은 쓸모없을 것이다.

— 친닝 추

15장

◆

후흑으로 가는 길

오, 그대의 가슴에 그 보석이 있네.
왜 다른 곳에서 찾아 헤매는가?
—일본의 선어

유전적인 연결

1991년 1월, 나는 호주에서 6주 동안의 멋진 겨울을 보내고 있었다. 나는 시드니의 쨍쨍한 여름 햇살 아래서 일광욕을 했다. 책을 읽고 파도 구경을 하는 것 외에도 종종 명상에 빠져들었다.

한 번은 그런 상태에 있을 때 놀라운 비전을 체험했다. 전 우주가 에너지의 금빛 불꽃으로 차오르는 것이 보였다. 이 금빛 불꽃은 사방에서 밀려들었고, 무서운 힘으로 작은 관 같은 구멍 속으로 빨려들어갔다. 그 구멍은 어떤 것도 탈출할 수 없는 중력을 가지고 있었다. 모든 금빛 불꽃은 그 작은 구멍으로 빨려들도록 유전적으로 프로그램되어 있었다.

그 비전에서 깨어났을 때, 나는 그 작은 구멍이 내 존재의 중심이며, 내 영혼의 성스러운 원천, 모든 힘과 기쁨의 근원임을 깨달았다. 나는 오직 우리 인간만이 신적인 힘에 끌려가도록 유전적으로 프로그램되어 있음을 알았다. 우리가 이 본질적인 인간 조건을 깰 때는 우리 자신을 포함한 우주 만물이 우리를 적대한다.

인생의 모든 것은, 그것이 사업을 시작하는 것이든, 돈을 버는 것이든, 결혼이든, 아이 갖기든, 이혼이든, 직업 바꾸기든, 새 이성 친구를 사귀는 것이든, 술이든, 담배든, 마약이든 간에, '기분을 좋게 하려는' 우리의 원초적 욕구에 따르는 것이다. 그리고 기분은 우리에게 내재된 신적인 원천과의 접촉을 통해 좋아진다.

우리 행동이 무지를 따르든 지혜를 따르든, 또 그 결과가 긍정적이든 부정적이든 간에, 우리의 동기는 언제나 고귀하다. 즉 신적인 것, 지복의 경지에 들고자 하는 끝없는 욕구다.

우리 대부분은 이 내적인 황홀을 맛보기 위해 각자 알고 있는 방법을 쓴다. 그것은 외적 활동이다. 사랑에 빠지거나 새 배우자를 찾는 일도 이 경지를 갈구하는 행동에 속하며, 그래서 우리는 결혼과 이혼을 되풀이하는 것이다. 직업을 바꿈으로써 새로운 기분과 흥분을 느낄 수 있다면, 직업 역시 빈번하게 바뀔 것이다. 무지한 사람은 개가 자기 꼬리를 쫓듯 맹목적으로 내적인 기쁨을 쫓아다닌다. 하지만 행동은 계속하지만 만족은 오지 않는다.

인생 설명서는 어디 있는가?

이 내적 황홀은 어떻게 이룰 수 있는가? 어떤 사람은 우리가 인생을 잘못 사는 것은 신에게 책임이 있다고 한다. 신이 그만 인생 사용 설명서를 첨부하는 걸 잊어버리셨기 때문에. 나도 같은 생각이었다. 하지만 이제는 생각이 달라졌다. 창조주는 설명서를 빠트리지 않았다. 단지 우리가 그 설명서를 어디서 구해서 어떻게 읽는지를 모를 뿐이다. 우리가 그 설명서의 위치와 독법을 알게 될 때, 우리는 후흑의 경지에 도달할 수 있다. 이 신비로운 설명서에는 종이도 잉크도 사용되지 않았다. 그것은 우리 안에 있으며, 또한 밖에 있다. 이 설명서가 없는 시공간은 존재하지 않는다.

비즈니스 설명서와 인생 설명서

비즈니스는 우리 인생에서 중요한 부분이다. 인생살이에 교묘한 기술을 가진 사람은 비즈니스도 능숙하게 한다. 그것은 비즈니스가 기본적으로 인간관계로 이루어지기 때문이다(관계를 맺는 대상은 우리 자신까지 포함한다). 인간관계의 기술을 습득하는 기반은 얼마나 자기 자신을 이해하고, 자신과 잘 관계를 맺는지에 따라 정해진다.

나는 비즈니스나 일상의 인간관계에서 후흑의 힘이 얼마나 요긴한가를 역설해왔다. 또한 후흑의 원천은 우리 영혼의 자연 상태로서 우리 안에 이미 존재한다는 점도 반복해서 강조해 왔다. 이제 우리는 후흑의 역동성을 지원하는 그 원천으로 여행을 떠날 때가 되었다.

후흑의 역동성

후흑의 힘의 원천은 우주의 다른 곳에서도 똑같이 존재한다. 모든 존재가 추구하는 이 힘은 창조의 실재를 가져오는 원천이다.

상대성이론을 개발한 후, 아인슈타인은 대부분의 여생을 통일장이론 연구에 바쳤다. 그는 우주에 모든 창조의 요소를 하나로 묶는 단일한 힘이 존재한다고 확신했다. 그때나 지금이나 많은 과학자들이 아인슈타인의 '단순한' 우주관을 비판한다. 아인슈타인은 죽을 때까지 자신의 이론을 증명하지 못했다. 하지만 통일장이론에 대한 직관은 동양의 우주관과 조화를 이룬다.

무지의 장점

16세기에 일본의 한 선사가 다리 아래서 살고 있었다. 그는 몇 마디의 심오한 말로 인생의 단순한 법칙을 표현했다. "모두가 매일 더 현명해지기를 바라지만, 나는 매일 더 멍청해지고 단순해지기를 바란다."

그 이야기는 우리가 매일 스스로에게 지우는 짐에 대해 알려준다. 태어날 때, 우리는 벌거벗었으나 자연의 역동적인 힘을 가지고 있었다. 바로 후흑의 근본이다. 우리는 나이가 들며 인위적인 도덕, 이상, 원칙에 순응하느라 그 자연의 힘을 고갈시키고 만다.

이 인위적인 기준은 우리를 괴롭히고 혼란만 가져올 뿐이다. 따라서 후흑을 달성하려면 무지를 학습하는 것이 지름길이다.

지식을 살아라

우리는 우리 생각으로 형성된다.

우리는 우리 생각대로 존재한다.

마음이 순수하면 기쁨이 따르니,

그림자가 몸을 떠나지 않는 것 같으리라.

－《법구경》

이 책을 쓰는 데 1년 반이 넘게 걸렸다. 처음에 이 책은 내 머릿속의 개념이자 마음속의 느낌이었다. 이 '느낌'을 명확히 하고 종이에 옮기는 동안, 후흑에 대한 내 마음의 상태가 더 명확해졌다. 걸을 때나 잘 때나 책의 내용과 함께하면서 나는 내 안의 큰 변화를 경험했다.

나는 더 이상 이 책을 쓰기 시작했을 때의 내가 아니다. 내 정신은 보다 정리되었고, 내 마음은 목표에 보다 충실해졌으며, 내 행동은 보다 효과적이 되고, 내 감정은 보다 잘 다스려진다. '생존 경쟁'이라는 게임에서 이따금 죽음의 골짜기를 지나게 될 때마다, 나는 정신을 집중하고 내게 큰 힘을 주었던 책의 내용들을 기억해낸다. 말은 단지 말이 아니다. 그것은 힘이다.

이 책에서 이야기하는 생각들은 순수하고 참되다. 약속하건대, 후흑의 원칙을 끊임없이 숙고한다면 전혀 다른 경지에 이를 수 있다. 그리고 일에서나 일상에서나 전혀 새로운 활동을 전개할 수 있다.

마음을 집중하는 여섯 가지 방법

물질세계의 지식을 얻기 위해 사람은 큰 고생을 한다.

그는 세속 학문의 모든 분야를 익힌다.

그는 지구를 탐험한다.

심지어 달에까지 간다.

그러나 그는 결코 자기 자신에 대한 탐구는 하지 않는다.

왜냐하면 그는 자신의 내부에 깃든

거대한 힘을 느끼지 못하기 때문이다.

그래서 사람은 외부세계에서 도움을 구한다.

— 고대 힌두교 경전

1992년 1월 6일자 〈뉴스위크〉지의 커버스토리는 미국인들의 기도 습관에 대한 것이었다. 그 기사에 따르면 여성의 91퍼센트, 남성의 85퍼센트가 기도를 하며, 78퍼센트 이상의 미국인이 적어도 일주일에 한 번, 57퍼센트 이상이 하루에 한 번 이상 기도를 한다. 대체로 모든 미국인이, 교파의 차이는 있을지언정, 모든 힘, 지식, 창조성, 부의 원천이 신의 손에 맡겨져 있음에 동의하는 셈이다. 그의 힘에 접촉함으로써 우리는 힘을 얻고 새롭게 된다. 기도를 통해 전능자의 영을 내리게 하고 그는 우리 가운데 임한다. 《성경》에 나와 있듯, "하느님의 나라는 너희 안에 있다." 신은 대리석의 교회당이나 신전에 있지 않다. 인간의 마음속에 살아계신다.

신과 대화하려면 신의 음성을 들어야 한다. 그의 언어를 배워야 한다. 그 언어는 침묵의 언어다.

다음은 마음을 집중하고 고요히 하는 방법들이다. 이 방법들을 소개하는 뜻은 종교와는 무관하다. 마음을 고요히 하면 우리 내부에 숨은 힘, 후흑의 원천을 간파할 수 있다. 마음이 고요할 때 모든 신비가 풀리며, 우리 안에 깃든 신의 숨은 힘은 저절로 드러난다.

여기서 내가 소개하는 방법 중에서 각 개인의 성격과 믿음에 따라 더 낫고 더 못한 것이 있을 수 있다. 이 방법들은 신비로운 비법이 아니다. 수천 년의 검증을 거친 실용적인 방법들이다. 예를 들어, 흔들의자가 그렇게 인기 있는 이유를 생각해 보았는가? 비밀은 의자 자체가 아니라 흔들리는 동작을 통해 앉은 사람의 마음이 고요해지고 영혼이 맑아지기 때문이다.

고대 힌두교 경전인 《비냐나바이라바Vijnanabhairava》는 마음을 고요히 만드는 112가지 방법에 대해 적고 있다. 그중 하나는 물건에 타고 몸을 앞뒤로 움직이거나 스스로 몸을 흔듦으로써 마음을 고요하게 만드는 것이다.

다음의 방법들은 누구에게나 유용하며, 특히 바쁘게 살아가는 사람들에게 좋다. 간단하지만 강력한 방법들이다.

신의 존재를 체험하라

항상 기뻐하라, 쉬지 말고 기도하라.
― 〈데살로니가전서〉 5장 16-17절

신의 존재를 느끼고 신적인 힘을 접하면 신과 자신이 하나됨을 경험하게 된다. 그의 존재를 느끼려면, 단순히 신의 이름을 계속해서 불러보라. 이것은 마음을 고요하게 만들고 활력이 넘치게 하는 모든 방법 중에서 가장 쉬운 방법이다.

신의 이름을 반복해 부르는 방법은 동양에서만 행해지는 것이 아니다. 서양의 영적 지도자들도 그렇게 해왔다. 가령 아시시의 성 프란체스코는 이 방법을 추종자들에게 권장했다.

마음은 쉽게 혼란스러워진다. 중심을 잃고 소란해진다. 제대로 방향을 잡지 않으면 그 힘은 흩어져버린다.

우리는 육체는 잘 가꾸면서 마음은 굶주리게 두는 경우가 많다. 마음에 적절한 식단과 운동을 제공하지 않음으로써, 마음이 불안정하고 계속 피로가 쌓이게 된다. 유전자 코드 때문에 우리의 마음은 열정을 쏟을 대상을 제공해주지 않으면 계속 말썽을 피우게 되어 있다. 그 궁극적인 열정의 대상은 신에게 닿는 것이다. 신의 이름을 반복하여 되뇜으로써, 우리는 신에게 닿고 신은 우리에게 응답한다.

처음에 이 방법을 쓸 때는 마음에 저항이 일지 모른다. 어색할 것이다. 하지만 시간이 지날수록 자신의 마음이 신의 존재에 젖어드는 것을 느끼게 될 것이다. 마음은 황홀의 바다에 떠 헤엄치고, 가슴은 기쁨으로 가득찰 것이다. 신의 이름을 되뇜으로써, 지성은 더 날카로워지고 정신력은 더 강인해질 것이다.

신의 존재를 느끼는 일은 세속적인 업무를 하면서도 가만가만 수행할 수 있다. 묵주를 돌리는 동작도 효과가 있다. 묵주를 손에 잡음으로써 마음을 신에게로 향하게 만들 수 있기 때문이다. 간디는 암살될 때 "람, 람" 하며 신의 이름을 되뇌었다. 총에 맞아 숨이 넘어가는 순간에도, 간디의 마음은 신의 존재에 완전히 젖어 있었다.

호흡법

산스크리트어로 호흡은 생명력인 '프라나prana'라고 한다. 한자로 는 '기氣'라고 한다. 호흡은 마음의 평안과 긴밀히 연결된다. 자신의 호흡을 살펴보라. 호흡이 짧고 얕을 때는 마음이 불안하고 지쳐 있 다는 것을 발견하게 될 것이다. 반면 호흡이 깊을 때는 마음이 안정 되며, 지성은 날카로워지고 집중된다.

《에세네파 평화의 복음서Essene Gospel of Peace》 2권에서, 예수는 이 렇게 말한다. "우리는 '성스러운 호흡'을 받든다. 그것은 모든 창조물 의 위에 있다. 보라, 영원하고 자재自在하는 빛나는 공간이여, 수없이 많은 별들을 다스린다. 그 공기를 우리는 마시고, 우리는 내뱉는다. 그리고 그 호흡의 사이에 무한한 정원의 모든 신비가 담겨 있다."

같은 내용이 《비냐나바이라바》에도 적혀 있다. "내쉬면 나가고, 들이쉬면 들어온다. 들숨과 날숨 사이에 정신을 하나로 집중하면, 신의 본질을 온전히 느낄 수 있다."

오늘날, 가톨릭의 트라피스트회Trappist 수도사들은 신에게로 마음 을 모아 집중하기 위해 호흡법을 수행한다. 다음은 호흡법을 연마하 기 위한 몇 가지 간단한 단계들이다.

1. 집에서 조용하고 깨끗한 장소를 고른다. 기도와 명상에만 사 용하는 방이면 더욱 좋다. 여의치 않으면, 그런 목적으로만 쓰 는 공간을 하나 마련하라.

2. 명상을 할 때는 자연산 직물을 걸쳐라. 비단, 면, 모직 등을 권한다.

3. 정기적으로 호흡과 명상 수련을 할 때도 같은 옷을 입는다.

4. 제단을 만들어라. 특정 형태의 예배를 원한다면, 헌신하는 대상의 신상을 놓는다.

5. 촛불이나 향도 청아한 분위기를 마련하기 위해 쓸 수 있다. 매번 같은 향을 쓸 것을 권한다. 그 향과 명상을 연결지을 수 있도록.

6. 바닥에 모직 매트를 깐 다음 그 위에 조용히 앉거나, 모직 매트로 덮인 의자에 앉는다. 등은 꼿꼿이 세우고, 몸에 힘을 빼고, 공복이거나 너무 배를 채우지 않은 상태를 유지한다(항상 같은 모직 매트를 쓰는 것도 그것을 명상과 연결지을 수 있도록 하는 방법이다).

7. 눈을 감는다. 호흡에 의식을 집중한다.

8. 호흡이 자신의 육체에서 자연스레 들고 나는 것을 본다.

9. 자신의 숨소리를 듣는다. 들숨을 쉴 때는, '함ham' 하는 소리가 난다. 또 날숨을 쉴 때는, '사sa' 하는 소리가 난다. 사람은 매일 2만 1600번 호흡을 하며, 매번 '함사'를 반복한다. 예수는 말했다. "성스러운 호흡은 모든 창조물의 위에 있다." 호흡을 하는 동안 가만히 귀를 기울인다. 들숨과 날숨 사이 공간에 정신을 집중한다.

10. 호흡의 과정을 좇으며 들숨이, 대략 코에서 손가락 열두 개만큼의 거리에 있는, 날숨과 만나는 공간을 인식한다. 그곳은 이

세상과 그 너머의 신비로 들어가는 입구다.

11. 처음에는 매일 5분씩 앉아서 명상을 한다. 마음이 더 고요해지면, 점점 시간을 늘려 30분이나 그 이상까지 실시한다.

내면의 음악을 울려라

상기한 명상의 어느 단계에서든, 정신은 고요하고 맑은 동안, 호흡을 조화롭게 하려는 의식적인 노력은 자연스럽게 거두는 것이 보통이다. 평화롭게 앉아서 꾸준히 명상을 거듭해 마음이 고요해지면, 내면의 음악이 들리게 된다. 그 소리는 사람마다 다를 수 있다. 벌이 윙윙대는 소리, 물이 콸콸 흐르는 소리, 천상의 피리 소리, 멀리서 누가 징을 치는 소리, 나팔을 부는 소리, 또는 그 모든 것을 차분하고 조화롭게 섞은 소리. 내면의 소리에 귀를 기울이고 심취하라. 하지만 억지로 소리를 끌어내지는 마라. 아무것도 들리지 않으면 다만 앉아서 침묵을 즐겨라.

여러 해 전, 나는 주중에 교회에 들렀다. 단지 앉아만 있었고, 그러자 내 마음은 점차 평안해졌다. 그때 나는 가장 아름다운 종소리를 들었다. 그 종소리는 봄비처럼 내 몸을 적셨고, 그날의 찌든 피로를 말끔히 씻었을 뿐 아니라 지복의 바다에서 노닐게 해주었다.

교회를 나온 후 그곳에서 내 옆에 앉아 있던 동료에게 얼마나 그 종소리가 아름다웠는지를 얘기했다. 그 동료는 종소리 같은 것은 전혀 울리지 않았다고 했다. 그때서야 나는 그 종소리가 내면의 소리였음을 깨달았는데, 그토록 크게 들린 적은 처음이었다.

사실 선불교 사원이나 기독교 교회의 종, 티벳 불교의 나팔, 힌두교의 소라고둥, 그 외 종교의식용 악기들은 모두 명상 중에 들리는 내면의 음악을 재현하려는 시도들이다.

내면의 비전을 열어라

호흡에 집중하는 방법을 익히면, 신적인 비전에도 눈을 뜨게 된다. 그것은 명멸하는 흰빛, 푸른 빛, 또는 별이나 은하수의 모습으로 나타난다.

여기서 조심해야 한다. 명상의 목적은 그런 소리를 듣고 이런 비전을 보는 것이 아니다. 그런 것들은 단지 올바른 길을 가고 있다는 표식일 따름이다. 영적 체험은 각자의 기질에 따라 다르다. 그러므로 그 경험이 다른 사람의 것과 다르다고 염려할 필요는 없다. 단지 신적인 존재를 느끼고 그 황홀함과 승화된 감각을 맛보라.

명상하는 사람에게 명상 중의 체험은 개인적이다. 특별한 이유가 없는 한 그것을 공개하지는 않는다. 내가 나의 체험 몇 가지를 공개하는 것은 독자가 헛고생을 하지 않도록 하려는 배려 때문이다.

5년 전, 나는 오리건주 모지에Mosier에 있는 사유지에서 6개월 이상을 보냈다. 그 땅은 거의 1200미터 높이에 있었고, 가장 가까이 사는 사람은 16만 제곱미터 밖에 있었다. 나는 본격적인 명상에 많은 시간을 보냈다. 혼자 있는 시간이 많을수록, 나의 외부와 내부 상태는 하나가 되어갔다. 그 경지는 문자 그대로 내 마음이 움직이는 모습을, 그것이 약동하며 빛나는 모습을 볼 수 있는 데까지 이르렀다.

때때로 밤이면 난 은하계의 중심까지 여행했다. 별은 하얗게 반짝이고, 어떤 것은 홀로 암흑 속에서 빛나는가 하면, 어떤 것들은 무리를 지어 빛나는 덩어리를 이루고 있었다.

하지만 다른 밤에는 별들이 붉은빛으로 바뀌었다. 나는 정확히 무엇이 어떻게 이런 변화의 조짐이 되었는지 잘 모르겠다. 다만 영적 상태가 물리적 실체와 긴밀히 연결되어 있는 것이 사실이기 때문에, 나는 자연에서 별빛이 변하는 이유를 찾아보았다. 이리저리 물어보고 찾아본 결과 천체물리학에서 '적색 편이red shift'라고 불리는 현상이 있음을 알아냈다. 이는 별이 다른 천체로부터 멀어지면서 별의 파장이 길어져 가시광선이 흰색에서 붉은색으로 바뀌는 현상이라고 한다. 내가 별빛이 붉어졌다고 느낀 밤은 더욱 내면으로 잠행하여 새로운 경지에 도달한 밤이었다.

광활한 공간을 명상하라

높은 하늘, 너른 사막, 또는 대양을 쳐다볼 때는 그 광활한 공간이 신을 표현하고 있다고 생각하고, 그 이미지를 머릿속에서 녹아내리게 해보라. 우리 마음이 광활한 공간과 하나로 합쳐지면서 내부와 외부의 현실이 하나가 된다. 그때 우리는 전 우주가 신성한 빛에 휘감기는 것을 경험한다.

누구나 하늘이나 바다를 바라볼 때의 느낌에는 익숙할 것이다. 큰 고요에 싸이는 듯한 느낌. 여기서 바로 궁극적인 상태로 넘어갈 수는 없겠지만, 마음에 미치는 혜택은 분명하다.

먹는 쾌락에서도 깨달음을 얻어라

맛있는 식사를 하면서 기쁨이 생기면, 그 기쁨 자체에 집중해서 명상한다. 그러면 더 높은 수준의 기쁨이 뒤따르게 된다.

한번은 한 제자가 스승에게 물었다. "부처님의 경지란 어떤 것입니까?"

스승은 대답했다. "먹을 때는 먹고, 잘 때는 자며, 일할 때는 일하는 경지다." 그것은 마하트마 간디의 말과 비슷하다. "어디 있든지, 거기 있음을 분명하게 하라." 자신이 행하고 있는 활동에 완전히 몰입하면, 마음은 고요해지고 만족스러워진다. 그리고 신적인 황홀경은 스스로 드러난다.

후흑의 두 수레바퀴

후흑의 두 수레바퀴는 생존을 위한 실제 학문에 대한 이해와 영적인 것에 대한 지식과 경험의 결합이다.

영적인 사색과 명상은 영적인 삶뿐만 아니라 세상에서의 일상을 영위하는 능력도 높여준다. 그러한 명상과 사색은 우리의 마음을 예리하게 다듬어 목표 달성에 유리하게 해준다. 집중력을 높이고, 외부의 판단과 영향에서 초연하도록 하고, 연민과 의로운 분노를 위한 힘을 부여한다. 이 모든 특성에 실용적인 세속적 기법이 더해지면, 우리는 이 교활하고 치열한 경쟁의 세상에서 효율적으로 살아갈 수 있다. 이 두 가지가 함께 후흑의 완전한 차원을 만들어낸다.

- 우리의 창조주는 인생 사용설명서를 빠트리지 않았다. 단지 우리가 그 설명서를 어디서 구하고 어떻게 읽는지를 모를 뿐이다. 이 신비로운 설명서는 우리 안에 있으며, 또한 밖에 있다.

- 인생의 모든 것은 '기분을 좋게 하려는' 우리의 원초적 욕구에 따르는 것이다. 그리고 기분은 우리 모두에게 내재된 신적인 원천과의 연결을 통해 좋아진다. 우리의 행동이 무지를 따르든 지혜를 따르든, 또 그 결과가 긍정적이든 부정적이든 간에, 우리의 동기는 언제나 고귀하다. 즉 신적인 것, 지복의 경지에 들기 원하는 끝없는 욕구다.

- 물질세계의 지식을 얻기 위해 사람은 큰 고생을 한다. 그러나 그는 결코 자기 자신에 대한 탐구는 하지 않는다. 왜냐하면 그는 자신의 내부에 깃든 위대한 힘을 느끼지 못하기 때문이다. 그래서 사람은 외부세계에서 도움을 구한다.

- 마음을 집중하는 여섯 가지 방법

  1. 신의 존재를 체험하라. 신의 이름을 부르는 것으로 신과 하나가 될 수 있다. 모든 영적 훈련 중에서 바쁜 사람들에게 가장 손쉬운 방법이다.
  2. 프라나 야마Yama, 호흡법. 호흡은 마음의 평안에 긴밀히 연결된다. 우리는 우리 마음을 지배할 때 곧 세상을 지배할 수 있다.

     a. 바닥에 모직 매트를 깐 다음 그 위에 조용히 앉거나, 모직 매트로 덮인 의자에 앉는다. 등은 꼿꼿이 세우고, 몸에 힘을 빼고, 공복이거나

너무 배를 채우지 않은 상태를 유지한다.

b. 눈을 감는다. 호흡에 의식을 집중한다.

c. 호흡이 자신의 육체에서 자연스레 들고 나는 것을 본다.

d. 자신의 숨소리, '함사'를 듣는다. 들숨을 쉴 때는 '함' 하는 소리가 난다. 또 날숨을 쉴 때는 '사' 하는 소리가 난다. 들숨과 날숨 사이의 공간에 정신을 집중한다.

e. 호흡의 과정을 좇으며 들숨과 날숨이 만나는 공간을 인식한다. 그것은 손가락 약 열두 개 정도 떨어진 공간이다. 그곳은 이 세상과 그 너머의 신비로 들어가는 입구다.

3. 내면의 음악을 울려라. 평화롭게 앉아서 꾸준히 명상을 거듭해 마음이 고요해지면, 내면의 음악이 들리게 된다. 그 소리는 사람마다 다를 수 있다. 벌이 윙윙대는 소리, 물이 콸콸 흐르는 소리, 천상의 피리 소리, 멀리서 누가 징을 치는 소리, 나팔을 부는 소리, 또는 그 모두가 조화롭게 배열되어 합쳐진 소리. 내면의 소리에 귀를 기울이고 심취하라.

4. 내면의 비전을 열어라. 호흡에 집중하는 방법을 익히면, 신적인 비전에도 눈을 뜨게 된다. 그것은 명멸하는 흰빛, 푸른 빛, 또는 별이나 은하수의 모습으로 나타난다.

5. 광활한 공간을 명상하라. 높은 하늘, 너른 사막, 또는 대양을 쳐다볼 때는 그 광활한 공간이 신을 표현하고 있다고 생각하고, 그 이미지가 머릿속에서 녹아내리도록 하라. 우리 마음이 광활한 공간과 하나로 되면 내부와 외부의 현실도 하나가 된다. 그때 우리는 전 우주가 신성한 빛에 휘감기는 것을 경험한다.

6. 먹는 쾌락에서도 깨달음을 얻어라. 맛있는 식사를 하면서 기쁨이 생기면, 그 기쁨 자체에 집중해서 명상한다. 그러면 더 높은 수준의 기쁨이 뒤따르게 된다.

• 후흑의 두 수레바퀴는 생존을 위한 실제적 학문에 대한 이해와 영적인 것에 대한 지식과 경험의 결합이다.

가장 전쟁에 능한 사람은

싸우지 않고 이기는 사람이며,

포위 공격을 하지 않고도

도시를 손에 넣는 사람이다.

—《손자병법》

16장

◆

피라냐가 상어를
이기는 법

어떤 경제학자들의 말에 따르면 지난 30년 동안 미국인의 생활 수준은 개선되지 않았다고 한다. 사실은 오히려 악화되었다고 봐야 한다. 그런데 그 이유에 대해서는 전문가들이 좀처럼 확실한 대답을 내놓지 못하고 있다. 내 생각으로는 이 딜레마를 되돌리려면 우리가 '되돌리기'를 할 필요가 있다. 일반적으로 어떤 종류의 변화이든 작은 수준에서 시작된다. 미국인은 원래 미국을 위대하게 만들었던 기본으로 되돌아가야 한다.

이 책에서 나는 후흑의 가치가 미국 건국의 아버지들과 초기 개척자들이 가졌던 가치와 같은 것임을 반복해서 설명했다. 우리는 그러한 내적 힘의 원천을 잃어버리지 않았다. 우리는 변화의 과정에서

357

그것을 되찾기만 하면 된다.

기업가들에 대한 찬사

20세기의 위대한 작곡가 아놀드 쇤베르크(Arnold Schoenberg, 1874~1951)는 현대인의 문제점이 불편을 도무지 참지 못하는 데 있다고 말했다. 만약 쇤베르크가 1980년대의 사치스러움을 목격했다면 입을 다물지 못했으리라.

지금 사회의 이러한 결점들을 감안한다면, 기업가들에게는 찬사를 바치지 않을 수 없다. 모두가 흥청망청 사치를 부리고 있을 때, 이들만은 각자의 비전을 물질적 실체로 구현하기 위해 신명을 바쳤기 때문이다.

한 친구는 내게 기업가란 하루 8시간 일하는 것을 피하기 위해 하루 16시간을 일하는 족속이라고 말한 적 있다. 내가 보기에 미국의 성장 침체에 대한 해결책은 간단하다. 미국의 가장 큰 천연자원, 즉 기업가 정신을 북돋우는 데 최대한의 시스템적 지원을 하면 된다. 이 기업가들은 재정적 안정과 회사 식구들의 복지를 걸고 모든 난국에 맞서 싸우며, 상어가 득실거리는 광활한 바다에서 헤엄치면서 기가 죽지도 목표를 잃어버리지도 않는 사람들이다.

최근 나는 한 독자에게서 전화를 받았는데, 그는 천연 향을 건물에 방출해서 공기의 품질을 높이는 기계를 발명한 젊은 기업가였다. 그는 내가 쓴 책들을 아주 잘 읽었다고 하며 혹시 자신 같은 소기업가들이 더 크고 강력한 기업들과 효과적으로 경쟁할 수 있는 법에 대한 책을 쓸 생각이 없느냐고 물었다. 나는 이 《후안흑심》이 그의 생각과 부합하는 책이 될 것이며, 따로 '피라냐가 상어를 이기는 법'이라는 장을 덧붙일 생각이라고 그에게 말해주었다. 그 장은 '큰 고기가 작은 고기를 먹는' 세상에서 그가 취할 실용적인 전략을 알려줄 것이라고.

I. 호가호위狐假虎威

여우는 매우 영리한 동물이다. 하지만 몸집이 크거나 힘이 센 편은 아니기 때문에 불리하다. 여우는 숲에서 별로 대접받는 동물이 아니며, 아무도 여우를 대단하게 보지 않는다. 이 상황을 극복하기 위해 여우가 취한 방법은 호랑이와 친하다는 것을 보여주는 것이었다. 강하고 존경받는 호랑이 옆을 따라다님으로써 여우는 밀림 속에서 호랑이와 같은 경외를 받았다. 심지어 호랑이가 여우 곁에 없을 때도 여우는 사나운 야생에서 살아 남기에 충분한 존중을 받을 수 있었다.

만약 호랑이와 사귀지 못했다면, 여우는 호랑이 뒤를 졸졸 따라다니며 그 둘이 친구인 것처럼 가장했을 것이다. 그렇게 함으로써 자신이 호랑이에게 중요한 존재인 것처럼 부각시켰을 것이다.

여우와 호랑이는 비유일 뿐이다. 실제 상황은 여러 가지로 나타난다. 다음은 몇 가지의 가능성이다.

1. 호랑이는 우리와 비전을 공유하고 우리 목표를 도울 의향이 있는 강하고 영향력 있는 사람이다.

2. 호랑이는 상호 이익을 위해 힘을 빌려줄 용의가 있는 힘 있는 사람일 수 있다. 물소 등에 새들이 날아와 앉는 것을 본 적 있는가? 그들은 진드기와 모기를 잡아줌으로써 물소를 편안하게 해준다. 한편 물소는 새들에게 쉴 곳과 다른 새들로부터의 피난처를 제공한다.

3. 호랑이는 비전과 관점을 공유하는 조직이나 단체일 수 있다. 다른 사람들과 힘을 합치면 호랑이의 위세를 만들 수 있다.

4. 호랑이는 정치적 인맥일 수 있다. '올바른' 후보자를 지원함으로써, 강력한 파트너를 얻을 수 있다. 그런 이유로, 부자들은 그들이 아끼는 '애완 호랑이'에게 거액의 자금을 아낌없이 주는 것이다.

5. 호랑이는 직책이나 직함일 수 있다. 한 개인으로서는 그리 존재감이 없을 수 있다. 하지만 힘 있고 영향력 있는 쪽에 고용된 사람이라면, 더 이상 무력한 개인으로 취급받지 않는다.

정부에서 일하는 사람들은 이 개념을 잘 알고 있다. 외국을 방문할 때 소속 국가나 정부를 대변한다고 하면, 개인 자격으로 방문할 때와는 전혀 다른 대접을 받게 된다. 미국 정부를 대표하는 사람은 자동적으로 막강한 힘을 가질 수 있다. 거대 기업의 CEO는 어디를 가도 특별 대우를 받는데, 그의 권위가 회사 전체의 자산규모를 반영하기 때문이다. 미국 국회의원들과 대통령은 임기 중에 매우 특별한 위광을 지닌다. 물론 물러난 뒤에는 그 위광이 수그러든다.

6. 호랑이는 일에 관련된 재능일 수 있다. 아이작 스턴(Isaac Stern, 미국의 대표적인 바이올리니스트)이 바이올린을 켤 줄 몰랐다면, 우리가

알고 있는 아이작 스턴이 아니었을 것이다. 바이올린의 대가로서의 능력 덕분에, 그의 이름이 세계에 알려지게 되었다. 마찬가지로, 자신의 전문 분야가 무엇이든, 능력에 따라 '호랑이'가 될 수 있다.

7. '유력한' 사람과의 결혼을 통해 자신도 호랑이가 될 수 있다. 이것은 힘과 명예를 빠르게 얻으려는 오래된 전술이다.

II. 개를 때리기 전에 그 주인이 누군지부터 알아보라

고대 중국에서는 거리에 돌아다니는 개는 환영받지 못했다. 사람들이 물리기 일쑤였기 때문이다. 수상적은 개가 있으면, 신발을 벗어들거나 막대기를 들어 쫓아버리는 게 상책이다. 그러나 그렇게 하기 전에 주위를 둘러보며 그 개가 누구 개인지를 살펴야 한다. 그 개가 부유하고 힘 있는 사람의 소유라면, 그 개를 때리는 것은 현명하지 못하다. 그 개가 가난한 사람이나 거지의 개라면 마음 놓고 때려도 된다. 이 중국식 처세술은 사람의 행동양식을 잘 보여준다. 얻어맞고 싶지 않으면, 부유하고 힘 있는 사람과 사귀어 두라.

이 이야기의 핵심은 호가호위의 고사와 비슷하다. 이 개념을 이해하는 것이 매우 중요하다. 그것이 '네임드롭(name-drop, 유명 인사를 자기 친구인 것처럼 팔고 다니는 것)'을 하는 이유이다. 한번은 한 출판업자가 내 대리인에게 나의 고객과 지인에 대해 캐물었다. 내가 누구랑 친한지는 그의 관심 밖이었다. 다만 자신이 알 만한 명사들의 이름을 알고 싶었을 뿐이다.

III. 작은 힘을 합쳐라

혼자 힘에서 다수의 힘으로 자신의 힘을 키워라. 피라냐 한 마리로는 큰 힘을 발휘하지 못한다. 그러나 수백 마리의 피라냐라면 상어도 죽일 수 있다. '음주운전 추방 어머니협회MADD'는 음주운전으로 자식을 잃은 한 어머니의 노력으로 시작되었다. 한 어머니는 같은 생각을 가진 어머니들을 단결시킬 수 있었다. 집단의 힘을 발휘해서, MADD는 시대에 뒤처진 운전법규를 개정하는 데 성공했다.

IV. 기만은 필수다

보호색 등을 사용해서 포식자를 기만하는 것은 동물의 왕국에서 필수적인 생존법이다. 앞서 말한 것처럼, 강한 적을 만났을 때, 전투를 회피할 길이 있다면 왜 굳이 정면 대결을 벌이겠는가?

다음은 아시아에서 널리 쓰이는 비즈니스 개념이다. 시장은 전쟁터이다. 전쟁의 본질은 기만이다. 공격할 준비가 되었을 때는 공격할 뜻이 없는 것처럼 한다. 암암리에 계획을 짜고 야음을 틈타 기습한다. 최고의 승리는 전략으로 이기는 것이다.

일본은 이 개념을 미국과의 경제 전쟁에 적용했다. 일본은 '위협거리가 아닌 듯' 보였으며 잠자는 돼지처럼 행세했다. 60년대와 70년대, 80년대에 그렇게 해온 결과 이제 90년대부터는 일본이 사냥꾼이 되어 미국 정부와 납세자라는 '호랑이'를 맛있게 먹고 있다(앞서 언급한 《36계》의 내용이다).

일본과 아시아의 네 마리 용들, 즉 한국, 대만, 홍콩, 싱가포르는 모두가 그 전략을 사용한다. '기만'의 개념은 작은 세력이 강하고 큰 세력과 겨룰 때 중요한 요소다. 손자가 말했듯, "자신의 세력이 강하다면, 약하게 보이도록 하라." 제2차 세계대전에서 군사적 패권을 시도했다가 패망한 후, 일본은 경제적으로 세계를 정복하기로 했던 것이다. 그러나 그 의도를 처음부터 내보였다면 그 위치까지 올라갈 수 없었을 것이다. 아시아의 경제 기적의 비밀은 존중하고 두려워할 만하다. 무엇보다도, 우리는 그 승리 전략을 배워서 스스로의 승리에 이용해야 한다.

V. 성공의 길로 무임승차하라

어느 숲에 토끼와 게가 살았다. 토끼는 게에게 달리기를 해보자고 했다. 경주가 시작되자, 토끼는 거침없이 달려나갔다. 그때 게는 펄쩍 뛰어올라 토끼의 꼬리를 붙잡았다. 토끼는 게가 매달려 있는 것도 모른 채 질풍처럼 달렸다. 결승점에 도달하기 직전, 토끼는 잠시 멈춰 서서 생각했다. '잠깐만, 고작 게랑 시합하는 거잖아. 이렇게 죽어라 달릴 필요가 뭐 있지?' 뒤를 돌아보니 게는 어디에도 보이지 않았다. 그때 갑자기 게가 외치는 소리가 들렸다. "이겼다! 내가 이겼어!" 토끼가 돌아보니 바로 몇 발자국 앞에서 게가 결승점을 통과하고 있었다.

다시 한 번, 우리 시대에 피라냐가 상어를 이긴 예로, 일본의 경제 성공을 들어보자. 일본은 이야기 속 게처럼 미국의 산업 연구개발 노력에 무임승차했으며 경제 경쟁의 마지막 단계에서 미국을 앞지르고 있다. 알지 못하는 사이에, 일본은 미국의 독창성을 이용해왔다. (1990년대 초반 기준으로) 지난 10년 동안 일본은 미국 소비자들에게서 500억 달러의 무역 흑자를 거두었다. 그러는 과정에서 미국 가전과 컴퓨터 메모리칩 산업을 초토화시킨 일본은 다시 자동차를 가지고 미국을 공략했다.

VI. 적의 약점을 찔러라

《손자병법》에 따르면 승패를 결정하는 가장 중요한 요소는 '지피지기'이다. 손자는 병력의 규모가 승리를 좌우한다고 하지 않았으며, 가장 장비를 잘 갖춘 군대가 승리한다고도 하지 않았다. 둘 중 하나라도 결정적이었다면 미국은 베트남전에서 간단히 승리를 거두었을 것이다.

더 강력한 적의 약점을 파악하면서 스스로의 약점은 내보이지 않는 것이 특히 중요하다. 고대 아시아의 유명한 전략에는 이런 것들이 있다.

솥의 물이 끓으면 장작을 치워라

끓고 있는 물을 보면, 그 힘은 사나우며 통제 불능인 것처럼 보인다. 하지만 끓는 물을 직접 상대할 것이 아니라, 그 힘의 근원인 장작을 상대해야 한다. 일단 힘의 근원이 발견되면, 단지 장작을 치우는 것만으로 끓는 물의 맹렬한 기세를 제압할 수 있다. **잊지 말자. 어떤 대상의 힘의 근원은 동시에 그 약점인 경우가 많다.**

나는 이 전략을 상황이 '통제 불가능'하게 돌아가고, '장작을 치우는' 게 필요하다 싶을 때 사용해왔다.

언젠가 나는 중국에 자기 물건을 팔려는 미국 고객을 대신해 활동한 적 있다. 나는 한 유력한 경쟁자를 만났는데, 그는 말하자면 특별한 장작을 써서 자기 솥의 물을 끓이고 있었다. 경쟁사의 사장인 존스 씨(내가 가짜로 붙인 이름이다)는 자기 업계 동업자 협회의 국제 담당 이사를 맡고 있었다. 그는 자기 소속 협회의 해외 마케팅 예산에서 상당한 액수의 돈을 쓰면서, 중국 시장을 교묘하게 파고들고 있었다. 그러나 그는 중국인들에게 자신의 돈이 공적 자금에서 나왔음을 한 번도 밝히지 않았다. 모든 중국 관료들은 존스 씨가 미래에 대해 대단한 비전이 있어서 중국 시장에 거액의 돈을 투자하며 긴밀한 관계를 구축하려 한다고 생각했다. 그들은 존스 씨처럼 '재산을 쾌척'할 배포가 있는 기업가는 또 없을 거라고 믿었다.

앞서 말했듯, 강점은 동시에 약점이 될 수 있다. 물론 항상 그런 건 아니지만, 적어도 이 경우에는 맞아떨어졌다.

나는 중국 방문을 통해 존스 씨가 사실은 공적 자금을 쓰면서 제 돈인 것처럼 생색내고 있다는 사실을 폭로할 필요가 있었다. 그가 사용한 돈은 업계 전반의 이익을 위한 것이지 존스 씨 회사만을 위한 게 아니었다. 존스 씨는 중국인들을 속이고 있었다. 더욱이, 존스 씨의 국제 담당 이사 임기는 곧 끝나갔다. 임기가 1년이었기 때문에 중국인들은 존스 씨 회사에 특혜를 주지 않는 것이 현명했다. 특히 많은 미국 회사들이 그의 부당한 공적 자금 관리에 불만을 품고 있는 상태에서는. 이를 알게 된 중국인들은 존스 씨와 적당한 거리를 두는 것이 최선이라고 생각했다. 특히 존스 씨에게서 이익을 볼 만큼 본 상황에서는 말이다.

성동격서 聲東擊西

적의 방비가 허술한 곳이 서쪽 성벽임을 발견했다고 하자. 그러면 병력을 동쪽 성벽에 집결시켜야 한다. 그래서 동쪽을 치는 것처럼 하면서 몰래 서쪽을 공격하는 것이다.

VII. 후퇴하는 기술을 익혀라

자신은 작은데 큰 쪽과 대결하려 한다면, 대결에 앞서 첫 번째로 준비해야 할 것은 퇴로다. 전장에서 죽는 것을 최고의 명예로 여긴 일본인들과 달리, 중국인들은 후퇴하여 생명을 보전했다가 후일을 도모하는 쪽을 선호한다. 사실 중국인들에게 후퇴란 전진의 다른 형태일 뿐이다.

VIII. 성과를 두 배로 내는 효과적인 실행법

압도적인 적과 마주쳤을 때, 노력은 절반 들이면서 성과는 두 배로 내는 방법이 있다면 요긴할 것이다. 다음은 옛 중국 병법에서 따온 몇 가지 효과적인 실행법이다.

바람의 흐름대로 항해하라

어떤 성공 사례에서든 맞서 싸워야 할 바람은 많다. 그래서 여정을 시작하기 전에 바람을 조심스레 관찰하고 그 방향을 잡아서 따라가야 한다. 그러면 목적지까지 노력은 반만 들이면서 속도는 두 배로 빨리 갈 수 있다.

아시아의 무술은 하나같이 이 전략에 근거하고 있다. 방어술은 힘으로 힘을 막는 게 아니라 적의 힘의 흐름을 거스르지 않고 따라가는 것이다. 적이 주먹을 날릴 때 이쪽이 피하면 적은 자기 힘을 가누지 못해 쓰러진다. 적이 중심을 잃으면 힘들이지 않고도 타격할 수 있다. 근본적으로 상황에 적응하여, 행동act보다는 대응react하는 법을 익혀야 한다.

나는 비즈니스를 하면서 적절한 이득을 보도록 '설계'된 여러 기술을 소개했다. 하지만 사실 나는 앉아서 전략을 구상한 적이 없다. 다만 그 상황에 맞춰 움직이면서 적절한 대응을 했을 뿐이다.

일석이조를 노려라

나무에 아무리 여러 마리의 새가 앉아 있다 하더라도, 쏠 수 있는 기회는 한 번뿐이다. 빗나가면 놀란 새들이 모두 날아가 버린다. 쏘기 전에 각도와 조준에 신경을 써 한 발로 두 마리의 새를 잡아야 한다.

로건은 비즈니스 심리학자다. 그는 인사나 생산성 증대 문제 등을 놓고 조직 내부에서 벌어지는 갈등을 해결하기 위해 기업을 대상으로 상담한다. 로건은 우편물을 발송하거나 경제지에 광고를 싣는 전통적 방식으로 고객 기반을 넓힐 계획이었다. 그런 작업에 필요한 노력과 비용을 따져 보다가 갑자기 영감이 떠올랐다. 잠재고객에게 우편물을 보내는 대신, TV 방송국과 계약을 맺고 뉴스 시간에 비즈니스 심리학에 대한 3분 코너를 만들기로 한 것이다.

마침내 로건의 아이디어를 네트워크 방송의 아침 뉴스쇼에서 받아들였다. 이제 로건은 고객을 쫓아다니지 않고 가만히 앉아서 받고 있다. 더욱이, 매스컴을 탄 덕분에 그는 다른 경쟁자들과 비교가 안 되는 권위를 확보했다(적어도, TV 방송에 나온 그 박사님이시다!). 또한 마케팅 및 홍보 비용도 크게 절약되었다.

IX. 작은 것에 주의하라

인생의 성공은 아주 작은 승리가 모여서 이루어지는 경우가 많다. 하지만 대수롭지 않은 일로 실패에 부딪치는 경우도 많다.

한번은 어느 한국 회사와 오랫동안 사업 협상을 벌였는데, 협상이 도무지 순조롭지 못했다. 우리가 '이해'에 접어들었다고 느낄 무렵이면 어김없이 파국이 왔다. 검토해본 결과 나는 문제의 원인이 한국 회사측의 통역에 있음을 알게 되었다. 그는 좌천될까 겁난 나머지 영어의 미묘한 부분을 이해하지 못한다는 사실을 숨긴 것이다. 그는 미국 회사의 입장을 제대로 이해하지 못할 때마다, 스스로 말을 만들어냈다. 그 결과 심각한 오해가 생겼고, 양측은 서로를 도저히 말이 안 통하는 사람들이라고 생각하게 되었다. 나는 나중에 한국측 대표와 통역자를 따로따로 만났다. 그리고 영어에는 미묘한 뉘앙스를 가진 표현이 많음을 설명하고, 통역자가 그 점을 풀어서 말해달라고 요청한다고 해서 통역 능력이 떨어지는 것은 아니라고 말해주었다. 두 사람 모두 만족했고 협상은 타결되었다.

X. 새로운 도약 이론

크고 흠 없는 다이아몬드를 작은 마을 시장에 가져간다고 해보자. 행상인들을 상대로 한참을 설명하고 나서야 그게 5달러 이상의 가치가 있다는 것을 납득시킬 수 있을 것이다. 하지만 마을 행상인과 작은 상점 주인을 건너뛰고 전국에서 제일가는 다이아몬드 상인에게 간다면, 군이 설득하고 말고 할 것도 없을 것이다. 상품이 스스로 가치를 말해줄 것이다. 이쪽에서 미처 입을 열기도 전에 50만 달러에 팔라는 제의가 들어올 것이다.

자신이 진짜 보석이라면, 동네 행상에게 자신을 헐값으로 파느라 고생하지 마라. 그들은 짜증만 낼 것이며 시간만 낭비하고 말 것이다. 가치 있는 상품은 그 가치를 알아보는 사람에게 내놓는 것이 더 팔기 쉽다.

1985년, 오리건주 포틀랜드에 거주하기 시작한 직후, 나는 오리건 주정부를 도와서 중국 방문단을 조직해 달라는 요청을 받았다. 나는 그 일을 노리는 사람이 많다는 걸 미처 몰랐다. 누가 뽑히든지 해당 분야 관료들과 접촉하고, 3주간 오리건주 구석구석을 다니면서 활동하게 되며, 그것은 짭짤한 비즈니스 기회를 많이 제공할 것이다. 영향력 있는 오리건주 경영단체들은 모두 자신들의 컨설턴트를 밀고 있었고, 내가 뽑힌 데 대해 몹시 분개했다. 오리건주의 정치, 경제 집난에 나는 극직으로 대뷔했으나, 그 순간 강력한 비토 세력을 형성하고 만 것이다.

나는 곧 이 자신만만한 적들과 하찮은 밀고 당기기를 하는 데 지쳐버렸다. 그래서 나는 그들과 계속 실랑이를 하는 대신, '도약 이론'을 적용하기로 했다.

나는 책을 쓰는 일부터 시작했다. 〈런던 파이낸셜타임스〉, 〈USA 투데이〉 등의 호평에 힘입어, 나는 아시아의 비즈니스 문화에 대해서는 부정할 수 없는 권위자로 자리 잡았다. 더 이상 나의 노력을 폄훼하는 '소인배'들과 맞서 나의 능력을 입증할 필요가 없게 되었다.

무지한 자들을 대할 때는, 그들에게 뭔가를 확신시키려고 하지 마라. 그 대신 바로 윗선에 올라가서 권위 있는 승인을 얻어내라. 그리고 강하고 현명한 사람과 제휴하라. 이 '도약 이론'은 '도약'의 방향이 '호랑이'와의 제휴에 있을 경우에만 효과가 있다.

XI. 바뀐 현실

우리는 경험을 통해 현실을 이해한다. 경험이 확장되면 현실을 보는 눈도 바뀌게 된다.

대만에서 내가 다닌 초등학교와 고등학교가 아주 웅장했고 운동장도 컸다는 기억에, 최근 대만 방문 때 나는 그 학교들을 다시 찾아가 보았다. 내가 생각했던 넓은 운동장은 다시 보니 아주 좁아져 있었다. 내가 웅장하다고 생각했던 학교 건물은 초라하고 왜소했다. 학교와 운동장은 변함이 없었건만, 내가 변했던 것이다. 세계를 두루 다니면서 내 인식이 바뀌었던 것이다.

마찬가지로 적은 거대해 보이고 자신은 왜소해 보일 수 있다. 하지만 나의 내면이 커지면 그 커 보이던 적이, 그 막강한 '상어'가 오히려 왜소해지게 된다. 실제로 그들은 상어가 아니며, 물에서 좀 설치는 중간 크기의 물고기일 뿐이다.

XII. 희생자에서 승리자로

모든 사람이 희생자가 되지 않는 게 중요하다는 걸 알고 있다. 희생자가 되면 무력해진다. 어떤 사람에게는 책을 얼마나 많이 읽는지, 자신의 감정을 통제하는 것의 중요성을 얼마나 이해하는지가 그리 중요하지 않다. 이들은 자신의 마음 상태가 다른 사람이 신체적으로 감정적으로 자신에게 상처를 줄 수 있다는 사실과 어떤 식으로

든 직접적인 관계가 있다고만 생각한다. 그들은 아무리 좋은 이야기를 읽고 이해해도, '희생자가 되지 않는 게 중요하다'는 개념을 진정 자신의 것으로 만들지 못한다.

끊임없는 투쟁을 끝낸 후, 신기하게도 왜 그런지는 몰라도, 갑자기 '희생자가 되지 않는다'라는 개념이 관념에서 확신으로 바뀐다.

최근에 나는 친한 친구에게 배신당했고, 그 일로 마음의 상처를 입었다. 나는 내 열등한 마음의 상태가 그 사건과, 사건의 원인이 된 그 친구와 직접적인 관계가 있다고 느꼈다. 나는 침대에 누워 아무 생각 없이 TV를 보고 있었지만, 내 마음은 어떻게 해야 원만한 해결이 가능할지 필사적으로 답을 찾고 있었다. 그 사건을 없던 일로 만들 힘은 내게 없었지만, 그 쓰디쓴 경험을 다른 각도에서 바라볼 수 있기를 원했다. 하지만 나는 정확히 내가 무엇을 바라는지 모르고 있었다. 나는 언제나 자신의 감정이나 외부 환경의 희생자가 되지 말아야 한다고 생각했지만, 머리와 가슴을 일치시키기란 참으로 어려운 일이었다. 그러다가 갑자기, 나는 세 가지 따로 떨어진 요소를 찾았다. 나 자신, 나의 감정, 그리고 그 사건. 나는 이 세 요소가 연결되어 있다고 생각했다. 하지만 실제로는 느끼고 싶은 대로 내 감정을 통제하고 있는 것은 바로 나 자신이었다. 그 순간 전에 없던 자유의 감각이 나를 채웠다.

이 변화는 어떤 특별한 생각의 산물이 아니었다. 그것은 태도의 변화도 아니었으며, 하나의 깨달음이었다. 내부에서 번쩍한 하나의 불꽃이었다. 갑자기 내 안의 모든 것이 밝게 빛났고, 그것이 어떻게 이루어졌는지는 나도 알 수 없다. 뭔가 나의 깊은 곳에 있는 스위치가 올라간 것이었다. 나는 언젠가 고전에서 이런 내용을 읽은 기억이 났다. "투쟁하고, 또 투쟁한다. 언젠가, 보라, 위대한 목표에 닿았도다."

그때, 나는 그 '순간'을 포착하려고 시도했다. 그 변화를 촉발한 요소는 무엇이었는가? 내 안에 무엇이 갑자기 빛의 폭발을 일으켰는가? 나는 아무리 해도 그 원인을 알 수가 없었다.

후흑의 실천자는 끊임없는 노력을 통해 희생자에서 승리자로의 변화를 시도한다. 피라냐가 그런 자기 변화를 겪으면, 예전에는 전혀 몰랐던 잠재된 속성에 눈을 뜨게 된다. 그 순간 그는 자신이 작고 보잘것없다고 생각해왔건만 사실 자신이 최강자만큼이나 강하다는 사실을 깨닫는다. 그것은 말로는 설명할 수 없는 변화다. 그러나 경험한 사람은 그게 실제임을 안다.

에필로그

후흑을 적용할 수 있는 분야는 끝이 없다. 유일한 제한은 그 원칙들을 일상에 적용하는 능력이다.

이 책을 통해, 나는 후흑의 여러 가지 요소들을 분석했다. 이 개별적이고 언뜻 보기에는 상관 없는 듯한 요소들은 다이아몬드의 절단면들과 같다. 그런 절단면이 없는 다이아몬드는 보통 돌멩이처럼 보인다. 각 요소들의 특성 없이는 후흑도 없음을 기억하자.

후흑의 지혜는 내 창작품이 아니다. 나는 단지 그 개념을 독자에게 전달할 따름이다. 이 원리는 자연법칙의 불변의 지혜에서 유래한다.

나는 누구인가, 나는 어떤 인생을 살았나, 나는 어떤 지식을 가지고 있나 등이 모두 후흑의 지혜를 흡수하는 데 기여했다. 대부분의 사람들처럼, 후흑의 일부 면모는 내게 제2의 천성처럼 여겨졌고, 일부는 쉽게 익힐 수 있었다. 하지만 그래도 내가 계속해서 노력해야 익힐 수 있는 부분도 있었다.

이 책을 쓰는 일은 어렵고도 쉬웠다. 어려운 점은 후흑이 우리 모두에게 내재된 추상적 개념이라는 것이다. 이 아이디어를 여러 장과 절로 편성하는 일은 무척 힘들었으며 수없는 잘못을 범했다.

모든 작업이 제 방향을 찾자, 각 장의 주제가 나 또는 내 친한 사람들의 인생에 기적처럼 나타나는 것 같았다. 그 경험들은 내가 매일 집필한 내용과 직접적인 관련이 있었다. 여러 차례, 갑자기 나타난 사람들이 자신들에 대한 흥미진진한 이야기를 들려주고는 바람처럼 사라지곤 했다. 인용문이 필요할 때는, 마침 손을 뻗으면 잡히는 곳에 적절한 책이 있었고, 우연히 펼친 곳에 꼭 필요한 구절이 있었다. 친구들과의 편한 대화 역시 내용에서 빠진 부분을 보충할 실마리를 주었다.

그러므로 나는 보편적 의지에 감사를 드린다. 그 섭리에 따라, 이 책은 실현되었다. 위대한 작곡가 요한 세바스찬 바흐의 말처럼, "솔리 데오 글로리아", 오직 신만이 영광되도다.

리쭝우의《후흑학》에 대하여

리쭝우는 사회사상가이자 비평가였다. 그는 개인의 목표 달성을 위한 방법론을 구축하지는 않았다. 그가《후흑학》을 쓴 목적은 중국 사회의 병리 현상을 지적하기 위함이었다. 그는 그 과정에서 사람이 힘을 얻고 지키는 방법, 권력과 부를 사용해서 더 큰 부와 권력을 쌓는 방법론을 설명했다. 그는 그 방법을 분석해서 부와 권력이 스스로 증식해가는 과정을 제시했다.

가망 없어 보였던 마키아벨리

그가 상세히 제시한 방법론은 꾸밈이 없다. 사람들이 실제 살아가는 방식을 묘사하고 있기 때문이다. 리쭝우는 원래 이 원칙들을 개인의 목표 달성에 이용하도록 할 생각이 없었다. 그는 단지 사람들이 자신의 실존을 깨닫기를 바랐을 뿐이다. 리쭝우는 자신의 작업을 다른 언어로 번역하는 일에 흥미를 가졌다. 하지만 그의 친지들은 중국에 침투해 있던 적대적인 서양 세력이 두 개의 급진적인 중국 발명품, 즉 화약과 리쭝우의《후흑학》을 결합할 경우 중국은 더 힘든 처지에 놓이리라고 여겼다. 그들은 그 책이 비중국인의 손에 들어가기를 원치 않았다.

부와 권력을 쌓는 원칙에 대해 이해하고 있었으면서도 리쭝우 자신은 실전에 서툴렀다. 그는 가난하게 살았으며 평생에 걸쳐 일반적 기준에서 실패자였다. 공직자가 되기 위한 방법과 공직을 유지하며 최대한 이득을 취하는 법에 대해 글을 쓴 그였지만, 그는 유일하게 가졌던 관직에서 쫓겨났다. 그는 글에서 관직을 가지려는 주요 목적은 뇌물과 부패로 한 재산 모으려는 것이라고 지적했다. 하지만 그 자신이 관직에서 물러날 때는 너무 가난해서 친구들이 돈을 걷어 숙박비를 내줘야 했다. 그는 재직 중에 자신의 봉급을 대폭 삭감하고, 아예 자기 직위를 없애버렸다. 그 직위가 불필요하다고 여겼기 때문이다.

리쭝우의 친구 중 하나는 그를 스스로 수도원을 지고 다니는 수도승 같은 사람이라고 평가했다. 비록 세속에서 살지만, 그의 마음은 세속적인 것을 거부했다. 그 자신의 후흑학을 실제로 이용하지 못하고 있다는 비판을 받자, 리쭝우는 자신은 탐구자일 뿐이며 전인미답의 영역을 조사하는 데만 시간을 보내고 있다고 대답했다. 마치 모세처럼, 리쭝우는 길을 제시하되 스스로는 약속의 땅에 들어가지 못할 운명이었다. 그 뒤를 따르는 사람들이 그의 길을 개선하고 그의 발견을 선용해야 했다.

하지만 실제로 리쭝우는 실패자가 아니었다. 그 자신이 후흑학을 따르지 않은 것도 아니었다. 그는 단지 다른 문제에 천착했을 뿐이다. 리쭝우는 자신이 행한 일을 고스란히 쓰지도 못했고, 그의 책이 불러일으킨 분노에 과감히 맞서지도 못했다. 그러나 그는 자신이 발견한 진리를 굳게 믿었고, 그런 이상 모든 사람이 그를 미쳤다고 욕해도 아무 문제가 없었다. 리쭝우는 자신을 공자와 같은 위대한 스승이라고 여겼으며, 그러한 자기 확신은 오랜 비난과 조롱의 세월을 견디도록 했다.

리쭝우는 자기 발견과 소명 의식에 투철했다. 그런 점에서 그는 성공적인 후흑의 실천자였다.

《후흑학》의 출간

《후흑학》은 원래 1911년 쓰촨四川성 청두成都의 〈공론일보〉에서 시리즈물로 연재될 예정이었다. 그러나 첫 연재에 격렬한 항의가 쏟아지자 이후의 연재 계획은 취소되고 말았다. 그 대신 베이징에서 리쭝우의 친구들이 얇은 단행본 형태의 책으로 출간한다. 정부에 의해 판금되기 전에 몇 차례 재판을 찍었다.

《후흑학》이 판금된 이유는 너무 많은 사람이 리쭝우의 솔직한 분석을 불편하게 여겼기 때문이다. 그들은 중국의 많은 제도의 위선성 밑에 감춰진 잔혹함을 직시하기 꺼려했다. 단지 그것을 직접 언급했다는 것만으로도 리쭝우는 좋게 봐야 악질 폭로자밖에 되지 않는다고 평가했다. 나쁘게 보면, 악덕을 옹호하는 인간이었다.

리쭝우가 새로 수립된 중화민국 정부를 노골적으로 비판했던 점도 도움이 되지 않았다. 리쭝우는 원래 중국 혁명의 대부였던 쑨원孫文의 추종자였으나, 곧 신정부에 대한 환멸에 빠졌다. 그는 야만적인 청나라 정부와 계몽적이라는 신정부의 유일한 차이는 과도한 권력 행사를 변명하기 위해 완곡어법을 쓰는 것뿐이라고 주장했다. 과거에는 유력한 관리의 비위를 거스르면 관가에 끌려가 매를 맞고 옥에 갇혔다. 그러면 중화민국 정부에서는 어떤가? 유력한 관리의 비위를 거스르면 먼저 사회질서 교란자라는 명목으로 기소된다. 그리고 관가에 끌려가 매를 맞고 옥에 갇힌다.

그렇게 오랫동안 판금되었기에, 《후흑학》은 중국의 신세대에게는 거의 알려져 있지 않다. 대만에서는 1949년에서 1987년까지 38년간의 계엄령 시기에 판금 상태에 있었고, 판금이 해제된 후에도 많이 읽히지 않았다. 그러나 홍콩에서는 계속해서 상대적으로 유명세를 유지해왔다. 대부분의 현대 중국인이 리쭝우의 책을 잘 모르고 있으나, '후흑'에 대한 담론은 중국인의 일상 대화의 일부가 되어 있다. 중국인은 냉혹한 행동을 가리킬 때 후흑을 언급하는 일이 많은데, 사실 그것은 리쭝우의 원래 의미와는 동떨어져 있다.

리쭝우의 사상

리쭝우는 글을 이해하기 쉽게 쓰지 않았다. 그가 드는 사례들은 19세기 말 중국 변방의 조건에 따르고 있다. 많은 점에서 그것들은 현대 서구 독자들에게 맞지 않으며, 심지어 이해되지도 않는다. 그러나 리쭝우는 천재적인 식견의 소유자였다. 비록 그 천재성을 언어와 문화라는 두 장벽을 넘어 바로 전달하기에는 무리가 있지만 말이다.

이 부록에서 나는 그의 글의 일부를 논함으로써 관심 있는 독자들에게 리쭝우 사상의 일단을 소개하고자 한다.

관직을 얻는 여섯 가지 방법

중국 사회에서 정부 관료직은 유일하게 명예로운 직업이었다. 고위 관료는 사회경제적 질서에서도 최고위에 있었다. 그 결과 거의 모든 사람이 관직을 얻기 위해 매진하였다. 리쭝우는 후흑을 실행하는 하나의 예로 관직을 얻는 여섯 가지 방법을 제시하고 있다. 그의 논의는 전통 중국에 한정되어 있으나, 그때나 지금이나 인간의 본성은 바뀌지 않았기 때문에 그 주장은 오늘날에도 쓸모가 있다.

1. 비우기
첫 번째로, 원하는 관직 선임에 관련되지 않는 것은 무엇이든 마음에서 비워버린다. 그 외의 것은 달리 추구하지도, 생각하지도 말아야 한다. 날마다 바라는 자리를 얻는 것만 생각한다.

시간 역시 비워야 한다. 얼마나 오래 걸리든 기다릴 수 있어야 한다. 원하는 자리에 앉은 자신의 모습 말고는 보지 말아야 한다. 다른 자리는 거들떠보지도 않는다. 오늘 그 자리가 떨어지지 않으면, 내일까지 기다린다. 올해 안 되면, 내년이 있다.

2. 지향하기

관직을 따내는 데 도움이 될 듯한 것은 하나라도 놓치지 않는다. 작은 기회라도 잡으면, 큰 기회로 키워낸다. 기회가 전혀 없으면, 기회를 만들어내는 데 정신을 쏟는다. 여기서 리쭝우가 사용하는 이미지는 쉴 새 없이 밀어붙이기, 들이 파기, 지향하기 등이다.

3. 자화자찬

관직을 따내는 데 도움이 될 것 같은 사람들 앞에서 자신의 우수성과 중요성을 계속해서 알릴 길을 찾아야 한다.

4. 아첨

도움을 줄 수 있는 사람들에게 환심을 사야 한다. 그들의 면전에서 아첨하라. 그들에게 말을 전해줄 수 있는 사람들에게 그들에 대한 찬사를 늘어놓으라.

5. 위협

위협을 할 때는 아주 교묘한 방법으로 해야 한다. 잘못하면 나에게 해를 미칠 수도 있는 사람의 비위를 건드릴 수 있기 때문이다. 위협은 자화자찬을 통해 자연스럽게 나와야 한다.

말을 듣는 상대방이 나의 재능을 대단하게 여겨, 혹시 자신과 경쟁적인 자리나 심지어 자신보다 높은 자리로 오게 된다면 (상대방 자신에게) 불행할 것이라는 결론을 내리게 하라. 내가 중요한 인사들과 직접 선이 닿아, 내가 자리를 얻지 못했을 때 상대방에게 문제를 일으킬 수도 있다고 믿게 만들어라.

6. 뇌물

뇌물에는 두 가지가 있다. 첫 번째 유형은 작은 선물, 음식 접대, 술자리 등이다. 이런 '작은 성의'는 종종 그 실제 비용을 훨씬 웃도는 부채 의식을 심어준다. 그런 작은 뇌물은 이쪽을 직접 임명할 자리에 있는 사람만이 아니라, 그의 친지, 친구들에게도 주어져야 한다.

큰 뇌물은 임용을 확실히 보장받기 위해 사용한다. 또한 임명권자에게 큰 영향을 줄 수 있는 사람들에게도 주어져야 한다.

관직을 지키는 여섯 가지 방법

정부 관료가 목표라면, (그 시대의 기준으로) 후덕한 사람처럼 행동할 필요가 있다. 겉으로만 자애로운 척하면서 종교적이고 도덕적인 사람처럼 굴어라. 팔에다 경전을 끼고 다니면서 자신은 순백의 영혼을 가진 사람인 것처럼 행세하라. 《박백학薄白學》*같은 책이면 좋을 것이다.

리쭝우는 또한 관직을 지키는 여섯 가지 방법과 그것을 통해 얻

---

* 《박백학薄白學》은 《후흑학厚黑學》의 뜻을 반대로 해서 붙인 제목으로 실제로는 없는 책이다.

는 이득에 대해서도 소개했다.

1. 비우기

아무 말도 하지 말고, 아무 일도 하지 않는다. 모든 것에 대해 말하지만 실속 있는 말은 한 마디도 하지 말라. 아주 활동적인 체하면서 실제로는 아무 일도 하지 말라. 어떤 확실한 입장을 취하지 말라. 나중에 잘못 줄을 선 게 되거나 힘 있는 사람의 비위를 건드릴 수도 있기 때문이다. 책임을 추궁당할 소지가 있는 일은 쳐다보지도 마라. 행동과는 거리가 있으나 일이 잘되면 공로를 주장할 수 있고, 잘 안 되면 책임이 없음을 주장할 수 있는 자리를 맡아라.

2. 아부하기

상급자에게는 절을 하고 손을 비빈다. 리쭝우는 여기서 '무릎을 부드럽게 하라'는 표현을 쓰고 있는데, 고개를 숙이거나, 몸을 굽히거나, 허리를 구부리거나 등등을 모두 포함한다. 환심을 살 수 있는 기회는 놓치지 마라. 상급자만이 아니라 그 친척과 친구들에게도 경의를 표하라. 리쭝우는 특히 상사가 부인 또는 '애첩'이 있으면 그녀의 환심을 사기 위해 노력해야 한다고 한다. 그녀는 상사에게 큰 영향을 미칠 수 있기 때문이다.

3. 권위 부리기

하급자에게는 거만하고 경멸하는 태도로 대해야 한다. 감히 쳐다볼 수 없는 존재로 보여야 한다. 이 태도 역시 두 가지 방식으로 나타낸다. 첫 번째는 외관이다. 자만심에 가득한 태도로 누구든 뭐라 그러는 자들을 닦달한다. 두 번째는 말과 글로 자신의 학식을 과시한다.

4. 잔인해지기

목표를 추구함에 있어서는 잔인해져야 한다. 하지만 남들이 자신의 뜻을 더 잘 들어주게 하려면 도덕군자의 이미지를 치장해야 한다. 항상 입으로는 공자 말씀을 하라. 도덕적인 목적을 가진 단체에 가입하여 결코 냉혹한 짓을 할 사람이 아닌 것처럼 보여라.

5. 귀와 눈이 먼 듯하라

비판에는 귀를 기울이지 마라. 남들의 불신하는 표정은 보지 마라. 비난의 소리는 "봄바람이 노새의 귀를 지나듯" 흘러 지나가게 하라. 봄바람이 분다고 노새가 무슨 상관이겠는가. 오로지 자기 이익만 생각하며 완고하고 자기중심적인 사람이 되라.

6. 챙기기

용은 보금자리를 만들기 위해 천 리를 날아간다.
— 중국 속담

이제 마지막 수순을 밟자. 이제까지 행한 모든 것은 유력한 자리에 앉기 위함이었다. 그 자리에 앉은 목적은 우리가 앞서 공을 들인 만큼 남들이 우리에게 공을 들이는 것을 향유하기 위해서이다. 단지 일자리를 얻으려고 그 많은 노력을 한 것이 아니다. 영향력을 가지고 장사를 하기 위한 노력이었다.

자리 지키기를 위한 첫 번째 조치인 '비우기'를 논하며, 리쭝우는 실질적인 책임은 피하면서 실제보다 더 중요하게 보이는 법의 중요성을 간략히 설명했다. 이후 리쭝우는 이 점을 부연하면서 두 가지 이야기를 들어 보충 설명했다. 첫 번째는 책임을 회피하는 법이고, 두 번째는 실제보다 중요성을 가진 것처럼 행동을 부풀려 보이는 법이다. 다음의 내용이 그에 대한 설명이다.

일을 '원만하게' 처리하는 두 가지 방법

화살대만 자르기

화살에 맞은 남자가 외과 의원에게 실려왔다. 그 의원은 화살대만 잘라버리고 화살촉은 꽂힌 채로 내버려두었다. 그러고는 치료를 마쳤다고 하는 것이다. 황당한 환자는 의원에게 물었다. "화살촉은 왜 제거해 주지 않으십니까?" 의원은 대답했다. "나는 내과 의원이 아니기 때문이오."

많은 사람이 화살대만 잘라버리고는 책임을 미룬다. 할 수 있는 최소한만 하고, 최종 책임은 다른 사람에게 돌려버리는 것이다. 일을 끝낸 사람에게 비난이 돌아가는 한 무슨 일이 생겨도 상관없다는 식이다.

냄비 때우기

어떤 주부가 자신의 냄비에 금이 간 것을 발견했다. 그녀는 수선공을 불렀다. 수선공은 화덕에 불을 지펴 달라고, 표면에 묻은 검댕을 태워서 제거하고 냄비를 좀 더 자세히 보려고 그런다고 말했다. 그녀가 주방에서 나가자, 수선공은 망치를 꺼내 냄비를 살살 두드려 금이 점점 커져서 수리가 불가능한 크기 직전까지 이르게 만들었다. 검댕이 제거된 냄비를 본 주부는 "내가 생각했던 것보다 금이 훨씬 크네요"라고 말했다. 수선공은 고개를 끄덕이며 대답했다. "고치기 어렵겠는데요. 마침 제가 뛰어난 수선공이라 다행입니다."

"그러네요. 이 금이 조금만 더 컸어도 수리가 불가능했을 거예요." 그녀가 맞장구를 쳤다.

종종 좋지 않은 상황을 더욱 악화시킴으로써 그것을 해소하는 노력이 제대로 평가받는 경우가 있다. 하지만 너무 악화시켜서 수습이 불가능한 수준까지 이르지 않게 주의해야 한다.

이때 냄비를 두들기는 것은 하나의 예술이다. 너무 부드럽게 치면, 금이 커지지 않을 것이다. 너무 세게 두들기면 너무 금이 커져서 고치지 못하게 된다. 만약 냄비가 흙으로 만든 것이었다면, 박살이 나고 말 것이다.

두 가지 외교정책, 깡패와 매춘부

리쭝우는 각국 정부가 취하는 외교정책의 두 가지 유형을 '깡패'

와 '매춘부'라고 표현한다. '매춘부'는 곧 '낯 두꺼움'이고, '깡패'는 '시 커먼 마음'이다.

매춘부들은 지나가는 남자들을 온갖 감언이설로 유혹한다. 참 잘 생겼다느니 정력이 끝내줄 것 같다느니. 심지어 달과 별을 걸고 당 신만을 사랑한다는 말까지 한다. 물론 진심으로 하는 말은 한 마디 도 없다.

리쭝우는 세계대전 이전 일본의 외교정책이 후흑 원리에 기초하 고 있다고 보았다. 일본 외교관들은 다른 나라와의 협상에서 매춘 부의 입장을 취했다. 상대국 지도자에게 아첨을 떨고, 양국의 우정 을 한껏 치켜세웠다. 두 나라가 동맹국이 되면 세상에 무서울 게 없 으리라고 말했다. 사실 그들의 말은 매춘부의 입에 발린 말만큼이나 진실성이 없었다. 그들은 자기네 편의대로 조약을 파기하고 다른 나 라에 똑같은 약속을 했다.

'깡패'는 양심이라고는 없는 악한으로, 적을 굴복시키기 위해서는 수단과 방법을 가리지 않는 사람이다. 일본제국 군대는 마치 깡패처 럼 이웃나라를 공격하고 약탈했다. 매춘부의 외교를 써서 이웃나라 의 의심을 거두게 한 다음에 말이다.

리쭝우는 1943년에 죽었다. 일본군이 아직 중국 본토의 상당 부 분을 점령하고 있을 때였다. 리쭝우의 외교정책론은 오늘날에도 탁 견으로 다가온다.

좀 더 비근한 예로는 1992년 1월 조지 부시 1세 대통령의 일본 방 문을 들 수 있다. 조지 부시와 그의 팀은 깡패처럼 일본에 시장개방 을 요구했다. 하지만 일본인은 미국에 맞서기 위해 매춘부의 외교정

책을 동원했다. 일본 정부는 미일관계의 공고함을 거듭 언급하면서
일본이 제2차 세계대전 이후 미국의 관대한 원조 덕분에 이만큼 컸
다며 깊이 감사하고 있다는 말까지 했다. 그러나 일본인들이 입에
올린 '우정'과 '공감'이라는 표현은 매춘부가 손님을 죽도록 사랑한
다고 말하는 것과 비슷했다.

보다 덜 극적이면서 미묘한 방식으로, 모든 나라는 복잡한 국제
협상에서 매춘부와 깡패의 전략을 병용하고 있다.

공처가

> 남편이 아내를 무서워하는 것은
> 천지天地와 같이 자연스러운 것이다.
> 그것이야말로 유일한 진리다.
> ― 리쭝우

아시아의 여러 국가에서는 여자가 그 남편에게 종속되는 모습을
보여왔다. 중국 농민들 사이에서도 남존여비 의식이 뚜렷하다. 그러
나 중국의 지식계급 사이에서는 진정 훌륭한 남자는 부인을 존경하
고 두려워하는 법이라는 생각이 오랫동안 전해져왔다. 더 상위 계층
으로 올라갈수록 그런 태도는 더 뚜렷해진다.

리쭝우는 그게 이상할 게 없다는 입장이다. 그는 남자가 입신출
세하는 정도와 아내에 대한 두려움의 정도는 정비례한다고 말한다.

후안흑심

농군은 아내를 말이나 개처럼 다룬다. 그 결과 자신 역시 가축과 다를 게 없게 된다. 아내를 두려워하는 남자는 그녀의 비위를 맞추느라 자기 인생을 잘 가다듬어 나간다. 처신을 잘한 덕분에 그는 출세한다. 그런 남자에게 아내는 힘이 나게 해주는 원천이며 재난에서 몸을 숨기는 도피처이다.

리쭝우는 공처가에 대해 거의 신비주의적인 의미를 부여하고 있다. 아내는 남편이 평생을 믿고 의지하는 사람이다. 그녀에 대한 사랑, 그리고 두려움 때문에, 그는 입신양명을 하게 된다. 리쭝우는 아내를 두려워하는 것이야말로 최고의 미덕이라고 말한다. 그는 모든 남편이 자기 아내를 두려워하게 된다면 진정 이상적인 사회질서가 이루어지며 중국의 도덕은 회복될 것이라고 했다.

저자 후기

리쭝우는 인간 본성에 대해 특별한 식견을 가진 사람이었다. 그는 남들의 비판을 완전히 무시해 버리는 능력이 있었고, 후흑학을 하나의 종교로 제시하고, 그 교황을 자처했다.

새 종교의 창시자로서, 그는 자신이 로마 교황과 동등한 존재라고 주장했다. 20세기가 시작되던 당시, 이 발언 하나만으로도 엄청난 반발이 일어났다. 특히 종교계의 반발이 심각했다. 나는 리쭝우가 자신이 교황이라는 말을 얼마나 진지하게 했는지 모르겠다. 그러나 그는 후흑학에 대해서는 더없이 진지했다. 모든 어려움에도 불구하고, 그는 이 이론을 연구하는 데 평생을 바쳤다. 나는 리쭝우의 용기와 의지에 찬사를 보낸다. 그는 오로지 인화人和만이 강조되던 시대에 전혀 다른 북을 쳤고, 전혀 다른 길로 당당히 행진해갔다.

참고문헌

1. Gandhi, M. K. Mohan-Mala. Compiled by R.K. Prabhu. Ahmedabad, India: Navajan Publishing, 1949

2. Holmes, E. The Life of Mozart. London: Chapman and Hall, 1845

3. Jnaneshvar. Bhagavadgita, vol. 2. Translated by V.G. Pradhan. Edited by H.M. Lambert. Bombay, India: Blackie & Son Publishers, 1969

4. Muktananda, P. I Am That. South Fallsburg, N.Y.: SYDA Foundation, 1980

5. Muktananda, P. Reflections of the Self. South Fallsburg, N.Y.: SYDA Foundation, 1980

6. Pickens, T.B. Boone. Boston: Houghton Mifflin, 1987.

7. Radhakrishnan, S. The Bhagavadgita. Translated by S. Radhakrishnan India, Blackie & Son Publishers, 1948

8. Singh, J. Vijnanabhairava. Delhi, India: Motilal Banarsidass Publishing, 1979

9. Tagore, R. Fireflies. New York: Collier Books, 1928

DoM 007

승자들의 이기는 본능, 두꺼운 얼굴과 시커먼 마음의 힘

후안흑심

초판 1쇄 인쇄 2022년 1월 7일
초판 1쇄 발행 2022년 1월 20일

지은이 친닝 추
옮긴이 함규진
펴낸이 최만규

펴낸곳 월요일의꿈
출판등록 제25100-2020-000035호
연락처 010-3061-4655
이메일 dom@mondaydream.co.kr

ISBN 979-11-92044-02-6 (03320)

'월요일의꿈'은 일상에 지쳐 마음의 여유를 잃은 이들에게 일상의 의미와 희망을 되새기고 싶다는 마음으로 지은 이름입니다. 월요일의꿈의 로고인 '도도한 느림보'는 세상의 속도가 아닌 나만의 속도로 하루하루를 당당하게, 도도하게 살아가는 것도 괜찮다는 뜻을 담았습니다.
"조금 느리면 어떤가요? 나에게 맞는 속도라면, 세상에 작은 행복을 선물하는 방향이라면 그게 일상의 의미이자 행복이 아닐까요?" 이런 마음을 담은 알찬 내용의 원고를 기다리고 있습니다. 기획 의도와 간단한 개요를 연락처와 함께 dom@mondaydream.co.kr로 보내주시기 바랍니다.